前 현대자동차 브랜드전략팀장이 말하는

브랜드 전략
기획에서 실행까지

前 현대자동차 브랜드전략팀장이 말하는

브랜드 전략

기획에서 실행까지

남명현 지음

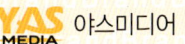
야스미디어

前 현대자동차 브랜드전략팀장이 말하는
브랜드 전략 기획에서 실행까지

초판발행 2011년 9월 15일

지은이 : 남명현

펴낸이 : 허복만

펴낸곳 : 야스미디어

편집기획 : 디자인드림

표지디자인 : 디자인드림

등록번호 : 제10-2569호

주소 : 서울 마포구 동교동153-3

영업부 : 직통 02-3143-6651

　　　　팩스 02-3143-6651

이메일 : yasmedia@hanmail.net

ISBN 978-89-91105-59-1

| 머리말

저는 최근 5년 반 동안 현대·기아차의 브랜드선탁딤징, 현대지동차의 브랜드 전략과 마케팅 전략을 담당하는 마케팅전략실장으로 근무하는 행운을 누렸습니다. 사실 지금은 행운이라고 말할 수 있지만, 처음 브랜드전략팀장을 맡을 당시에는 브랜드 전략 업무를 어떻게 해야 할 지 몰라 밤 늦게까지 고민하고 관련 서적들도 뒤적여 보았습니다. 해외의 저명한 브랜드 전문가들이 저술한 서적들은 브랜드 업무에 꼭 필요한 것이었지만, 짧은 기간 안에 이해하고 이를 회사 업무에 적용하기에는 어려움이 적지 않았습니다. 브랜드 전략의 실행에 도움을 주는 책들도 있었지만 우리 기업의 현실이나 회사 조직 내에 그대로 적용하기도 쉽지 않았습니다. 그래서 브랜드 전략의 실행에 필요한 내용과 관련하여 여러 선진 기업들의 사례들을 연구하고, 벤치마킹하여 이를 현대·기아차에 맞게 적용하였습니다. 이 책은 저의 브랜드 전략 추진 경험 속에서 어느 기업이든 브랜드 전략을 추진하기 위해서 꼭 필요하다고 느낀 내용들을 여러 기업들의 사례들과 함께 정리한 것입니다.

이 책은 브랜드의 중요성과 브랜드 파워 개선의 필요를 절감하고 있지만 브랜드 전략을 어떤 방법으로 추진할 지 잘 몰라서 실행을 망설이고 있는 기업들에게 자그마한 도움을 주기 위해 쓰여졌습니다. 아울러 대학의 교수님들이나 학생들을 대상으로 브랜드 전략이 기업 내에서 실행에 옮겨지는 방식에 대해 이해를 도울 수 있을 것으로 기대하고 쓴 책입니다. 저는 브랜드 전략의 실행이란 손에 잡히지 않는 무형의 (intangible) 브랜드 이미지를, 실제 손에 잡히는(tangible) 실무 레벨로 바꾸어 가는 과정으로 생각하고, 이와 관련한 실 사례들을 통해 브랜드 전략의 실행에 대한 이해를 높이고자 합니다. 이 책에서 말하는 브랜드 전략은 마케팅 부문에서만 담당하는 개념을 넘어, 전사 차원에서 모든 임직원들의 이해와 공유의 기반 위에 함께 만들어 가는 것입니다. 물론 브랜드 이미지는 고객을 대상으로 형성되는 것이기 때문에 고객 접점을 책임 지는 제품 기획, 디자인, 상품 마케팅, 커뮤니케이션, 영업 등이 주도적으로 추진하는 것이 맞습니다. 하지만 브랜드 전략은 다른 브랜드와의 제휴, 해외 시장 전개, 멀티 브랜드 운영, 브랜드 목표 관리 등 최고 경영층 수준의 의사결정을 필요로 하므로 모든 경영진이 함께 모여 머리를 맞대고 참여할 때 큰 성공을 할 수 있을 것으로 확신합니다.

 저의 이러한 의도에도 불구하고 이 책을 출간하기에는 두려움이 적지 않았습니다. 이 책은 저의 처녀작일 뿐만 아니라 자동차 업종에서의 실무 경험을 기반으로 한 사례가 대부분이어서 다른 업종에의 적용을 장담할 수 없었기 때문입니다. 그럼에도 불구하고 이 책의 출간에 대해 용기를 낼 수 있게 된 것은, 아직 국내에 브랜드 전략의 기획에서 실행까지 모든 과정을 실무적으로 소개한 서적을 찾아 보기 어려웠기 때문입니다. 부족하지만 이 책을 통해 품질과 기술력을 갖추었지만 브랜드 파워가 약한 기업들이 나름대로 인사이트를 찾아 강력한 브랜드를 구축하는 그 날을 상상해 봅니다. 아울러 이 책을 시작으로 앞으로 여러 업종에서 브랜드 전략이 활발하게 실행에 옮겨지고 그 사례들을 공유함으로써, 다양한 브랜드 전략 실행과 관련된 자료가 풍성해 질 것을 기대해 봅니다.

 이 책이 나오기 까지 많은 분들이 도움을 주셨습니다. 무엇보다도 지금까지 내 인생을 선한 길로 인도해 주신 하나님께서는 이 책을 쓰는 용기를 주셨고 책을 써 본 경험이 없는 저를 매 순간 격려해 주셨습니다. 이 책의 많은 내용들은 현대-기아차 브랜드전략팀에서 저와 함께 근무했던 팀원들이 수고하여 얻은 사례들을 많이 포함하고 있습니다. 따라서 이들의 수고가 없었다면 이 책이 나올 수 없었을 것입니다. 이 책의 구상과 내용과 관련한 조언, 추가적인 자료 보완 등 많은 면에서 수고를 아끼지 않은 팀원도 있습니다. 이 책은 이들의 수고를 기반으로 쓰여진 것이지만, 만약 이 책의 실수나 잘못이 있다면 전적으로 저의 것입니다. 이 책을 쓰는 동안 어려운 여건 속에서도 기도와 격려를 아끼지 않은 아내 김 한승 전도사와 아빠의 힘이 되어 응원해 준 아들 윤상, 딸 조희에게 감사의 말을 전하고 싶습니다. 항상 저를 위해 기도해 주시는 부모님과 사려깊은 여동생에게도 깊은 존경과 사랑을 표합니다. 깊은 관심과 격려, 기도를 통해 이 책의 집필을 응원해 주신 섬기는 교회의 목사님과 장로님들께도 감사드립니다. 특별히 야스미디어의 허 복만 사장님은 책 저술이 처음인 제가 출간 의사를 밝혔을 때 흔쾌히 수락하셨을 뿐만 아니라 출간 과정에서도 여러 번의 교정과 값진 조언으로 저에게 새로운 활력을 불어 넣어 주셨습니다. 또한 박은영 자매님은 본인의 분주함을 뒤로하고 교정작업을 통해 책의 완성도를 높이는 수고를 마다하지 않았습니다. 이 책의 출간 과정에서 항상 함께 해 주시고 여러 사람을 통해 도움의 손길을 허락하셨으며 이 책에 의미를 부여해 주신 하나님께 모든 영광을 올려 드립니다.

2011년 9월
남 명현

| 차례

Part 01
전사 차원의 브랜드 전략이 기업 미래를 결정한다

Chapter 1   전사 차원으로 실행하는 브랜드 전략 / 17

- 시대적 과제로 부상한 브랜드 전략 ························ 18
- 전사 차원의 실행이 중요 ······························· 23
- 브랜드 전략과 조직 효율성 ···························· 32
- 실행 의지와 전담 조직 구축 ··························· 34
- 브랜드 전략의 계획-실행-점검 ························· 36

Part 02
브랜드 전략, 이렇게 기획하고 이렇게 준비하라

Chapter 2   브랜드 비전의 개발 / 43

- 성공 브랜드의 브랜드 비전 ···························· 44
- 실행을 염두에 둔 브랜드 비전 체계 ····················· 46
- 실행을 전제로 한 브랜드 전담 조직 구축 ················ 55
- 실행 지향적 브랜드 비전 체계의 개발 ··················· 57

Chapter 3 브랜드 전략 실행의 준비, 인터널 브랜딩 / 61

　　브랜드 비전의 이해에서 적용까지 · · · · · · · · · · · · · · · · 　62
　　브랜드 매뉴얼 · 　70
　　체험 위주의 브랜드 교육 콘텐츠 개발 · · · · · · · · · · · · 　72
　　일상 업무 공간 속에서 브랜드 체험 · · · · · · · · · · · · · · 　76
　　브랜드 교육의 체계적 운영 · 　80
　　새로운 인사·교육제도의 도입 · · · · · · · · · · · · · · · · · · · 　82
　　임직원 대상의 브랜드 이해도 점검 · · · · · · · · · · · · · · · 　85
　　실행을 돕는 네트워크 조직 운영 · · · · · · · · · · · · · · · · · 　86

Part 03
부문별 브랜드 실행 전략, 이렇게 추진한다

Chapter 4 제품 개발 및 디자인 부문 / 91

　　브랜드 비전을 성공적으로 제품에 적용한 애플 사례 · · 　92
　　브랜드 비전을 적용한 제품 기능과 디자인의 구분 · · · 　97
　　브랜드 비전과 제품 기능 아이덴티티 · · · · · · · · · · · · · 　99
　　고객 관점을 반영한 제품 기능 아이덴티티 개발 · · · · · 　101
　　제품 기능 아이덴티티의 실무 적용 · · · · · · · · · · · · · · · 　103
　　브랜드 비전과 디자인 아이덴티티 · · · · · · · · · · · · · · · 　105
　　디자인 아이덴티티의 유연한 적용 · · · · · · · · · · · · · · · 　108
　　디자인 아이덴티티를 활용한 브랜드 마케팅 · · · · · · · · 　112

Chapter 5 상품 마케팅 부문 / 115

　　브랜드 비전의 구현을 위한 상품 이미지 최적화 · · · · · 　116
　　브랜드 비전 체계하의 상품 라인업 확장 · · · · · · · · · · · 　119
　　상품 차별화 전략의 타부문 적용 · · · · · · · · · · · · · · · · · 　121
　　브랜드(장기)와 영업(단기)의 밸런스 · · · · · · · · · · · · · · 　123

브랜드-영업의 밸런스를 위한 상품 전략 124
도요타 유럽법인의 상품 전략 사례 130
상품 전략과 상품별 투입 재원 기준 133
상품 전략의 유연한 운영 135

Chapter 6 커뮤니케이션 부문 (1): 시청각 일관성 구현 / 137

비주얼 관리 체계 운영 138
신중한 접근이 요구되는 CI 개편 140
상품 네이밍 체계의 선택 144

Chapter 7 커뮤니케이션 부문 (2): 단계적 이미지 개선 전략 / 151

혼다 영국의 감성적 브랜드 캠페인 사례 152
삼성전자의 글로벌 브랜드 포지셔닝과 캠페인 사례 .. 157
브랜드 포지셔닝의 단계적 시프트 161
브랜드 캠페인의 아이콘, 슬로건의 개발 164
다양한 아이디어가 요구되는 브랜드 마케팅
    프로그램 개발 166
브랜드 비전 체계와 미디어 믹스 170
다양한 미디어의 활용: 홍보, 웹, SNS 175

Chapter 8 영업 부문 / 181

브랜드 체험의 관문, 영업 매장 182
판매원의 메시지가 바로 브랜드 193
영업 매장의 브랜드 체험 플랫폼 196

Part 04
브랜드 전략의 실전 이슈

Chapter 9   제휴를 활용한 공동 브랜딩 전략 / 203
- 공동 브랜딩을 통해 프리미엄 이미지 구축에 성공한 LG 휴대폰 ········· 204
- 공동 브랜딩 성공의 조건 ········· 210
- 공동 브랜딩의 유형 ········· 212
- 공동 브랜딩 전략의 성공을 위한 검토 사항 ········· 216

Chapter 10   브랜드 전략의 해외 전개 / 221
- 도요타의 유럽 브랜드 전략 사례 ········· 222
- 해외 시장 브랜드 포지셔닝의 유형 ········· 227
- 해외 시장 브랜드 전략과 본사의 역할 ········· 231

Chapter 11   멀티 브랜드 운영과 독립/서브 브랜드의 개발 / 233
- 브랜드 인수와 멀티 브랜드 운영 ········· 234
- 독립 브랜드 개발 ········· 237
- 서브 브랜드 전략 ········· 240
- 별도 제품라인군 개발 전략 ········· 243

Chapter 12   브랜드 목표관리 체제의 확립 / 247
- 목표와 실행 과제를 연계한 닛산의 브랜드 목표관리 체제 사례 ········· 248
- 닛산 브랜드 목표관리 체제의 평가와 시사점 ········· 252
- 브랜드 목표관리 체제의 확립 ········· 254

부록 / 259

Part 01

전사 차원의 브랜드 전략이 기업 미래를 결정한다

브랜드 파워 개선의 필요성과 브랜드의 중요성을 모르는 한국 기업은 없다. 그러나 브랜드 전략을 어떻게 시작해서 어떻게 전개하는 것이 맞는지를 아는 기업은 많지 않은 것 같다. 개인의 이미지가 그 사람의 성격과 외모, 옷차림, 특정 상황에서 대응하는 태도뿐만 아니라 사소한 말투와 행동 등 모든 면에 의해 결정 되듯이, 브랜드 이미지 역시 조직에 속한 모든 임직원들의 의사결정과 태도에 영향을 받는다. 성공한 브랜드는 더 이상 브랜드 전략을 마케팅 부분에만 맡기지 않고, 기업 내 전 조직이 함께 브랜드 목표 이미지를 달성하기 위해 함께 나아가도록 한다. 브랜드 전략은 다른 경영관리 업무와 같이 계획(plan)–실행(do)–점검(see)의 과정을 추진하는 것이 바람직하다.

전사 차원으로 실행하는 브랜드 전략

Chapter 01

시대적 과제로 부상한 브랜드 전략

　우리나라 기업의 품질과 기술은 매우 높아졌으나 아직 우리 제품은 선진국 시장에서 인정받지 못하고 있는 것은 잘 알려진 사실이다. 최근 한국 무역협회가 조사 발표한 〈표 1-1〉의 제품 가격 동향은 이를 수치적으로 보여주고 있다.[1] 이 표는 선진국 제품과 경쟁하는 수출 기업 275개 회사를 대상으로 조사한 결과인데, 한국산 제품의 실질 가치와 가격(시장 가치)의 격차를 의미하는 '코리아 디스카운트'는 최소 4%에서 최고 21%까지 나타나고 있다. 업종별로 보면 특히 화장품과 섬유제품의 코리아 디스카운트 폭은 무려 12~21%로 높게 나타나고 있다. 프랑스의 경우 실질 가치보다 2배 이상의 가격을 받고 있는 사실을 감안하면 코리아 디스카운트의 심각성을 잘 이해할 수 있다. 무역협회도 지적했듯이 이러한 현상의 근본 원인은 취약한 브랜드 파워에 있는데, 이는 주지의 사실이다.

　브랜드 파워 개선 과제는 비단 한국 기업만 안고 있는 것은 아니다. 세계 경제에서 아시아 경제가 차지하는 비중은 약 30%를 차지할 정도로 크게 높아진 반면, 2010년 기준 인터브랜드의 세계 100대 브랜드 중 아시아 브랜드는 단지 8개뿐이다. 아시아는 급속한 경제 성장에 따라 시장 규모가 커지면서 대기업들이 많이 탄생하고 있지만, 제조 기술, 상품의 품질과 기능 면에서 선진국 수준에 도달한 기업마저도 브랜드 이미지는 상대적으로 낮은 수준에 머물러 있다. 이는 아

---

[1] 이데일리, 2011. 02. 17

〈표 1-1〉 한국산제품의 주요 수출 품목별 코리아 디스카운트 현황

(단위: %)

		실질 가치(A)	시장 가치(가격;B)	디스카운트(A-B)
자본재	전기기기	92	88	4
	화학공업제품	93	89	4
	철강제품	100	93	7
	무선통신기기	99	91	8
	기계류	91	82	9
	반도체	95	85	10
소비재	가전제품	92	87	5
	자동차	94	89	5
	컴퓨터	100	93	7
	섬유제품	92	80	12
	화장품	95	74	21

주: 선진국 경쟁 제품 = 100, 실질 가치는 품질, 브랜드, 기술력 등
자료: 이데일리, 2011. 02. 17

시아 기업들이 제조 설비의 확충이나 기술력 향상을 위한 투자는 중요시하면서도, 브랜드와 같은 소프트한 무형 자산은 중시하지 않은 데 따른 것이다. 반면에 미국이나 유럽의 선진 기업들은 일찍이 브랜드를 중요한 무형 자산의 하나로 이해하고, 자신의 제조 분야는 개도국에 넘겨주면서도 유통망이나 브랜드 소유권은 계속 유지하려는 자세를 견지하고 있다.

사실 브랜드는 문화가 차지하는 비중이 크다. 생산 지역의 문화는 자연스럽게 제품에 반영되기 때문이다. 유럽 브랜드들은 오래 전부터 문화의 중요성을 이해하고, 브랜드의 오랜 역사와 스토리 등을 제품과 함께 수출하는 방법으로 브랜드를 구축해 왔다. 하지만 아시아

기업들은 빠른 성장에 급급하여 자국의 문화를 어떻게 제품에 반영해야 할지 진지하게 고민해 본 적이 거의 없는 것 같다. 예외적으로 일본은 자국의 문화 중에서 일본 특유의 장인정신과 일본 고유의 디자인 요소들을 추출하여 브랜드에 반영한 사례를 보여준다. 예를 들면, 도요타, 닛산, 마즈다 등 일본 자동차 메이커들은 전통적인 일본 디자인 요소를 J-factor로 잘 정리하여 자사의 디자인에 반영하고 있다. 이러한 노력의 결과 6개의 일본 브랜드가 인터브랜드가 조사, 발표하는 글로벌 세계 100대 브랜드에 포함되어 있다.[2]

우리 정부도 이러한 문제를 해결하기 위해 2009년 1월 국가브랜드위원회를 발족시켰다. (그림 1-1)에서 보듯이 국가브랜드위원회는 우리나라의 역사, 문화, 경제, 사람 등 우리나라가 갖고 있는 훌륭한 자산을 활용하여 브랜드화하려는 노력을 전개하고 있다. 국가 브랜드 이미지 조사 결과[3], 역사, 가정, 자연미 등의 항목에서 이집트, 덴마크, 뉴질랜드와 같은 작은 국가들이 1위를 차지한 것을 발견하고 국가 이미지 개선 전략의 필요를 절실히 느꼈기 때문이다. 하지만 브랜드는 하루 아침에 만들어 지는 것이 아니다. 일관된 메시지를 지속적으로 반복하여 전달하는 과정을 통해서 오랜 기간에 걸쳐 구축되는 것이 브랜드이다. 우리 정부가 코리아 브랜드를 개선하기 위해 국가브랜드위원회를 설립해서 운영하듯이, 기업도 브랜드 전문조직이나 전문가를 사내에 두고서 내재된 강점과 자산을 잘 활용하여 꾸준

---

2) 우리나라 기업으로는 삼성과 현대자동차 2개 브랜드가 100대 브랜드로 선정되었다.
3) Country Brand Index, FutureBrand, 2007. 이 보고서에는 총 24개 항목의 국가별 브랜드 이미지를 2,400명의 여행객을 대상으로 조사하였다. 한국은 '쇼핑' 항목에서만 10위를 기록했을 뿐 다른 23개 항목에서 단 하나도 10위 이내에 들지 못했다.

히 브랜드 전략을 추진해 가면 단계적으로 브랜드 파워가 높아질 것으로 확신한다.

〈표 1-2〉 글로벌 10대 브랜드 현황

2010년 순위	전 년도 순위	Brand	Country of Origin	Sector	Brand Value ($m)	Change in Brand Value
1	1	Coca-Cola	United States	Beverages	70,452	2%
2	2	IBM	United States	Business Services	64,727	7%
3	3	Microsoft	United States	Computer Software	60,895	7%
4	7	Google	United States	Internet Services	43,557	36%
5	4	GE	United States	Diversified	42,808	-10%
6	6	McDonald's	United States	Restaurants	33,578	4%
7	9	intel	United States	Electronics	32,015	4%
8	5	NOKIA	Finland	Electronics	29,495	-15%
9	10	Disney	United States	Media	28,731	1%
10	11	hp	United States	Electronics	26,867	12%

자료: 인터브랜드, 2010년

주) 11위 ~100위 브랜드는 p.259~p.264 참조

Part 01 전사 차원의 브랜드 전략이 기업 미래를 결정한다

그림 1-1 국가 브랜드 위원회의 비전, 목표와 주요 업무 (홈페이지 자료)

 전사 차원의 실행이 중요

흔히 '브랜드 전략' 하면 소비자의 매력을 끌 수 있는 멋진 심볼과 로고타입, 네임, 슬로건 등을 개발하고 상품 디자인을 개선하며 많은 광고 물량과 함께 일선 영업 시설을 고급화하는 것으로 오인하고 있다. 물론 이러한 요소들이 브랜드 파워를 강화하는데 도움이 되는 것이 사실이다. 하지만, 성공적인 브랜드 전략은 고객들에게 해당 브랜드만이 제공할 수 있는 차별화된 경험을 제공하기 위한 이미지 목표를 설정하고 이를 일관되게 실행에 옮기기 위해 기업 내 전 부문이 함께 실행하는 것을 의미한다.

브랜드 전략은 (그림 1-2)에서 보는 바와 같이 현재 소비자들이 갖고 있는 브랜드 이미지에서 탈피하여 기업이 원하는 목표 이미지를 개발하고 그 목표에 맞게 업무 기준을 바꾸어 가는 것으로 간단히 정의될 수 있다. 물론 이 목표 이미지는 기업이 현재 보유하고 있거나 미래 보유 가능한 내부 역량을 활용하면 충분히 달성 가능한 것이어야 한다. 또한 다른 경쟁 브랜드와 확연히 구별되는 것이면서도[4] 목표고객의 가치관이나 감성과 부합되어야 한다. 이 책에서는 목표 이

---

[4] 브랜드의 어원은 스칸디나비아의 brandr..에서 유래된 것인데, 소나 말 등의 가축에 불로 달군 쇠로 찍은 낙인을 의미하며, 가축에 대한 농장주의 소유권을 주장하기 위한 것이었다. 즉 brandr..는 다른 가축과 구별하여 표시하기 위한 것으로 시작되었다.

[5] 브랜드 전문가들은 일반적으로 이미지 목표를 '브랜드 아이덴티티'로 부른다. 하지만 이 책에서는 이해의 편의를 돕고 기업 전략의 하나로서 인식되기를 원해서 '브랜드 비전'으로 명명한다. David A. Aaker, 데이비드 아커의 브랜드 경영, 2002, 비즈니스북스 p. 112에 있는 브랜드 아이덴티티에 대한 정의는 다음과 같다. '브랜드 아이덴티티는 브랜드 전략가들이 창조하고 유지하기 위해 불러일으키는 브랜드와 관련된 일련의 독특한 연상이다. 이런 연상은 브랜드가 상징하는 것을 나타내고 그것을 만든 사람으로부터 고객에 대한 약속을 포함한다.'

그림 1-2　브랜드 전략은 목표이미지를 선정하고 이에 맞게 업무기준을 만들어 가는 것이다.

미지를 이해하기 쉽게 '브랜드 비전'[5]이라고 부르도록 한다. 브랜드 비전은 소비자의 잘못된 인식이나 정보 부족으로 왜곡된 현재 이미지에서 탈피하여 브랜드가 소비자들에게 궁극적으로 보여주고 싶어 하는 이미지를 의미한다.

그러면 브랜드 비전은 브랜드 파워를 강화하는 것과 어떤 관계가 있을까? 브랜드 전략(즉, 브랜드 비전) 수립 이전의 기업은 상품과 커뮤니케이션, 영업과 서비스 등에 기준이나 목표가 없기 때문에 기업이나 브랜드가 전달하고자 하는 메시지가 일관되게 적용되지 않는다. 따라서 영업 매장의 내·외부 시설이 풍기는 이미지나 언론 홍보, 프로모션 활동 등을 통해 전달하는 메시지가 서로 상이한 경우가 적지 않다. 이와 같이 브랜드가 전달하는 메시지와 이미지가 일관성 있게 관리되지 않고 산만하면 소비자들은 브랜드를 기억해 내거나 인식하지 못하게 되고 나아가 브랜드에 대한 매력이나 구매 의욕을 느끼지 못하게 되는 것은 당연하다. 브랜드 전략은 경쟁 브랜드와 다른 차별화된 이미지 목표, 그리고 고객들에게 매력적으로 비쳐질 이미지 목표, 즉 '브랜드 비전'을 개발하고 이를 상품, 커뮤니케이션,

영업 및 서비스 등 모든 고객 접점들에 일관되게 지속적으로 구현해 가는 것이다.

　물론 이 과정은 하루 아침에 이룰 수는 없지만 가이드라인을 만들고 하나씩 고객 접점에 적용하면 소비자들은 브랜드에 대해 뚜렷한 이미지를 갖기 시작한다. 이후 시간이 경과함에 따라 보다 많은 고객들이 브랜드를 인지하게 되고, 친밀감을 느끼게 되며, 호감을 갖고서 구매를 고려하게 되는 성과를 거둘 수 있다. 즉 브랜드 인지도, 친숙도, 선호도, 구매고려도 등 구매단계상의 지표들이 순차적으로 개선되면서 영업 실적이 좋아져 브랜드 전략의 효과가 나타나게 된다. 물론 최종적으로는 브랜드 재구매율 또는 충성도, 그리고 브랜드의 가격 프리미엄도 향상된다. (그림 1-3)은 이상과 같이 설명한 브랜드 전략의 실행 과정과 성과를 도표로 보여주고 있다.

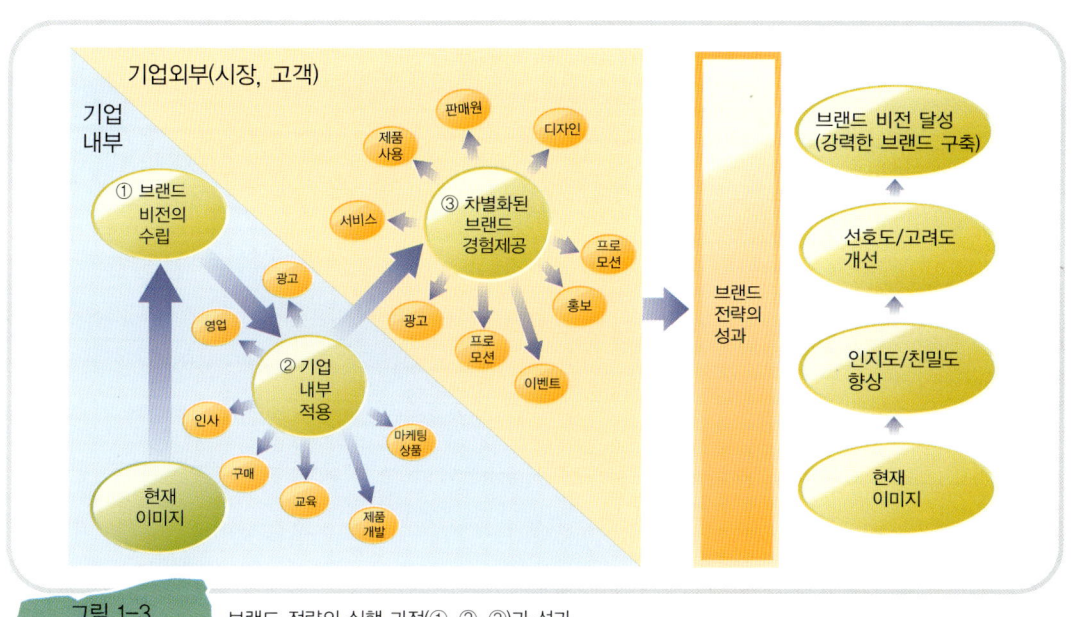

그림 1-3　브랜드 전략의 실행 과정(①, ②, ③)과 성과

그림 1-4 마즈다 브랜드 비전의 주요 내용

　　브랜드 비전을 개발하여 브랜드 전략을 체계적으로 전개한 사례로 2000년 이후 마즈다를 들 수 있다. 1980년대 말 판매 채널과 상품 라인업을 대폭 확대했던 마즈다는 1990년대 초 일본 경제의 버블 붕괴로 인해 큰 폭의 적자를 기록하고서 1996년 제휴회사였던 포드에 인수되었다. 포드는 마즈다 인수 직후, 상품, 생산설비, 영업망, 인력 등 모든 부문에서 대규모 구조조정을 실시한 후, 마즈다의 회생을 위한 브랜드 전략을 준비하였다. 1997년에 브랜드 심벌을 교체하면서 브랜드 약속을 'Always the Soul of Sports Car(항상 스포츠카의 영혼을 추구한다)'로, 그리고 브랜드 아이덴티티(브랜드 비전)를 'Stylish(멋진), Spirited(활발한), Insightful(통찰력 있는)'로 각각 정하고 본격적인 브랜드 실행 전략을 수립하였다. 대중 브랜드에 불과

- 세계 유일의 고성능 Rotary 엔진
  - 고출력, 소형, 경량의 Simple한 구조
  - 엔진 내구성 및 효율 문제
    (낮은 연비 및 소음 문제)

- 직접 분사 MZR 터보 엔진
  - 중저속의 토크 향상과 신속한 반응성으로 스포티 성능 구현 가능
  - Mazda 3,5,6, MX5, CX7 등에 탑재

- 엔진 6cm 후방 배치로 차별화된 중량 배분 및 우수한 서스펜션으로 코너링 주행 안정성 탁월 (RX 8)
- 소형 엔진으로 동급 대비 넓은 실내 공간 구현 가능
  (RX 8: 4인승 구현 가능)

그림 1-5 　마즈다는 기존의 강력한 로터리 엔진과 직분 엔진에 포드의 섀시, 서스펜션 기술을 활용하였다.

한 마즈다가 이와 같이 활달하고 신나는 "스포티"한 이미지의 브랜드 약속과 비전을 채택한 것은 다른 경쟁 브랜드와 차별성을 강조한 것으로, 당시로서는 다소 모험을 각오한 것이었다.

　마즈다가 이러한 브랜드 비전을 선정한 이유는 마즈다의 전통적인 강점인 고성능 로타리 엔진, 직접분사 터보 엔진 등 기술 역량과 1989년 출시한 경량 로드스터의 대명사격인 Miata 모델을 통해 형성된 '스포티'한 브랜드 이미지 자산을 활용하면 달성 가능한 것으로 판단했기 때문이다. 마즈다는 브랜드 비전을 강력하게 구현하기 위해 이러한 기술력 기반 위에 포드의 우수한 섀시 및 서스펜션 기술을 활용하여 스포티한 성능을 강화하였다. 또한 차량 패키지도 스포티한 느낌이 들도록 레이아웃을 개선하였고, 핸들링, 코너링, 브레이크, 가속성능, 경량 플랫폼 등과 관련한 기술적인 약점도 보완하였다. 디자인은 (그림 1-6)에서 보는 바와 같이 일본 전통 가면의 특징

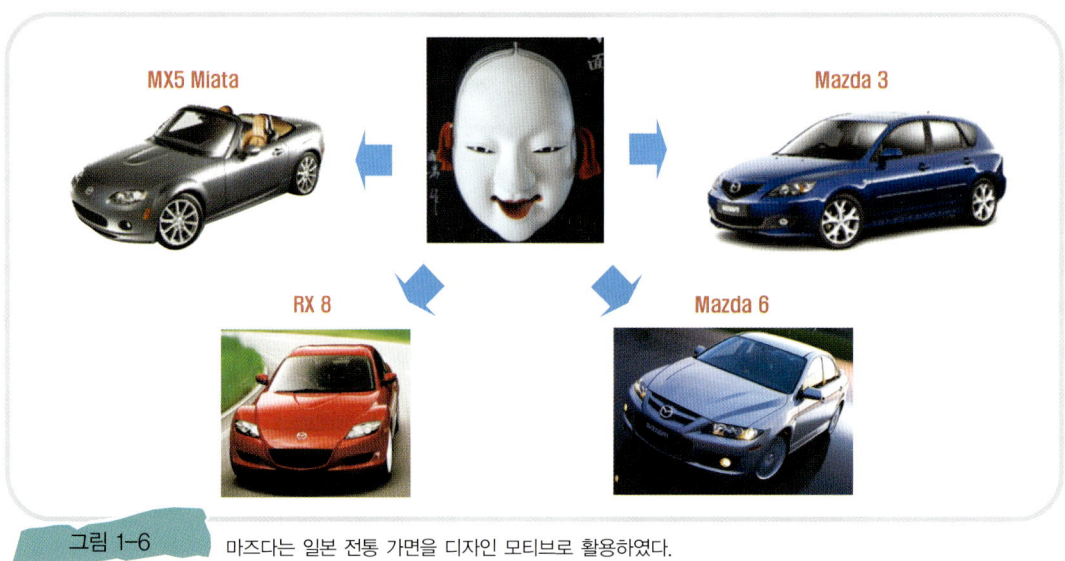

그림 1-6 마즈다는 일본 전통 가면을 디자인 모티브로 활용하였다.

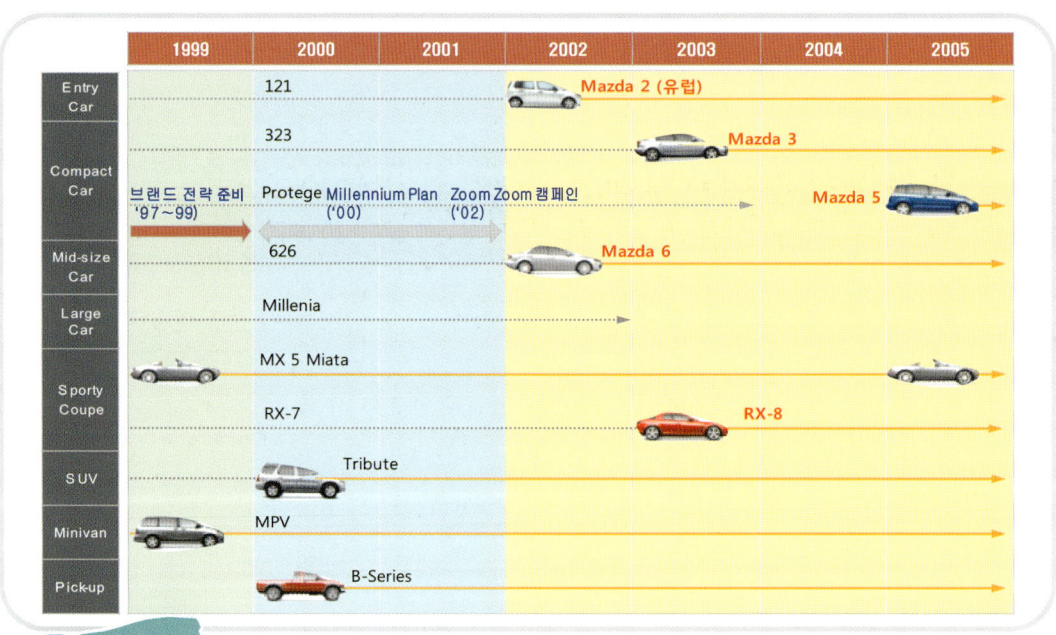

그림 1-7 마즈다는 수년간의 준비를 거쳐 2002년부터 브랜드 캠페인과 함께 신상품 출시를 통해 브랜드 전략을 본격 전개하였다.

을 살린 디자인 모티브를 모든 차종에 패밀리룩으로 적용하는 한편, 스포티한 이미지를 구현하기 위해 차량 외관은 유선형 바디 라인, 인테리어는 라운드 스타일과 오렌지 컬러를 강조하였다.

  수년간의 준비기간을 거쳐 2002년부터 브랜드 비전이 적용된 상품을 출시하면서 자동차 네이밍 체계도 새롭게 정비하였다. 기존의 323, 626, 929의 숫자형에서 'Mazda' 브랜드의 노출 증대를 위해 Mazda 2, Mazda 3, Mazda 5, Mazda 6 등의 브랜드명+숫자형으로 바꾼 것이다. 아울러 사내 모든 임직원들을 대상으로 새로운 브랜드 비전에 대한 교육을 실시하여 이해도를 높였다. 특히 일본의 전통 문화에 대한 이해도가 높은 포드의 젊은 직원들을 선발하여 마즈다의 판매 마케팅 부문에 재배치함으로써 프레쉬하고 역동적인 조직문화를 창출하였

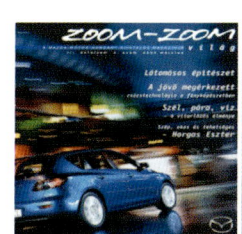 

(인쇄광고물)   (웹사이트)

  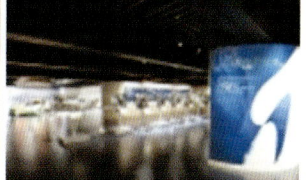

(모터쇼)

그림 1-8   마즈다는 다양한 고객 접점에서 브랜드 비전을 일관되게 구현하였다.

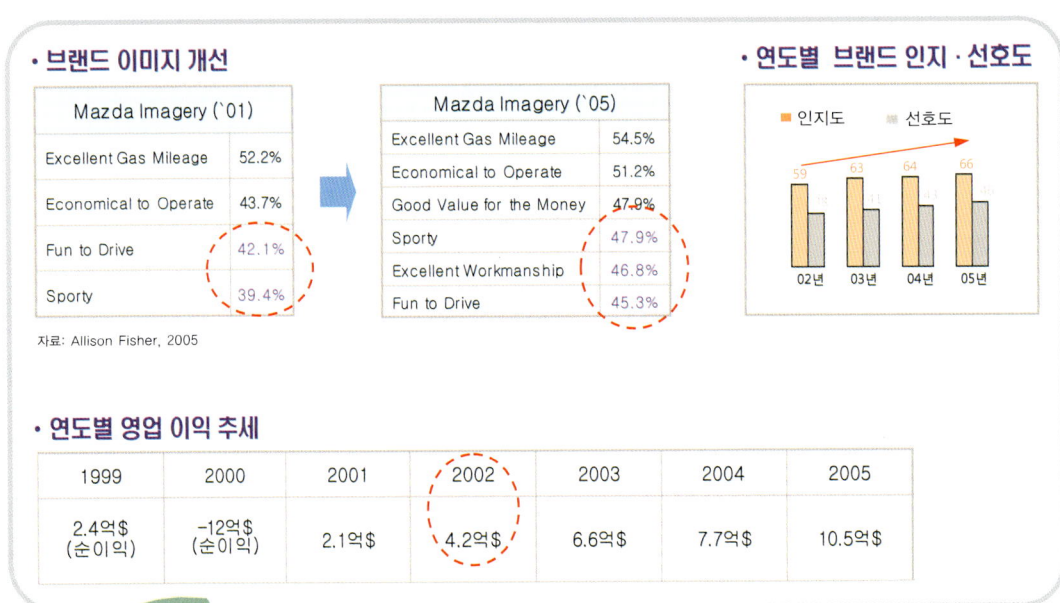

그림 1-9 마즈다의 브랜드 개선과 경영 성과

다. 이후 신상품의 출시와 함께 브랜드 슬로건을 'Zoom Zoom'[6]으로 정하고 강력한 브랜드 캠페인을 전개한 결과, 스포티하면서도 재미있고(fun) 신나는(exciting) 이미지를 구현하는 데 성공하였다. 이와 함께 인터넷 홈페이지, 모터쇼, 프로모션, 딜러 등 모든 고객 접점에서 일관된 이미지로 브랜드 비전을 구현하기 위해 노력하였다.

그 결과 Mazda의 미국 시장내 인지도와 선호도는 2002년 59%, 38%에서 2005년 66%, 46%로 높아졌고, 스포티한 이미지도 2001년 39.4%에서 2005년 47.9%로 개선되었다. 모기업인 포드와의 상품 라인업 조정으로 인해 판매 실적은 소폭 증가하는 데 그쳤으나, 브랜드 선호도 향상에 따라 과도한 인센티브가 줄어들면서 수익성도 크게

---

[6] 아이들이 장난감 자동차를 갖고 놀 때 본능적으로 내는 의성어

개선되었다.

  마즈다의 사례를 통해 브랜드 전략의 성공 요인으로 발견할 수 있는 시사점은 다음과 같이 요약된다. 첫째, 브랜드 전략의 핵심인 브랜드 비전의 중요성이다. 마즈다의 브랜드 비전은 이미 확보한 기술과 제품 이미지의 강점을 기반으로 한 것으로 실행으로 연결하기가 용이하였다. 또한 브랜드 비전은 경쟁 브랜드와 차별적인 이미지를 목표로 설정하여 일정 부분 고객들의 관심을 끄는 데 성공하였다.

  둘째, 브랜드 비전을 모든 고객 접점에 일관되게 적용하는 것이 성공적인 브랜드 전략의 요건이다. 마즈다의 브랜드 비전은 이미 보유하고 있던 기술적 강점을 기반으로 결정된 것이지만 추가적으로 제품 기술을 보완하고 디자인에 반영함으로써 상품 전체에 구현하기 위한 과정을 거쳤다. 또한 커뮤니케이션, 영업 등 고객 접점 부문에 일관성 있게 브랜드 비전을 구현하기 위해 적지 않은 준비와 투자를 실행하였다. 이와 같이 마즈다는 브랜드 비전을 제품, 디자인, 커뮤니케이션, 영업 등 모든 고객 접점에 일관되게 구현하는 데 성공했다.

  셋째, 브랜드 전략의 실행은 전사적 차원에서 이루어져야 한다는 점이다. 브랜드 비전은 모든 내부 임직원들이 교육을 통해 이해하고 적용해야 모든 고객 접점에서 일관된 이미지로 구현되기 때문이다. 마즈다는 개발된 브랜드 비전이 생생하게 업무에 적용되도록 모든 내부 임직원을 대상으로 교육을 실시하였고, 필요에 따라 포드 출신의 외부 직원까지 영입하였다. 뿐만 아니라 마즈다는 브랜드 전략을 실행에 옮기기 전에 수년 간의 준비 과정을 거쳤는데, 이 기간 동안 사내 모든 조직이 브랜드 비전에 대한 이해를 바탕으로 실무에 적용하였음을 시사한다.

마지막으로 브랜드 전략을 성공적으로 실행에 옮기면, 브랜드 지표뿐만 아니라 경영 성과도 개선된다는 사실이다. 마즈다는 (그림 1-3)의 ①, ②, ③의 브랜드 실행과정을 통해 높은 브랜드 개선 성과를 거두었고 이와 함께 수익성도 크게 개선되었다.

브랜드 전략과 조직 효율성

기업은 브랜드 전략의 실행과정에서 브랜드 비전이라는 장기 목표에 맞도록 기존 업무의 기준을 변경하거나 새롭게 만들어서 적용하게 된다. 새로운 기준을 개발하여 적용하는 데 시간과 노력이 필요하지만, 브랜드 비전을 구현하기 위해 개발된 기준은 기업 내부의 업무 효율성을 높이는 데 적지 않은 도움을 준다. 이를테면, 신상품을 개발하는 과정에서 제품개발 부문은 경쟁력 있는 상품을 개발하기 위해 신기술들을 가급적 많이 상품에 적용하기를 원하지만, 상품 마케팅 부문은 목표 원가를 달성하기 위해서 신기술 중 일부만 수용할 수밖에 없을 것이다. 이 경우 브랜드 비전을 기준으로 삼고서, 브랜드 비전을 달성하는 데 기여할 수 있는 기술을 우선적으로 적용하도록 할 수 있다.

현재 판매하지 않은 신상품의 개발을 계획하는 경우에도, 브랜드 비전은 신상품에 대한 기본 컨셉을 구상하는 데 도움을 준다.[7] 항상 좋은 품질의 원자재와 부품을 싼 가격에 구매해야 하는 부담을 안고

---

7) 이와 관련된 구체적인 내용은 5장에서 설명한다.

있는 구매부서는 브랜드 비전을 구현하는 데 도움이 되는 부품과 그렇지 않은 부품을 구별하여 전자에 해당되는 부품을 고품질 기준으로, 후자에 해당되는 부품은 평균적 품질과 낮은 가격을 기준으로 구매할 수 있을 것이다. 인사 부서는 신규 인력 채용시 브랜드 비전을 구현하는 데 필요한 인성이나 개성을 채용 기준으로 삼게 될 것이다. 만약 브랜드 비전이 '혁신'일 경우, 창의적인 아이디어를 낼 수 있는 역량이나 경험을 채용 기준으로 삼으면 된다.

〈표 1-3〉 브랜드 비전의 기업 의사 결정 기준

	브랜드 비전 부재상태	브랜드 비전의 적용
신상품 개발	• 부문간 갈등 - 제품기술 및 R&D는 신기술 적용확대 주장 - 상품 마케팅 및 재무 부문은 제품 원가 준수 주장	• '브랜드 비전'을 달성하는 데 기여할 수 있는 신기술을 선택
구매	• 고품질, 저가격 부품 구매 원칙 - 실현 불가능(품질 문제 발생 상존)	• '브랜드 비전' 구현에 필요한 품목의 고품질 부품 구매
인사	• 학력, 경력, 인성 기준의 인력 선발	• '브랜드 비전'의 구현에 적합한 인재 선발 기준 적용

이와 같이 기업은 브랜드 전략을 전개하는 중에 브랜드 비전을 업무 기준으로 삼아서 전체 조직 운영의 효율을 높일 수 있게 된다. 즉 이전에는 모호한 업무 기준으로 인해 부문간 의견 대립이나 별도의 기준의 수립에 많은 시간을 허비하는 경우가 있었지만, 브랜드 비전이 업무 가이드라인 역할을 하게 됨으로써 기업은 빠른 의사 결정으로 조직 효율성을 높일 수 있게 되는 것이다.

 ## 실행 의지와 전담 조직 구축

기술, 자본, 자원이 없는 열악한 환경에서도 주로 인적 자원만을 기반으로 성장하여 제조와 상품 측면에서 선진국 기업 수준에 도달한 우리 기업의 마지막 과제는 브랜드 파워를 개선하는 것이다. 브랜드 전략은 기업이 추진하고자 하는 의지를 갖고서 적극적으로 실행에 옮기면 얼마든지 가능하다. 추진 과정에 있어 시행착오를 줄이기 위해 다른 기업의 경험과 노하우를 참조하는 것이 필요한데, 이 책은 이러한 도움을 줄 목적으로 쓰여졌다.

브랜드 전략은 일반적인 경영 관리 프로세스와 같이 계획-실행-점검의 순서로 전개하면 된다. 분명한 브랜드 비전을 계획하고 일관되게 그 목표를 실행에 옮기면서 목표 달성 수준을 점검해 가는 과정에서 브랜드 파워가 높아지고 매출과 수익의 개선도 기대할 수 있다. 이와 더불어 기업의 각 부문은 브랜드 비전을 기반으로 업무 기준을 명확히 갖게 되어 조직 운영상의 효율성도 제고할 수 있다. 요컨대, 기업이 브랜드 파워 향상을 핵심 과제로 인식하고 브랜드 전략의 실행 의지만 있으면 경영 관리 프로세스를 브랜드 중심으로 개선해 가는 과정에서 이루어지는 것이 바로 브랜드 전략이다.

브랜드 전략 추진 의지를 가진 기업은 외부 브랜드 전문가에 의존하기보다는 기업 내부 전담 조직을 두고서 내부 전문 인력을 양성하면서 추진하는 것이 바람직하다. 외부 인력은 기업 내부의 역량과 동종 업계 및 경쟁 브랜드의 상황, 그리고 소비자에 대한 깊은 이해를 기반으로 브랜드 비전을 개발하기 어렵기 때문이다. 다만 브랜드 전략의 수립 과정에서 외부 브랜드 전문가의 기술적인 도움은 필요하다. 내부 전담 인력 또는 조직이 진지하게 고민하면서 브랜드 전략의 수립과 실행을 주도하고, 필요에 따라 외부 전문가의 도움을 받는 것이 브랜드 전략을 성공적으로 이끄는 지름길이다.

이 책은 브랜드 전략의 실행 의지를 가진 기업을 돕기 위해 쓰여진 것이다. 기업에서 실제 브랜드 전략을 추진했던 경험을 바탕으로 브랜드 전담 조직과 제품개발, 디자인, 상품 마케팅, 커뮤니케이션, 영업 등 브랜드 관련 부문들이 전략을 실행할 수 있는 방안을 사례를 통해 설명한다. 이를 통해 브랜드 전략이 전사적 차원에서 실행에 옮겨져서 브랜드 구축을 위한 내부 역량을 강화하고, 나아가 브랜드 파워를 향상하는 데 도움이 되기를 기대한다.

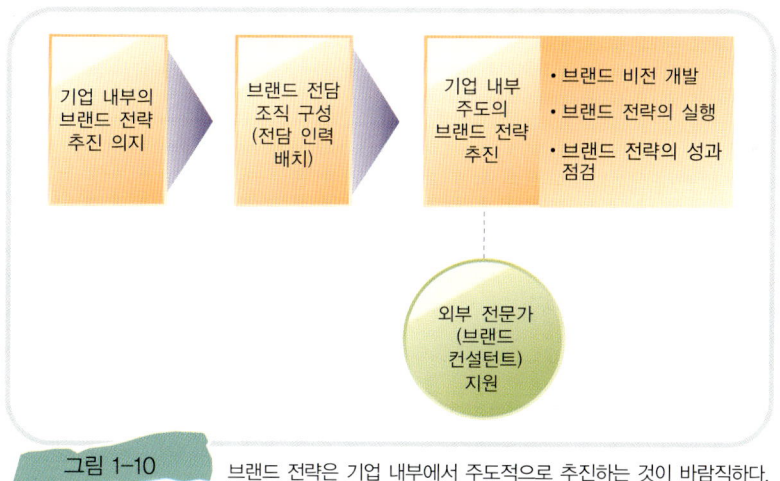

그림 1-10 브랜드 전략은 기업 내부에서 주도적으로 추진하는 것이 바람직하다.

브랜드 전략의 계획-실행-점검

브랜드 전략은 브랜드 비전을 개발하고(Plan) 이를 실행하면서(Do) 정기적인 조사를 통해 달성 정도를 점검하는(See) 과정으로 이루어진다. 이 책의 2부는 브랜드 전략의 기본 골격(Plan)을 만들고 이를 추진하기 위해 사내 기반을 구축하는 과정을 설명한다. 그 중 2장은 주요 기업들의 브랜드 비전 유형을 살펴 본 후, 브랜드 비전을 개발하는 방법과 과정, 그리고 브랜드 전담 조직의 구성에 대하여 설명한다. 3장에서는 브랜드 비전을 구현하기 위한 첫 단계로 전사 차원의 브랜드 구현을 위한 내부 임직원 대상의 교육, 훈련, 새로운 제도의 도입, 즉 인터널 브랜딩에 대해 설명한다. 3부에서는 2부에서 수립된 브랜드 비전, 즉 손에 잡히지 않는(intangible) 무형의 이미지 요소에 불과한 이미지 목표를 눈에 보이는(tangible) 실제 업무로 구현(Do)하기 위해 기업내 주요 관련 부문별로 추진해야 할 일에 대해 차례로 설명한다. 4장에서는 제품개발 부문과 디자인 부문에서 브랜드 비전을 실무적으로 적용하기 위해 추진해야 할 일들을 보여주고, 5장에서는 상품 마케팅 부문, 6장과 7장에서는 커뮤니케이션 부문, 8장에서는 영업 부문에서 추진할 업무를 설명한다. 마지막 4부에서는 브랜드 전략의 실전에 유용한 추가 이슈들을 논의한다. 9장에서는 다른 업종의 브랜드와 제휴에 의한 공동 브랜딩에 대하여, 10장은 브랜드 전략을 해외 시장에서 전개할 경우 고려해야 할 이슈를, 11장에서는 멀티 브랜드 운영, 독립 브랜드의 개발 및 서브 브랜드 개발에 대하여, 마지막 12장에서는 브랜드 전략의 정기적인 점검(See)에

Chapter 01 전사 차원으로 실행하는 브랜드 전략

	기본 계획	Plan	적용
2부	브랜드 비전의 개발(2장)		브랜드 비전의 실행준비, 인터널 브랜딩(3장)

	중기	Do(1) 부문별 실행	장기
3부		제품 개발	제품 기능 아이덴티티(4장) 디자인 아이덴티티(4장)
	상품의 전략적 포지션 최적화(5장)	상품 전략	상품이미지 최적화(5장)
	브랜드 캠페인(7장) 단계적 브랜드 포지셔닝(7장) 브랜드 비전 구현 프로그램(7장) 미디어 믹스(7장)	커뮤니케이션	비주얼 관리체계(6장) 네이밍 전략(6장)
	브랜드 체험 플랫폼(8장)	영업	영업 매장 가이드라인(8장)

		Do(2) 실행 이슈	
4부	공동 브랜딩(9장) 브랜드 전략 해외 전개(10장) 서브 브랜드 전략(11장)		멀티 브랜드, 독립 브랜드(11장)
		See	브랜드 목표 관리체제(12장)

그림 1–11 이 책의 구성체계

의한 브랜드 목표 관리 체제에 대하여 설명한다.

브랜드 전략의 실행 업무는 전체적으로 장기적 관점에서 브랜드 비전을 구현하기 위한 업무와 중기적으로 브랜드 비전을 단계적으로 이루어가기 위한 실행 계획으로 구분된다. 전자에 속하는 것으로는 4장에서 설명할 제품 기능 아이덴티티 및 디자인 아이덴티티의 개발 및 적용, 5장의 상품 이미지 최적화 전략, 6장의 비주얼 관리 체계 및 상품 네이밍, 그리고 8장의 영업 매장 가이드라인 개발 등이 있다. 후자에는 5장의 상품의 전략적 포지션 최적화, 7장의 브랜드 캠페인, 단계적 브랜드 포지셔닝 전략, 브랜드 비전 구현 프로그램, 8장의 영업매장내 브랜드 체험 플랫폼 등이 포함된다. 9장과 10장, 11장의 내용들은 대부분 후자의 범주에 포함된다.

Part 02
브랜드 전략, 이렇게 기획하고 이렇게 준비하라

브랜드 전략의 첫 단계는 이미지 목표, 즉 브랜드 비전을 개발하는 것이다. 브랜드가 소비자들의 열망과 지지를 받는 성공한 브랜드로 자리 잡기 위해서는 우선 경쟁 브랜드와 차별화되면서도 목표 고객에 깊은 인상을 남겨 그들의 기억 속에 오래 간직될 수 있는 이미지 목표를 선정하는 것이 중요하다. 아울러 브랜드 비전이 고객의 체험을 통해 뚜렷한 이미지를 남길 수 있도록 사내 모든 관련 부문의 실무에 반영될 수 있는 실행가능한 체계를 갖추어야 한다. 이와 함께 브랜드 비전 실행의 주체인 사내의 모든 조직과 임직원들이 브랜드 비전에 공감하고 실무적으로 적용하기 위한 교육 훈련과 함께 새로운 제도를 도입하는 것이 필요하다.

브랜드 비전의 개발

Chapter 02

브랜드 비전은 기업 내부의 강점을 효과적으로 활용하면서 장기적으로 고객들의 지지와 열망을 받을 수 있는 이미지를 담고 있어야 한다. 브랜드 비전은 포괄적인 핵심 비전과 함께 실무적으로 적용하기 위한 구체적 이미지도 포함하는 등 체계적인 모습을 갖추는 것이 바람직하다. 브랜드 비전을 개발하는 과정은 기업 내부에서 활용할 수 있는 강점의 관찰, 경쟁 브랜드 이미지와의 차별화, 세분화된 시장에서 선정된 목표 고객의 니즈 반영 등으로 이루어진다.

성공 브랜드의 브랜드 비전

100년 이상의 역사를 자랑하는 미국의 모터사이클 브랜드인 할리 데이비슨은 '자유', '독립', '남성다움'의 브랜드 비전을 기초로 서부 개척시대의 카우보이를 연상하게 하는 감성 이미지를 잘 구현하여 미국 남성들의 꿈과 이상으로 자리잡았다. 할리데이비슨의 충성 고객인 HOG(Harley Owners Group)는 브랜드가 추구하는 이미지와 일관된 형태의 복장, 액세서리 등을 바탕으로 그들만의 독특한 커뮤니티 문화를 개척함으로써 미국 베이비 붐 세대 남성들의 동경의 대상이 된 지 오래다. 이들은 1980년대 일본 모터사이클 브랜드들의 저가 공세로 할리 데이비슨이 도산 위기에 처했을 때 모금운동을 통해 회사를 살렸을 정도로 브랜드에 대한 높은 지지와 충성도를 보여 주기도 했다. 할리데이비슨이 오랫동안 브랜드를 존속시키고 성장할 수 있었던 것은 미국적 가치를 담은 매우 차별화된 브랜드 비전에서 비롯된다. 물론 할리데이비슨의 현재 이미지는 독특한 배기음, 제품 특성, 디자인과 함께 미국 남성 고객층과 감성적으로 소통하는 마케팅 활동이 큰 역할을 했지만 그 출발점은 누구도 흉내 낼 수 없는 브랜드 비전에서 비롯된 것이다.

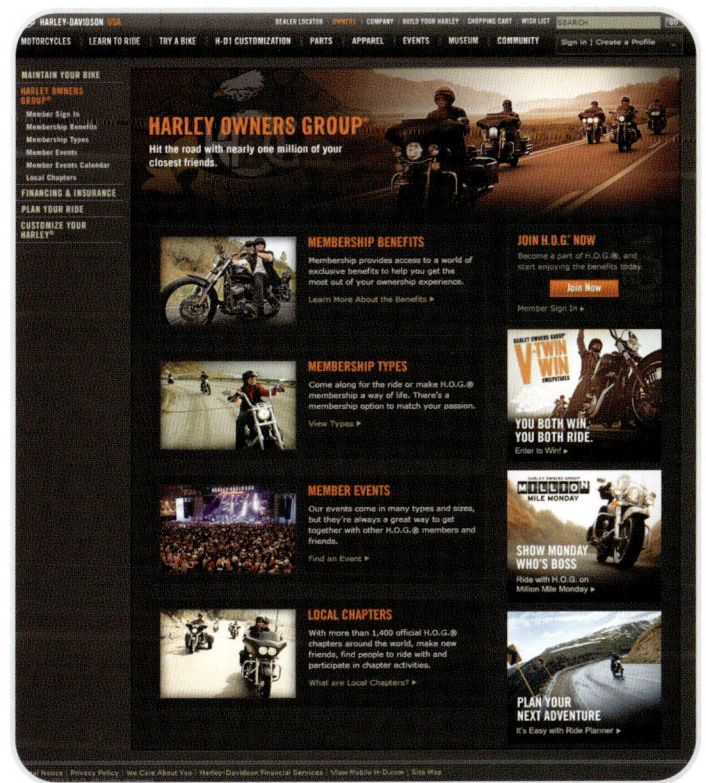

(사진: HOG 홈페이지 사진)

 브랜드 비전을 수립할 때에는 할리데이비슨과 같이 오랜 기간 동안 생존하고 성장하고자 하는 기업 내부의 열망을 갖고 임해야 한다. 해마다 적지 않은 수의 새로운 브랜드가 출범하고 또 몇 년 지나지 않아서 흔적도 없이 사라지는 환경 속에서는 브랜드 비전을 개발하

는 단계에서부터 이러한 절실함이 전제되지 않으면 브랜드의 장기
적인 존속과 성장은 장담할 수 없기 때문이다. 좋은 브랜드 비전은,
제품의 기능적 가치를 넘어 감성적으로 고객과 소통하고 연대할 수
있을 정도로 고객지향적이어야 하며, 다른 경쟁 브랜드와 다른 차별
화된 이미지를 담고 있어야 한다. 그렇다고 지나치게 이상적인 이미
지를 비전으로 선정하는 것은 무모한 것이다. 그럴듯한 멋진 이미지
목표만 만들고 그것을 달성하기 위한 실행이 뒤따르지 않으면 성공
의 가능성이 거의 없기 때문이다. 기업의 전체 임직원들이 현재의 강
점을 잘 활용해서 실현 가능할 것으로 확신하는 것이 브랜드 비전을
구현하는 원동력이다.

 ## 실행을 염두에 둔 브랜드 비전 체계

　브랜드 비전 체계[8]는 브랜드가 장기적으로 추구하는 이미지 목표
를 담을 뿐만 아니라 기업 내부 조직이 실행에 옮기기 용이하도록 체
계적인 구성을 갖추는 것이 좋다. BMW의 브랜드 비전 체계는 이 목
적이 잘 반영되어 있는 사례의 하나로(그림 2-1) 나타나 있다. 그림
의 맨 중앙에 위치한 'Joy'를 여기서는 '핵심 비전'[9]으로 부르도록

---

8) 여기서 '브랜드 비전 체계'는 지금까지 언급한 '브랜드 비전'의 실무 적용을 위해 다양한 보
　조 이미지 속성(주요비전, 실행비전)을 구조화 시킨 것을 지칭한다. 데이비드 아커의 '브랜드
　아이덴티티 시스템'과 동일한 개념을 이해하기 쉬운 표현으로 바꾼 것이다. David A. Aaker,
　데이비드 아커의 브랜드 경영, 2002, 비즈니스북스 pp. 126~136 참조.
9) David A. Aaker and Eric Joachimsthaler, 브랜드 리더십, 비즈니스북스, 2007. p. 84의
　'브랜드 에센스'와 동일한 개념을 이해하기 쉬운 표현으로 바꾼 것이다.

Chapter 02 브랜드 비전의 개발

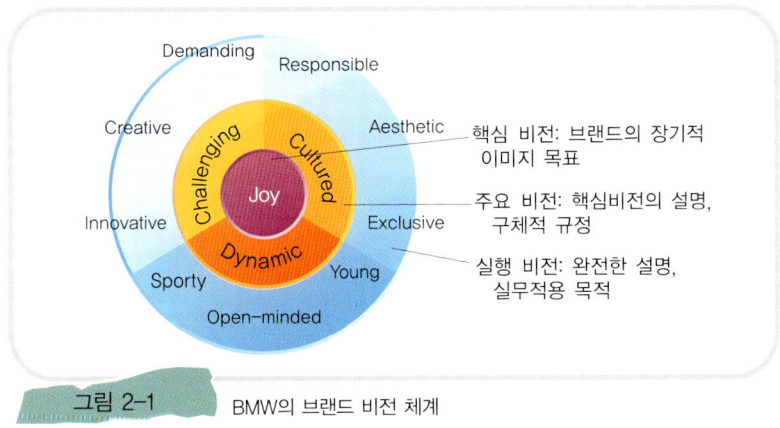

그림 2-1   BMW의 브랜드 비전 체계

한다. '핵심 비전'은 브랜드가 장기적으로 추구하는 이미지 목표를 한 단어로 표현한 것이다. 브랜드를 좌우하는 핵심적인 신념이나 가치를 의미하며, 대개 추상적이고 브랜드 비전 체계 전체를 아우르는 포괄적인 단어로 간략하게 표현된다.

'Joy'의 바깥쪽에 있는 'Dynamic(역동적인)', 'Challenging(도전적인)', 'Cultured(격조 높은)'를 이 책에서는 '주요 비전'으로 부른다. '주요 비전'[10]은 '핵심 비전'을 보완적으로 설명하면서 그 지향점을 보다 구체적으로 규정짓는 역할을 한다. 즉 '주요 비전'은 다소 모호하게 생각될 수 있는 '핵심 비전'의 개념을 확실하게 이해할 수 있도록 설명하는 동시에 브랜드가 의도한 바와 다르게 또는 과도하게 해석되는 것을 제한하는 역할을 하고 있다. 이를테면, 'BMW가 추구하는 '즐거움'은 '역동적이고 도전적이면서도 격조 높은 즐거움이다'라고 해석할 수 있다.

---

10) 주 8), 9)의 책들에서 표기된 '핵심 아이덴티티'와 동일한 개념을 이해하기 쉬운 표현으로 바꾼 것이다.

BMW의 브랜드 비전 체계의 맨 바깥에 위치한 9가지 속성들은 '실행 비전'[11]이라고 명명한다. '실행 비전'은 브랜드 비전 체계에 완전한 설명을 추가하는 것으로 실무에 적용하기 적합한 표현을 내포하고 있다. 즉 '실행 비전'은 '핵심 비전'을 구현하기 위해 상품, 기술, 커뮤니케이션, 판매와 서비스 등 실제 업무에 적용하는 것이 주요 목적이다. 이를테면, 제품, 디자인, 커뮤니케이션, 영업 등 실무 부문에서 '주요 비전'인 'Dynamic' 이미지를 구현하기 위해서 'Sporty', 'Open-minded', 'Young' 등을 기준으로 삼아야 함을 설명하고 있다.

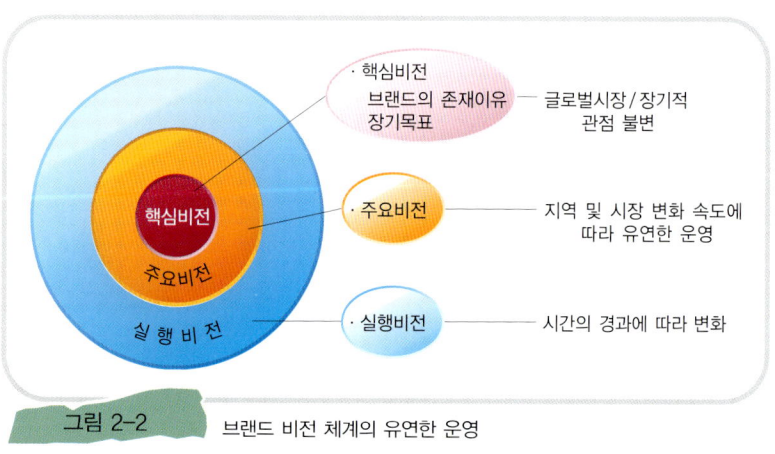

그림 2-2 브랜드 비전 체계의 유연한 운영

이와 같이 브랜드 비전 체계를 포괄적이고 추상적인 '핵심 비전', 이를 보완적으로 설명해 주는 '주요 비전', 실무에 적용하도록 이해를 돕는 '실행 비전'의 3가지 단계로 구성하면, 목표와 실행 기준을 모두 체계적으로 담을 수 있는 장점이 있다. '핵심 비전'은 브랜드의 존재 이유이자 장기간에 걸쳐 이루어 갈 목표이므로 시간의 경과나

---

11) 위 책들의 '확장 아이덴티티'와 동일한 개념을 이해하기 쉬운 표현으로 바꾼 것이다.

해외 진출의 경우에도 계속 유지하는 것이 당연하다. 그러나 '주요 비전'이나 '실행 비전'은 지역의 특성이나 시장 트랜드의 변화에 따라 일부 수정하여 운영하기도 한다.

브랜드 전략 전문가인 데이비드 아커 박사는 브랜드 비전의 요소가 1) 상품 이미지, 2) 기업 조직의 이미지, 3) 인간의 개성으로 표현된 이미지, 4) 기업의 대표적 상징물 등의 4가지 영역을 포함하는 것으로 주장한다. 이는 서구 브랜드들의 다양한 사례 연구 결과를 관찰한 결과를 바탕으로 제안한 것으로, 브랜드 비전이 반드시 4가지 요소들을 모두 포함해야 하는 것을 뜻하지는 않는다. 다만 이런 요소들을 고려하여 기업의 상황에 맞게 브랜드 비전을 개발할 수 있음을 의미하는 것으로 이해할 수 있다.

BMW의 브랜드 비전 체계 사례는 장기 이미지 목표와 단기적 실행 목표가 유기적으로 그리고 체계적으로 자연스럽게 연계된 유형이다. 브랜드가 성공하기 위해서는 이와 같이 브랜드 비전 체계를 개발하는 단계에서부터 실행을 전제로 한 유형을 개발해야 한다. 겉으로 관찰되는 모습이 조금씩 상이할 수 있지만 많은 브랜드들이 장기 목표-실행을 연계한 유형을 갖추고 있다.

제트 블루의 브랜드 비전 체계

1999년에 설립된 미국의 저가 항공사로서 동종업계내 최고의 고객 만족도와 업계 순위 2위를 자랑하는 제트블루의 브랜드 비전 체계를 살펴보자. '핵심 비전'에 해당하는 '브랜드 아이덴티티'는 Humanity이며, 브랜드 가치로 Safety, Caring, Integrity, Fun, Passion 등 5가지를 선정하였는데 이는 '주요 비전'에 해당된다. 외

브랜드 사명	"Bring humanity back to air travel." (비행기 여행에 인간성 회복)
브랜드 아이덴티티	Humanity (인간성)
브랜드 개성	External- Humanity, Friendly, Easy, Online, Innovative, Young, Fresh, Light Internal- Humanity, Friendly, Caring, Informal, Freedom, Individualistic
브랜드 가치	Safety, Caring, Integrity, Fun, Passion (안전, 배려, 성실, 신남, 열정)
목표 고객	편안하고 즐거운 여행을 추구하는 사람들
브랜드 슬로건	"Happy Jetting"

"편안하고 즐거운 여행"을 추구하는 사람들을 위한
jetBlue만의 여행 문화 "Happy Jetting" 창조

그림 2-3   제트 블루의 브랜드 비전 체계

부 고객들에게 표현하기 위한 브랜드 개성으로 Humanity, Friendly, Easy, Online, Innovative, Young, Fresh, Light 등이 있고, 내부 종업원에게 적용할 브랜드 개성으로는 Humanity, Friendly, Caring, Informal, Freedom, Individualistic 등이 있는데 모두 현업 적용을 위한 '실행 비전'에 해당된다. 제트블루는 저가 항공사이면서도 '휴매니티'를 구현하기 위해 비행기 내외부와 시트공간, 접근성 등의 항목은 최고 수준의 경쟁력을 갖추고 있다. 제트블루의 브랜드 비전 체계에 있는 표현들을 살펴 보면, 대부분 사람의 성격이나 개성, 그리고 감성적 표현이 주를 이루고 있다. 이는 브랜드가 고객들에게 최고의 인격적인 서비스를 제공하고자 하는 목적을 분명히 하고 있는 것으로 풀이된다.

그림 2-4   닛산의 브랜드 비전 체계와 부문별 실행 키워드

닛산의 브랜드 비전 체계

1999년에 르노에 인수된 후, 2002년부터 본격적인 브랜드 전략을 전개하고 있는 닛산의 브랜드 비전 체계는 이와는 약간 다른 모습으로 구성되어 있다. '핵심 비전'에 해당되는 '브랜드 개성'은 'Bold & Thoughtful'(대담하고 사려 깊은)이며, 이를 구현하기 위해 고객에 제공할 정서적 보상과 기능적 혜택을 단어들의 나열이 아닌 구문 형태로 규정하고 있다. 닛산의 브랜드 비전 체계하에서 정서적 보상과 기능적 혜택은 '주요 비전'에 해당되며 각 부문별로 실행을 위한 키워드는 별도로 규정되어 있는데 이것이 '실행 비전'에 해당된다. 주요 비전에 기능적 혜택이 포함된 것은 제품의 기술과 성능상의 특징이 고객과의 감성적 유대 형성에 큰 비중을 차지하는 자동차 브랜드의 특성을 잘 보여주고 있다. 브랜드 개성과 정서적 보상 및 기능적 혜택을 구현하기 위한 내부 부문별 실행 키워드는 다음과 같다.

디자인은 '상상력'을, 제품개발은 '창의성'을, 광고는 '일관성'을, IT는 '혁신'을, 모터쇼와 웹에는 '통찰력'을, 시험, 품질 부문은 '신뢰'를, 판매-서비스 및 설비 디자인은 '완벽성'을 구현할 것을 제정하였는데, 이는 모두 '실행 비전'에 해당된다.

파타고니아의 브랜드 체계

한편 친환경 등산 장비업체로 출발해서 친환경 스포츠 의류로 유명해진 파타고니아는 경영철학을 그대로 브랜드 비전에 반영한 사례이다. 암벽 등반, 스키, 보드, 낚시, 산악 자전거 등 '조용한 스포츠를 사랑하는 사람들'을 목표 고객으로 선정한 파타고니아는 '인간과 환경 위기에 대한 해답을 제시하는 것'을 브랜드 비전으로 하고 있다. 브랜드 사명도 '불필요한 위해가 없는 최고 품질의 상품을 제조'하는 것으로 정하였다. 브랜드 비전과 브랜드 사명을 구현하기 위해 파타코니아는 등산복과 등산장비 이외에도 유기농 소재를 활용한 의류를 제작하고 있으며, 최근에는 재활용 페트병을 재활용한 신칠라 소재의 의류도 개발하였다. 아울러 환경단체 지원, 환경 인재 양성 등의 다양한 환경 보존활동을 통해 적극적으로 브랜드 비전을 구현해 가고 있다.

바디샵의 브랜드 비전 체계

바디샵은 'Against Animal Testing(동물 학대 방지)', 'Community Trade(지역사회와 공정한 교역)', 'Activates Self-esteem(자아 존중)', 'Defend Human Rights(인권 보호)', 'Protect our Planet(지구 환경 보호)' 등 5가지의 기업 가치를 반영한 'Natural Cosmetics(자

Brand Vision	**Use business to inspire & implement solution to the human being and environmental crisis** (인간과 환경 위기에 해답을 제시하고 이를 구현하기 위한 비즈니스)
Brand Mission	**Build the best product, do no unnecessary harm** (불필요한 위해가 없는 최고 품질의 상품 제조)
Brand Target	**Silent sports lovers** [조용한 스포츠를 사랑하는 사람들]
임직원 공유 가치	**Let my people go surfing!** (파도가 치는 날엔 모든 종업원들은 서핑을 해라 !)

끝없는 재활용 (Relentless Recycling)

(신발 BOX 재활용) (신칠라 소재의 의류)

혁신적 상품 (Product)

(비화학 제품 유기농 면) (PCR 원단)

철저한 기능성 (Perfect Functionality)

(Regulator System) (Product Test)

환경 인재 양성 (Internship)

환경 단체 지원 (Contribution)

환경 운동 (Environmentalism)

(댐 제거 캠페인)

(야생 동물 보호 캠페인)

그림 2-5 파타고니아의 브랜드 비전과 구현활동

연 화장품'이라는 브랜드 비전을 만들었는데, 창업자인 아니타 로딕(Anita Roddick) 여사의 경영 철학을 그대로 반영한 독특한 경우

기업 가치

(1) 동물 학대 방지
- 업계에서 화장품 개발시 '새로운/혁신적' 원료의 사용을 위해 행해지는 다수의 동물 실험 반대
  (ex) 토끼 눈에 실험 물질 주입 등

(2) 커뮤니티 트레이드
- 지역 사회들과의 교역시 새로운 제품/시장을 형성하는데 의미가 있는 것이 아니라 공정한 교역/존중/형성에 중점

(3) 자아존중
- 여성의 개성/사고/삶에 대한 열정을 존중하는데 중점
  (ex) 여성의 성형 수술/유행에 따라 왜곡되어지는 패션

(4) 인권보호
- 경제 사회적인 권리(건강/주거/노동권) 및 교육 받을 권리 등 인간이 누려야 할 기본적인 권리 존중 중점

(5) 지구환경보호
- 다음 세대에 이어질 환경보호의 지지 기반을 구축하고 환경보호에 효과적인 기업활동에 중점

〈브랜드 아이덴티티〉
Natural Cosmetics
(순수 자연 화장품)

〈지면 광고〉

〈다양한 Campaign〉

그림 2-6 바디샵의 브랜드 비전과 마케팅 활동

에 해당된다. 파타고니아와 바디샵과 같이 기업 경영 철학을 그대로 브랜드 비전으로 대신하는 브랜드도 일부 존재하지만, 이 경우는 경영 철학이 매우 독특하며 고집스러울 정도로 그 철학을 철저하게 구현해 갈 때에만 성공이 보장될 수 있다.

실행을 전제로 한 브랜드 전담 조직 구축

　브랜드 전략을 체계적으로 추진하기 위해서는, 브랜드 비전 체계를 개발하기 이전에 브랜드 전담 조직을 구성하고, 사내 각 부문의 브랜드 전략 실행을 효과적으로 지원할 수 있는 조직에 소속하도록 하는 것이 선행되어야 한다. 적지 않은 기업들이 브랜드 조직을 마케팅 부문에 두고 있지만, 브랜드 전략은 마케팅 부문이 이끌어 가기에는 한계가 있다. 브랜드 전략은 전사 차원에서 추진되면서 사내 모든 부문이 실무 현장에서 구현해야 성공할 수 있기 때문이다. 따라서 브랜드 전략을 성공적으로 추진한 기업을 관찰해 보면 브랜드 조직이 최고 경영자의 의견과 의지를 반영하면서 전사 조직을 네트워킹할 수 있도록 전담조직을 기획 부문에 두는 경우가 많다. 닛산의 경우, 브랜드 전략 초기에는 브랜드전략실을 영업마케팅 부문에 소속시켰으나, 2005년 이후 전사 차원의 전략으로 전개하기 용이하도록 CEO 직속의 기획실 산하로 소속을 옮겼다. 국내 대기업인 삼성전자도 브랜드 전략을 총괄하는 책임 조직인 GMO(Global Marketing Operations)를 부회장 직속 조직으로 두었고, LG그룹은 지주회사인

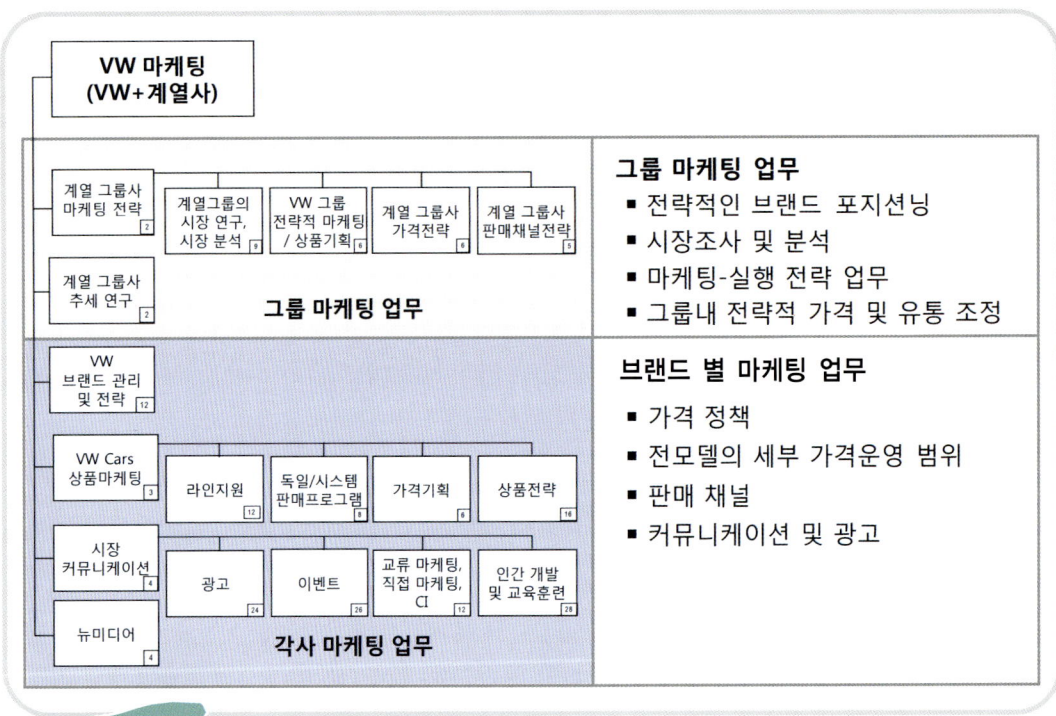

그림 2-7 VW 그룹의 브랜드, 마케팅 조직

㈜LG에 브랜드관리팀을 두고 부사장급이 팀을 이끌고 있다. 3개의 대중 브랜드와 4개의 고급 브랜드 등 총 7개의 브랜드를 갖고 있는 폴크스바겐 그룹도 브랜드 전략 업무를 그룹 최고 경영책임자 밑에 두고서 전체 브랜드를 관리하고 있다.

이와 같이 브랜드 전담 조직은 전사 차원에서 브랜드 전략을 기획하고 실행을 지원하지만 업무 특성상 상품, 커뮤니케이션, 영업 등 고객 접점을 담당하는 부문과 업무 관련성이 높으므로 이 부문을 담당하는 조직의 유경험자들로 인력을 구성하는 것이 좋다. 즉, 제품개발, 디자인, 상품 마케팅 및 광고, 홍보, 프로모션, 영업, 서비스 등 주요 관련 부문의 경력 인원들로 구성된 팀이 함께 연구하고 토론해 가면서 브랜드 업무를 전개하는 것이 합리적이다. 브랜드는 감성적 이미지에 대한 이해를 기반으로 하지만 현업에 실행하기 위해서는 논리적이고 합리적인 접근을 필요로 하므로 좌뇌와 우뇌가 모두 발달한 인력이 적합하다.[12] 또한 사내 전 조직을 대상으로 업무를 추진하게 되는데 이때 지나치게 강한 추진력을 갖춘 인력은 간혹 관련 부문의 반발을 불러와 전략의 실행이 오히려 더디어 지는 경우가 있을 수 있으므로, 합리적이고 부드러운 설득력을 갖춘 인력이 이상적이다.

 실행 지향적 브랜드 비전 체계의 개발

브랜드 전략은 사업 전략과 함께 추진되므로 기업 내부 상황과 계획을 브랜드 비전 체계의 개발 과정에 반영해야 한다. 따라서 브랜드 비전 개발의 첫 단계는 기업 내부의 강약점, 최고경영자의 경영 철학과 미래 전략 등을 파악하는 것으로 시작된다. 이와 관련된 내용은 주로 내부 인터뷰를 통해 파악한 것을 정리하는 순서로 진행되는데, 인터뷰 대상은 1) 마케팅, 영업, 광고 에이전시 등 시장 일선 담당, 2) 제품 개발, 디자인, 상품 마케팅 등 제품 관련 부문, 3) 경영진과 기타 부문의 임직원 등의 3그룹이다. 둘째 단계에는 목표 고객층을 선

---

12) 일반적으로 좌뇌는 논리적이고 세밀한 사고와 사실에 입각하여 사고하고 판단하는 기능과 관련이 높고, 우뇌는 창의력, 상상력, 심미적 사고와 감성적인 기능과 관련이 높은 것으로 알려져 있다. 양뇌형 인간이 브랜드 업무의 적격자이다.

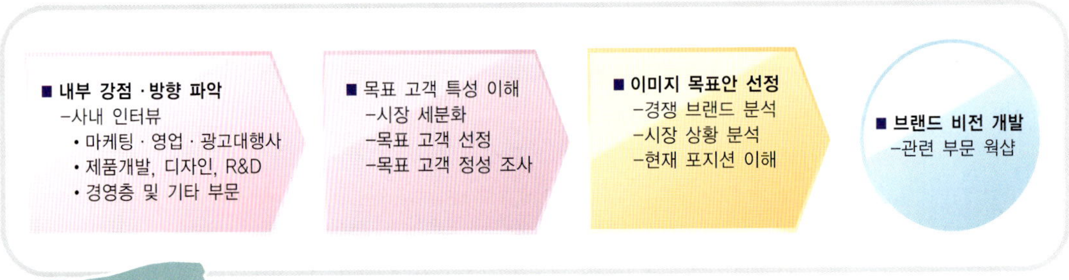

Part 02 브랜드 전략, 이렇게 기획하고 이렇게 준비하라

```
■ 내부 강점·방향 파악       ■ 목표 고객 특성 이해      ■ 이미지 목표안 선정        ■ 브랜드 비전 개발
 -사내 인터뷰                -시장 세분화             -경쟁 브랜드 분석          -관련 부문 웍샵
  • 마케팅·영업·광고대행사    -목표 고객 선정           -시장 상황 분석
  • 제품개발, 디자인, R&D     -목표 고객 정성 조사      -현재 포지션 이해
  • 경영층 및 기타 부문
```

그림 2-8   브랜드 비전 개발 순서도

정하고 고객과 감성적으로 소통하기 위한 요소를 파악해야 한다. 이를 위해서 일반적으로 마케팅에서 사용하는 시장세분화 기법을 사용하여 미래의 목표 고객층을 선정한다. 정성 조사를 통해 그들의 가치관, 일상 생활과 취향, 상품의 주 용도 및 이용 현황, 다른 산업군의 애호 브랜드, 가족, 친구 등 주위 사람에 대한 관계 및 태도 등 다양한 내용을 파악하고 그 내용을 브랜드 비전 체계 개발 과정에 활용한다. 셋째 단계에는 우리 브랜드와 경쟁 브랜드의 이미지 포지션을 파악한 후 경쟁 브랜드와 차별화된 미래 목표 이미지를 구상한다.

 브랜드 비전 체계는 이상에서 파악된 기업 내부의 강약점과 미래 모습, 목표 고객의 특성, 경쟁 브랜드와의 차별화 방안 등의 정보를 사내 각 부문 중간 관리자들과 함께 공유하고, 집단 토의 및 워크숍을 통해 개발한다. 외국 기업의 경우에는 아예 최고 경영진들이 몇 개월에 걸쳐 매일 또는 매주 토론해 가면서 목표 이미지 선정에 직접 참여하기도 한다. 한국 기업의 현실에는, 브랜드 전담 조직이나 외부 전문가들이 목표 이미지 선정을 위한 토론에 사회자 역할을 하면서 목표 이미지에 대한 공통 의견을 유도하는 것이 일반적이다.

Tip 1

브랜드 비전 체계 개발의 부담이 크다?

고객 세분화와 목표 고객 선정을 위해서는 최소 1,000 샘플 이상의 정량 조사를 필요로 하는데, 이 비용은 만만치 않은 비용 부담이 발생한다. 따라서 브랜드 비전 체계의 개발에 소요되는 비용 부담을 경감하기 위해서는 기존 조사 자료 또는 다른 조사기관의 시장 조사 데이터를 활용하는 것이 좋다. 경쟁군 브랜드의 현재 이미지 조사도 동일한 방법으로 다른 자료의 입수해서 활용하는 방법을 모색해 본다.

만약 이마저도 불가능하다면, 인구통계학적으로 목표 고객을 개략적으로 설정한 후에 이들을 대상으로 정성 조사 및 분석을 하는 방법으로 추진하는데, 이 비용은 정량조사만큼 많은 부담이 되지는 않는다. 목표 고객층 대상의 정성 조사 및 분석은 매우 유용하므로 가급적 비용을 들이는 것이 좋다.

Tip 2

브랜드 비전 체계의 개발 과정의 사내,외 역할 분담

브랜드 비전 체계의 개발시 내부 인력만으로는 추진하는 것은 쉽지 않기 때문에 외부 전문가 혹은 브랜드 전략 에이전시의 도움을 구하는 것이 일반적이다. 외부 브랜드 전문가 또는 컨설턴트는 브랜드 분야의 전문가일 뿐이므로 기업이 속한 업계나 기업 내부 상황에 대해서는 이해도가 다소 떨어질 수 있다. 따라서 상호 신뢰와 협조 관계 속에서 개발하는 것이 좋다. 외부 전문가와 사내 기밀 유지 협약을 맺고서 업계와 기업 내부 상황을 있는 그대로 잘 이해시키는 것이 필요하다.

브랜드 비전 체계는 장차 기업에서 사용하게 될 것이므로 외부자가 아닌 기업측의 내부 인력이 주도적으로 개발하는 것이 바람직하다. 다른 컨설팅과 마찬가지로 외부에만 의존할 경우, 성공의 가능성이 낮아지며 이는 기업과 컨설팅 에이전시 양자 모두에 손실이 크다. 브랜드 전략 개발의 이상적인 모습은 기업 내부에서 전담자를 선정하고 그가 브랜드 관련 지식을 습득해 가면서 개발하되, 내부자 관점에서 아웃풋 이미지를 대략이라도 미리 만들어서 외부 전문가와의 협조와 토론 등을 통해 완료하는 것이다. 외부자의 한계를 미리 인식하고 상호 의사소통과 의견 교류가 브랜드 비전 체계를 성공적으로 개발하는 관건이 됨을 명심하라.

브랜드 전략 실행의 준비, 인터널 브랜딩

Chapter 03

브랜드 비전 체계의 개발을 마친 다음에는 사내 모든 임직원들이 그 내용을 이해하고, 나아가 실무에 적용하는 것을 목적으로 하는 인터널 브랜딩을 추진한다. 적지 않은 임직원들이 감성적인 표현을 이해하는데 어려움을 경험할 수 있으므로 점진적으로 이해의 단계를 높여가는 방법을 택하는 것이 좋다. 초기에는 브랜드 비전 체계의 요소들을 체험을 통해 경험할 수 있도록 한 후, 일상 사무 공간에서도 느낄 수 있는 방법을 도입한다. 지속적인 브랜드 교육과 함께 인사, 평가, 보상 등의 제도적 관점에서 브랜드 비전을 반영하는 것은 큰 효과를 가져 올 수 있다.

브랜드 비전의 이해에서 적용까지

　브랜드 비전 체계를 개발하고 경영층의 재가를 받은 후, 사내에 공표한다고 해서 당장 브랜드 비전을 실행에 옮기기는 어렵다. 브랜드 이미지가 추상적인 단어로 표현되어 있어 사내 임직원들이 쉽게 그 의미를 이해하기 어렵기 때문이다. 머리로 이해한다고 해도 가슴으로 느끼고 자기 업무에 자발적으로 적용하기까지는 적지 않은 기간이 소요된다. 내부 임직원들을 대상으로 브랜드 비전을 성공적으로 정착시킨 사브(Saab)의 인터널 브랜딩 사례를 살펴 보자.

　사브의 인터널 브랜딩은 1) Clarity(브랜드 명확화), 2) Commitment (공감대 형성과 약속), 3) Communication(내부 브랜드 캠페인), 4) Culture(브랜드 문화 정착), 5) Compensation(직원 보상) 등의 5가지

단계로 추진되었다. 이와 같이 경영진들이 단계적으로 인터널 브랜딩을 전개한 이유는, 사내 전 임직원들이 브랜드를 이해하고 실무에 적용하도록 하기 위해서는 시간을 두고 추진하는 것이 바람직한 것으로 판단하였기 때문이다.

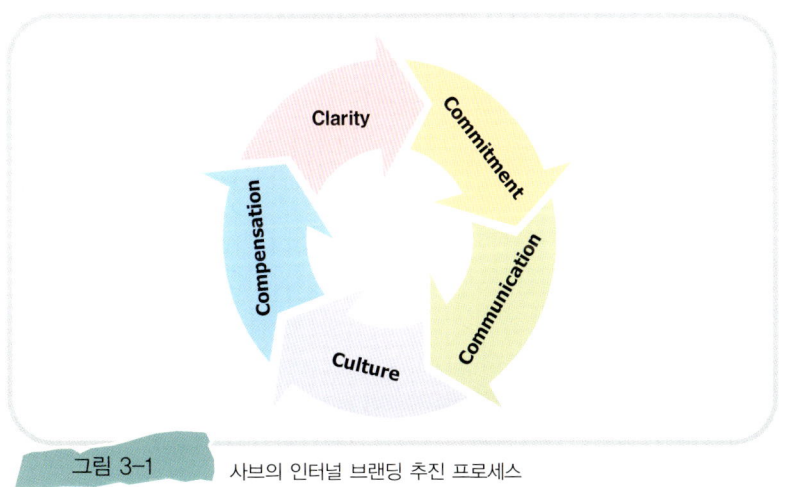

그림 3-1 사브의 인터널 브랜딩 추진 프로세스

1단계는 사브의 브랜드 비전을 명확하게 정의하는 단계인데 내부 임직원과의 인터뷰로 시작되었다. 그 배경은 직원 개개인이 인터뷰를 통해 브랜드에 대한 자신의 의견을 개진하도록 함으로써 자연스럽게 전직원이 참여하는 브랜드 중심의 기업문화를 구축하는 데 있었다. 직원 대상의 인터뷰 내용을 분석한 결과 '기업 문화를 브랜드 중심 문화로 전환하는 데 동의하며 브랜드에 대한 기업 내부의 이해도는 낮지만 시장에서 개선의 기회가 있다.'고 생각하는 것으로 결론을 내렸다. 이어진 경영진 대상의 인터뷰를 통해 브랜드 비전 체계 개발의 기본 틀을 만들었다. 내부 인터뷰와 함께 시장조사를 병행하여 사브 브랜드의 강약점을 분석하였고 명확한 컨셉의 브랜드 비전 체계 개발에 착수하였다. 그 결과, 브랜드 비전에 해당되는 사브 브랜드의 가치를 다음과 같이 정의하였다. 기능적 속성은 기술적 단순함(technical simplicity), 최상의 안락함과 넓은 공간(Superior comfort and spaciousness), 안전도와 보안 강화 설계(Design-in safety and security) 등 이었고, 감성적 속성으로는 운전의 즐거움(driving pleasure), 보안과 안전(security and safety), 지능적 선택(having made an intelligent choice) 등의 3가지 요소가 선정되었다.

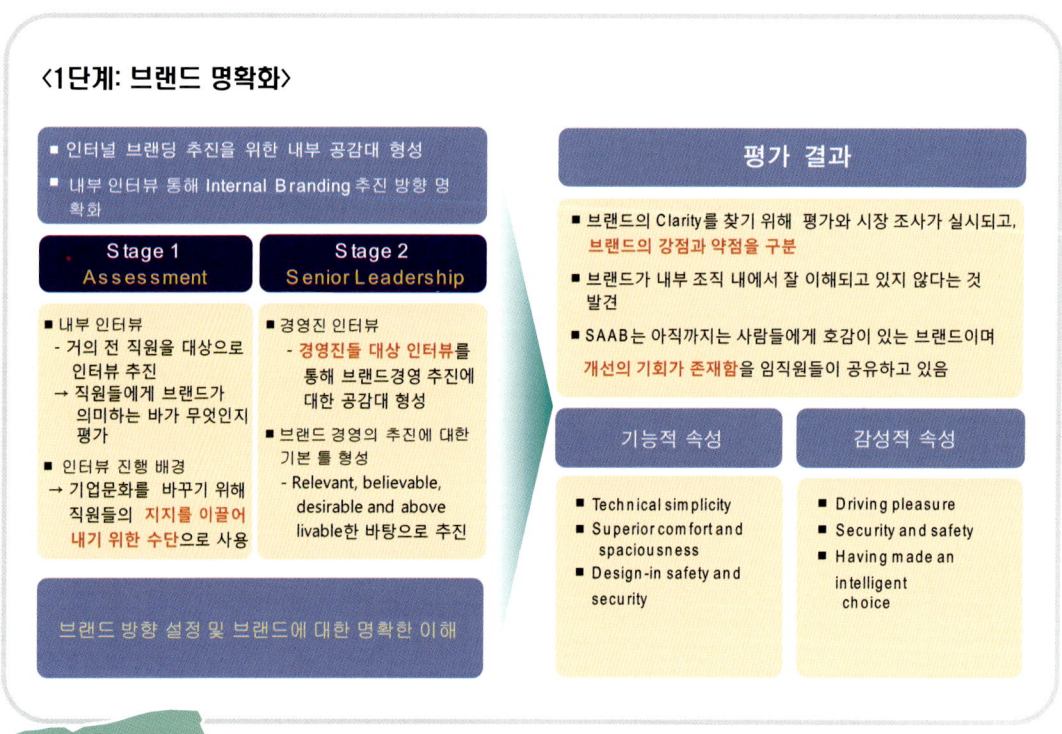

그림 3-2 사브는 내부 인터뷰를 통해 브랜드에 대한 이해 증진으로 브랜드 전략을 시작하였다.

2단계는 브랜드 전략에 전 직원이 적극적으로 참여하는 분위기를 조성하는 '브랜드 공감대 형성 단계'이다. 즉, 전 직원들이 소속 부서에서 맡은 업무를 실행하면서 브랜드 비전이라는 동일한 목표를 구현하기 위해 협력하고 서로 양보하며, 헌신할 수 있는 기반을 만들었다. 이를테면 브랜드와 관련하여 중요한 내부 결정을 할 경우, '누가 옳은가?' 보다는 '브랜드 비전 체계와 방향이 같은가?' 라는 질문을 우선하도록 함으로써 사내 부서 간 갈등을 최소화할 수 있는 분위기를 조성하였다.

〈2단계: 브랜드 공감대 형성〉

브랜드 비전에 대한 컨센서스 정립

- 브랜드에 대한 Consensus를 정립하는 것은 매우 중요.
- Consensus 없이는 직원들의 브랜드에 대해 높은 충성도 또한 기대할 수 없음

- 브랜드 비전에 대한 직원 공감대 형성
- 전 직원이 같은 목표로 브랜드 전략 추진의 기반 마련

- 차후, 브랜드 관련 중요 결정을 할 때, '누가 옳은가?' 보다 '브랜드와 방향이 같은가?' 라는 질문을 통해서 갈등을 최소화

Without Consensus, NO Commitment.

그림 3-3　사브는 브랜드 비전과 이를 내부 업무 기준으로 삼는 데 대하여 내부 공감대를 형성하였다.

3단계에서는 브랜드 비전을 모든 임직원들이 분명히 이해하도록 하기 위해 인터널 브랜딩의 원칙을 정하고 이에 따라 다양한 내부 커뮤니케이션 활동을 전개하였다. 기본 원칙으로 톱다운 방식, 지속적인 메시지 전달, 업무 공간에서의 경험 강화 등을 정하였다. 구체적인 내용을 살펴보면, 첫째 최고 경영층이 브랜드 전략에 대해 최종 책임을 지도록 하면서, 리더의 목소리를 가장 중요한 수단으로 인식하고 톱다운 방식의 커뮤니케이션을 전개하였다. 둘째, 브랜드를 일상 업무에 자연스럽게 적용하는 것을 정착시키기 위해 지속적으로 브랜드를 주제로 한 메시지를 전달하였다. 셋째, 업무 환경까지 브랜

⟨3단계: 인터널 브랜딩 캠페인⟩

추진 원칙

1) Top Down방식
   - 비즈니스에 책임이 있는 사람은 브랜드에 대한 책임도 있다.
   - 리더의 목소리는 가장 중요한 커뮤니케이션 수단이 된다.
2) 지속적인 메시지 전달
   - 일회성이 아닌 지속적인 메시지 전달
3) 환경적인 요소의 철저한 활용
   - 로고나 문자 뿐만 아니라 오피스 내의 가구에서부터 조직 위치까지도 브랜드 메시지를 전달 할 수 있어야 한다.

커뮤니케이션 수단

- E-mail 이나 Brochures, Reference manuals, Employee guide lines 등을 활용하여 Internal Branding Communication 실시

the SAAB Way
- Saab 조직의 Training Program

브로슈어
- 브랜드에 대해 설명해 놓은 Internal Brand Brochure 제작

영상물
- 브랜드의 4가지 Pillars에 관한 비디오 테이프 제작
  ① Individual and personal
  ② Safety and security
  ③ Sporty performance
  ④ Intelligent technology

그림 3-4   사브는 모든 임직원들이 브랜드 비전에 대해 분명히 이해하도록 인터널 브랜딩의 원칙을 정립하고, 다양한 수단을 활용하였다.

드를 경험할 수 있도록 사무실의 인테리어도 바꾸었을 뿐만 아니라 조직의 공간적 위치에 대해서도 브랜드를 주제로 한 컨셉을 구현하였다. 사브가 인터널 브랜딩 캠페인에 사용한 커뮤니케이션 수단을 보면, 'Saab Way'라는 이름의 내부 브랜드 훈련 프로그램, 내부 브랜딩 브로슈어, 이메일을 통한 브랜드 소식 전달, 브랜드 매뉴얼 개발 및 배포, 직원 행동 가이드라인 제정, 4가지 주제의 브랜드 비디오 제작(직원 개인의 행동지침, 안전과 보안, 스포티한 성능, 지능 지향의 기술 등 브랜드 비전을 설명하는 내용) 등이 있다.

4단계에서는 브랜드 전략이 중요한 회사 정책이라는 사실을 반복적으로 알리면서 브랜드 중심의 기업 문화를 형성하기 위해 노력했다. 브랜드의 의미와 중요성에 대해 반복적으로 커뮤니케이션 하면서 브랜드 구현 활동에 자발적인 참여를 유도하기 위해 다양한 프로그램을 개발하였다. 종업원들은 이 중에서 자신의 여건과 기호에 맞

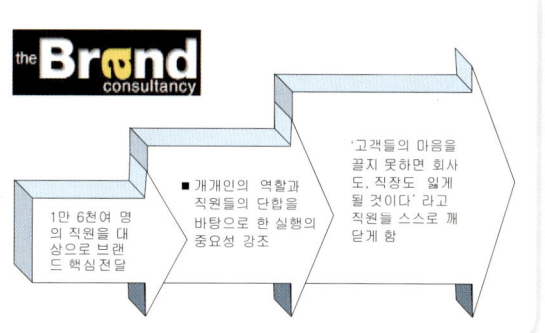

그림 3-5 사브는 브랜드 중심의 기업문화를 정착하기 위해 개인의 역할과 실행의 중요성을 지속적으로 강조하였다.

추어 선택한 프로그램에 참여할 수 있도록 하였다. 특히 브랜드 비전의 구현을 위한 개개인의 역할 및 전직원의 단합과 실행을 강조하였다. 그 결과, 브랜드가 고객의 마음을 끌지 못하면, 회사도 직장도 잃게 될 것이라는 사실을 직원들이 깨닫게 될 정도로 브랜드 전략에 대한 이해와 몰입 수준이 높아졌다. 결국 이 단계에서는 브랜드의 성패가 직원 개개인의 역할과 내부적 단합을 바탕으로 한 브랜드 전략의 실행에 좌우된다는 것을 절실히 느끼게 된 것이다.

마지막 5단계에서는 브랜드 전략의 실행에 기여도가 높은 직원을

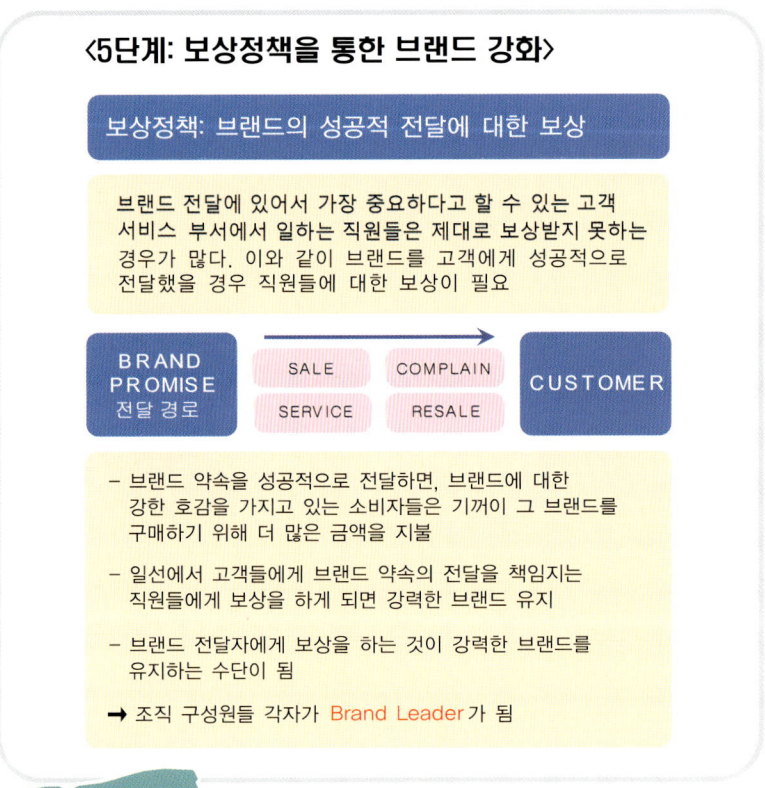

그림 3-6 사브는 보상정책을 통해 브랜드를 유지, 강화하는 노력을 전개하였다.

대상으로 보상 정책을 도입하였다. 특히 브랜드 이미지를 직접 책임지는 판매와 서비스 부문의 직원들을 위주로 보상을 강화하였다. 고객들에게 브랜드 약속을 성공적으로 전달한 종업원들에게 보상하는 것이 강력한 브랜드를 유지해 가는 중요한 수단이 된다고 생각했기 때문이다. 이와 같이 브랜드 기여도를 보상에 반영하게 됨에 따라 모든 조직 구성원들이 브랜드 전략을 실행하는 데 보다 더 적극적인 자세를 갖게 되었다.

사브의 사례는 사내 모든 임직원들이 브랜드에 대한 문제 의식에서 출발하여 브랜드 비전에 대한 분명한 이해를 기반으로 이를 현장 업무에까지 적용하고 브랜드 중심의 기업문화를 구축한 사례를 보여준다. 하지만 모든 부문이 브랜드에 대한 이해와 공감을 기반으로 실무에 적극적으로 적용하기 까지는 상당한 기간을 요하므로, 인터널 브랜딩은 단계적으로 접근하는 지혜가 요구된다. 일반적으로 새

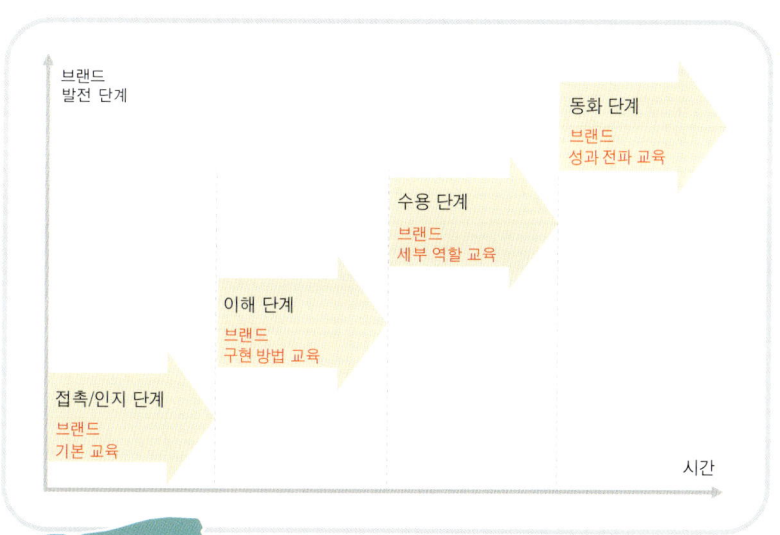

그림 3-7 브랜드의 이해 및 수용 단계별 교육 내용

로운 내용을 접하고 그것을 업무에 적극적으로 적용할 수 있는 단계에 이르는 데는 1) 접촉과 인지, 2) 이해, 3) 수용, 4) 동화(또는 적극적 적용) 등의 단계를 거쳐서 이루어진다. 따라서 (그림 3-7)에서 보는 바와 같이 브랜드에 대한 이해 단계에 따라 새로운 브랜드 교육 프로그램을 개발하는 것이 좋다.

브랜드 매뉴얼

　내부 임직원들을 대상으로 브랜드 전략을 이해시키고 적용하기까지 브랜드 전략에 대한 내용을 참조하기 위한 지침서가 필요한데, 그것이 바로 브랜드 매뉴얼이다. 브랜드 매뉴얼은 대개 브랜드 비전 체계를 개발하는 과정에서 도출된 결과물의 요약과 주요 부문이 브랜드 비전의 구현을 위해 실행에 옮겨야 할 기본방안으로 구성된다. 브랜드 매뉴얼은 대외적으로 추진하는 브랜드 전략의 실행을 위한 바이블 역할도 한다. 그 주요 내용은, 1) 브랜드의 이해를 돕기 위한 기본 설명, 2) CEO의 메시지, 브랜드의 중요성, 3) 현재 시장에서의 브랜드 위상과 당면 과제, 4) 브랜드 비전에 대한 구체적 설명과 이미지 컷, 5) 목표 고객에 대한 이해를 돕는 설명과 이미지 컷, 6) 브랜드 전략 실행 프로세스, 7) 커뮤니케이션의 핵심 메시지, 브랜드 슬로건 및 비주얼 가이드라인[13], 8) 브랜드 전략의 실행을 위한 부문별 적용 방

---
13) 이와 관련한 주요 내용은 6장에서 설명한다.

Chapter 03 브랜드 전략 실행의 준비, 인터널 브랜딩 071

브랜드 매뉴얼 목차

1 도입
- 대표이사 인사말　07
- 회사연혁　08

2 브랜드의 중요성
- 브랜드가 중요한 이유　12
- 브랜드 구성원으로서의 임직원의 자세　13

3 목표 고객
- 목표 고객의 이해　16
- 목표 고객의 특성　18
- 목표 고객과 제품　19
- 제품에 대한 니즈　20
- 브랜드 아이덴티티　21

4 우리 브랜드
- 브랜드 에센스　24
- 글로벌 브랜드 아이덴티티 시스템(BIS)　25
- 핵심 아이덴티티의 의미　26

5 제품 & 경쟁사
- 브랜드 대표 모델　34
- 우리 제품의 강약점　35
- 브랜드 전략 실행 프로세스　36
- 브랜드 차별화의 필요성　38
- 브랜드 차별화 방향성　39
- 글로벌 경쟁 환경　40
- 주요 경쟁사의 강약점　41

6 브랜드 커뮤니케이션
- 브랜드 커뮤니케이션이란?　44
- 브랜드 구축의 핵심요소　45
- 커뮤니케이션의 대상　46
- 고객 가치 제안　47
- 핵심 커뮤니케이션 메시지　48
- 커뮤니케이션 가이드라인　49

7 우리 브랜드의 미래
- 미래 방향성　52

8 브랜드의 구현
- 브랜드 인식의 강화　56
- 브랜드 앰베서더　57
- 브랜드의 구현　58
- 각 부서별 적용　64
- 브랜드를 위해 해야 할 일과 하지 말아야 할 일　68
- 브랜드 신조　69

9 첨부
- BIS 설명　70
- 미국 BIS　71
- 유럽 BIS　72
- 한국 BIS　73
- 중국 BIS　74

그림 3-8　A사의 브랜드 매뉴얼 목차 사례

안, 9) 브랜드 비전 달성을 위한 임직원 행동 원칙 등으로 구성된다.
　브랜드 매뉴얼은 브랜드 비전 체계 및 실행 기획안 전부를 포함하고 있으므로 전 임직원들이 그 내용 전부를 이해할 필요는 없다. 다만 경영진과 브랜드 전략의 실행과 직접 관련이 있는 제품 개발, 디자인, 상품 마케팅, 커뮤니케이션, 영업 등 부문은 상호 협력을 위해 공유하는

(사진) 소니 에릭슨의 브랜드 매뉴얼 표지

것이 바람직하다. 브랜드 전략 도입 초기 단계에는 브랜드 매뉴얼을 기반으로 기업 내부 임직원들이 쉽고 재미있게 이해하고 경험할 수 있는 다양한 콘텐츠를 별도로 개발하는 것이 일반적이다. 한편 기본적인 브랜드 비전 체계의 개념 설명과 함께 브랜드 비전의 구현을 위해 '해야 할 것'과 '하지 말아야 할 것' 또는 브랜드 신조 등과 같이 쉽게 이해할 수 있는 자료를 배포하면, 실무 적용에 도움이 된다.

체험 위주의 브랜드 교육 콘텐츠 개발

브랜드 비전을 이해하는 첫 걸음은 임직원들이 브랜드를 직접 체험할 수 있도록 시청각 콘텐츠를 활용하는 것이다. 특히 브랜드와 관련한 다양한 콘텐츠를 한 공간에 전시하는 브랜드 체험관은 임직원들의 직접 체험을 통해 브랜드를 실질적으로 이해하는 데 큰 도움을 준다. 현대기아자동차는 2007년 11월 본사 1층 공간에 다양한 비주얼 이미지와 브랜드 시뮬레이션 게임 등을 전시하여 내부 임직원들이 브랜드 비전을 체험할 수 있는 행사를 개최한 바 있다. 이 행사의 전시물들은 1) 목표 고객의 취향, 가치관, 취미활동, 2) 브랜드 비전의 이해를 돕는 사진, 그림, 기호품, 스포츠 용품, 액티비티, 3) 브랜드 비전 체계의 이미지가 반영된 신상품 사진과 광고물, 브랜드 광고물, 마케팅 이벤트 사진 등으로 구성되었다. 브랜드 비전과 유사한 이미지를 갖고 있으면서 일상 속에서 많이 사용하는 타 산업 카테고리의 브랜드와 상품, 이미지 컷, 고객층의 특징 등도 함께 전시하였

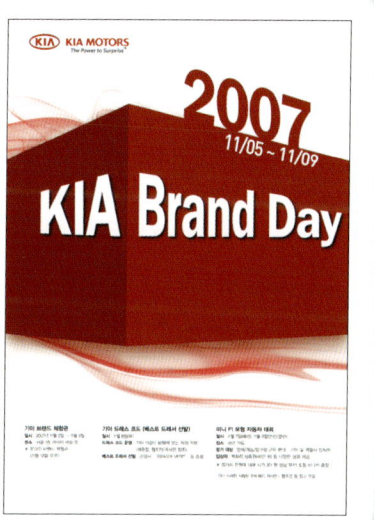

(사진) 현대차와 기아차는 브랜드 비전에 대한 내부 임직원들의 이해를 돕기 위해 브랜드데이를 정하고 다양한 브랜드 체험 행사를 개최하였다. 사진은 이 행사의 포스터이다.

다. 또한 커다란 사분 면 상에서 경쟁 브랜드의 이미지 매핑에 현대자동차의 브랜드 비전의 포지션을 선정해 보는 시연을 게임 형식으로 진행하였다. 주요 경쟁 브랜드의 상품, 광고, 마케팅 활동 등도 함께 전시하여 경쟁 브랜드와의 차별화 포인트에 대한 이해도 증진시켰다.

　브랜드 비전 체계를 가장 쉽게 이해할 수 있도록 전달할 수 있는 방법은 브랜드 필름으로 대부분의 기업들이 활용하고 있다. 브랜드 매뉴얼이 담고 있는 핵심 내용들을 동영상 필름으로 담아서 시청각 자료를 통해 이해시키는 것이다. 만화는 모든 연령층의 사람들이 재미있게 접할 수 있는 매체로 브랜드 비전을 이해하는 데에도 도움이 된다. 현대자동차는 내부 임직원용 브랜드 만화를 제작하여 배포하여 임직원들이 브랜드 비전을 쉽게 할 수 있도록 하였다.

　이외에도 브랜드를 체험적으로 이해할 수 있는 다양한 방법이 있

(사진) 현대 유럽 법인에서는 요리를 통해 브랜드 목표 이미지를 구현하도록 하는 브랜드 체험 교육을 실시한 바 있다.

다. 현대기아자동차는 '브랜드 데이' 행사와 함께 브랜드 비전과 부합하는 의상을 입고서 출근하는 '브랜드 드레스 코드' 페스티벌을 개최하였다. 현대자동차 유럽 법인에서는 유럽의 대리점과 딜러 대상으로 목표 이미지를 요리를 통해 표현하는 교육을 한 적이 있다. 이는 두세 시간 동안 브랜드 비전의 이미지 속성을 요리를 통해 섬세하게 표현하도록 유도한 것이다. 이와 같이 브랜드 비전을 직접 구현하는 체험 프로그램은 참여자들의 기억에 남는 확실한 교육 효과를 기대할 수 있다.

글로벌 기업의 경우에는 본사에서 개발한 브랜드 체험관을 해외 현지에서 브랜드 체험 훈련 프로그램으로 운영하기도 한다. 해외 현지의 대리점과 딜러를 대상으로 하는 BMW의 브랜드 체험 아카데미는 브랜드 비전을 이해시키는 데 있어 강의보다는 질의응답, 체험, 게임 등 다양한 방식을 활용하고 있다. BMW의 브랜드 교육은 상품, 광고 커뮤니케이션, 브랜드 전용 서체와 컬러, 디자인, 미니어처 등과 같은 브랜드에 대한 기본적인 이해를 돕는 내용을 포함하고 있다. 이와 함께 딜러 시설물의 이미지, 소품, 식사, 발레 파킹 서비스, 최고급 식음료 등 영업 현장에서 고객들에게 보여주어야 할 프리미엄 이미지를 경험할 수 있도록 구성되어 있다. 이와 같은 현장 체험 위주의 교육 콘텐츠는 참여하는 임직원들이 브랜드 비전을 감성적으로 이해하도록 함으로써 브랜드를 체득하고 이를 현장에 적용하는 데 큰 효과가 있다.

〈표 3-1〉 해외에서의 BMW 브랜드 교육 내용과 특징

오전 교육	■ 브랜드 정의 및 효과 - 실제 차량, 시설물, 미니어처 등을 활용	■ 브랜드 중요성과 BMW 전체 브랜드 교육 - 다양한 시청각 교육 자료 활용
오후 교육	■ BMW 브랜드 교육 - 컨셉 : 메인 칼라 (White & Blue) 및 가구/소품 중심 표현 - BMW 제품 및 브랜드 교육 - 실제 차량 전시 및 게임을 활용한 제품 교육 - BMW 역사, 지향 가치, 고객 응대 및 Behavior 등(15명씩 2개조로 BMW룸 Mini룸 순환 교육)	■ Mini 브랜드 교육 - 컨셉 : 메인 칼라 (Black) 및 인테리어와 소품 중심 표현 - Mini 제품 및 브랜드 교육 (40분) 실시 - BMW와 명확히 다른 Mini만의 브랜드 지향 가치 (미니 광고 리뷰 및 직접 제작 경험 제공) - Mini 고객 응대 및 Behavior
주요특징	■ 다양한 경험을 통해 BMW의 지향점인 Premium Brand 경험 및 Feeling 전달 - 일방적인 강의가 아닌 질의 응답, 체험, 게임과 같은 참여 방식 활용 - 시설물 이미지, 소품, 식사, 발레 파킹 서비스, 최고급 식음료 (브랜드 주스 및 에비앙 생수) 등을 활용 - 참석자 비용은 무료, 복장은 Premium Feeling에 맞는 정장 착용 - BMW 본사의 엄격한 가이드 라인에 따라 시설물 설치 및 이미지 사용 (Local 자체 제작 불가)	

일상 업무 공간 속에서 브랜드 체험

체험 이벤트나 체험 중심의 교육 프로그램을 통해 브랜드에 대한 이해를 높인 후, 업무 공간에서도 브랜드 비전을 구현하여 브랜드 체험을 일상화하는 하는 것이 바람직하다. 가장 쉽게 할 수 있는 것들은 사내 인트라넷 시작 페이지와 플래시 화면, 컴퓨터 화면 보호기 또는 바탕 화면, 컴퓨터 마우스패드, 업무 노트 등에 브랜드와 관련하여 임직원들의 핵심적으로 기억해야 할 사항들을 알리는 방법

이다.

'신뢰'와 '혁신'을 추구하는 구글은 사무실과 회의실 등의 사무 공간에 브랜드 비전을 멋지게 구현하여 업무 중에도 무의식적으로 모든 임직원들이 브랜드를 느낄 수 있도록 하였다. 디즈니는 직원에 대한 호칭을 통해서 브랜드 비전을 경험할 수 있도록 하고 있다. 디즈니는 종업원 호칭을 '(영화)배역의 일원'이라는 의미로 'cast member'로 정했는데, 이는 '재미', '가족', '오락'이라는 브랜드 핵심 이미지를 구현하기 위한 종업원들의 자세와 역할을 일상 속에서 기억하도록 하는 사례이다.

(사진) 현대차는 브랜드를 일상화하기 위해 인트라넷 초기화면을 활용하고 있다.

(사진) 구글은 사무 공간 속에서 임직원들이 브랜드를 경험할 수 있도록 사무실과 회의실을 색다르게 디자인하였다. (구글 런던 사무실)

(사진) 디즈니는 직원들을 '캐스트 멤버'로 부른다.

브랜드 교육의 체계적 운영

조직 규모가 큰 대기업의 경우, 모든 직원을 대상으로 체험 위주의 브랜드 교육을 시행하기는 거의 불가능하다. 따라서 현재 운영하고 있는 교육 프로그램에 브랜드 과목을 추가하는 것이 가장 자연스럽다. 온라인 브랜드 교육은 짧은 기간 내에 브랜드 비전 체계의 이해에 도움을 준다. 하지만 브랜드에 대한 직접적 체험이 결여되기 쉽고, 메시지의 전달에 그칠 가능성이 높아서 그 효과는 크지 않을 수 있다. 따라서 외부 브랜드 전문가의 초청 특강이나 다른 기업의 브랜드 전략 추진 사례 공유 등 비정기 프로그램도 병행하는 것이 좋다.

브랜드 교육은 전사 대상 프로그램 이외에도 부문별, 직급별로 다양한 콘텐츠를 준비하는 것이 바람직하다. 전사 대상 브랜드 교육은 브랜드 전략의 필요성과 비전 체계를 설명하고 부문별 브랜드 목표 전개의 기본 방향 및 간단한 사례 등으로 구성해서 인트라넷 등으로 교육한다. 부문별 교육은 브랜드 매뉴얼을 기초로 부문별 브랜드 실행 전략에 적합한 맞춤식 교육 콘텐츠를 개발해서 시행하는 것이 효과적이다. 직급별 교육은 인사 또는 교육 부서와 협조하여 기존 직급별 교육 프로그램에 일부 시간을 할애 받는 방법으로 추진한다.

임직원들이 브랜드 교육을 수료하더라고 실무에 적용할 수 있는 수준에 도달하기에는 적지 않은 기간이 필요하므로 다양한 브랜드 교육 콘텐츠를 개발하여 주기적으로 새로운 콘텐츠를 선보는 것이 바람직하다. 부문별 브랜드 전략 추진 실적이나 경쟁 브랜드의 브랜드 성공 사례들을 인트라넷으로 공유하면서 토론을 이끌어 내면, 실제적으로 브랜드 전략에 대한 이해를 증진시키고, 실행을 촉진시키는 효과를 거둘 수 있다. 특히 브랜드 관련 국내외 소식이나 부문별 브랜드 실행 현황을 정리하여 브랜드 소식지 형식으로 정기적으로 배포하면, 브랜드 전략에 대한 관심을 유지하고 실행력을 강화하는 데 도움이 된다.

〈표 3-2〉 B사의 브랜드 교육 현황 사례

		교육과정명	대 상	교육 내용
전사대상교육	신입/ 신임 과정	대졸/신입 경력 과정	대졸 신입/경력직	브랜드 경영 필요성 공감 브랜드 비전의 이해 영업 및 생산 현장 적용 방안 브랜드 경영 적용 방안
		영업/생산 신입 과정	영업/생산직	
		4급 신임 과정	4급 승진 대상자	
		신임 기능직 과정	신임 기능직 과정	
	사원	역량 향상 과정	사원 3년차	브랜드 경영 필요성 공감 브랜드 경영 추진 현황 브랜드 경영 적용 방안
	대리	역량 향상 과정	대리 3년차	
		승진자 교육 과정	대리~과장	
	과(차장)	변화 혁신 과정	과장~부장	브랜드 경영 실천 지침
	공통	온라인 브랜드 교육	사원~부장	전 직원 브랜드 이해도 증가
부문별 교육		브랜드 코디네이터 교육 (코디네이터 워크샵 포함)	브랜드 코디네이터	브랜드 비전의 이해 및 전파 브랜드 경영 적용 방안 제품기능 아이덴티티 소개 디자인 아이덴티티 소개 영업 현장 적용 방안
		부문별 브랜드 비전 전파교육	각 본부 임직원	
		R&D 부문 팀장급 전파교육	연구소 팀장	
		영업본부 설명회	영업본부 중역/팀장/지점장	
		생산 부문 설명회	공장 일반직	브랜드 경영 필요성 공감 브랜드 비전의 이해 생산 부문 실천 및 협조 방안
		생산 부문 임원 설명회	공장 임원	

새로운 인사·교육제도의 도입

　브랜드 전략을 전사적 차원에서 실행에 옮기는 가장 적극적인 방법은 브랜드 비전을 반영한 새로운 제도를 도입하는 것이다. 3M은 브랜드 비전에 적합한 근무 제도를 도입하여 브랜드 전략의 성공을 거둔 대표적 사례이다. 3M의 브랜드 비전의 핵심은 '혁신(Innovation)'이며, '혁신적이며 신뢰할 수 있는 제품 및 서비스를 지속적으로 제공' 하는 것을 고객에 대한 브랜드 약속으로 명시하고 있다. 3M은 브랜드 비전을 실행에 옮기기 위해 R&D 부문 직원들이 총 근로시간의 15%를 혁신을 위한 개인 연구로 사용하는 것을 허용하였다. 이 시간은 개인 연구뿐만 아니라 R&D 부문 내 직원들 간의 아이디어 교류를 활성화하는 데에도 활용 되었다. 예산이 편성되지 않아서 실행되지 못한 혁신 아이디어에는 별도의 실행 예산을 지원하였다. 이는 결과적으로 혁신적 제품의 개발을 촉진하는데 매우 긍정적인 효과를 창출하였다. 또한 사무 부문 직원을 대상으로 매출의 30%를 최근 4년 내에 출시한 새로운 제품 및 서비스에서 창출하는 것을 의무화하였다. 아울러 새로 도입된 제도에 따라 회사에 공헌한 직원들이나 팀에 대한 보상제도도 도입하였다. 3M은 브랜드 비전을 전사적으로 실행에 옮길 수 있는 제도적 뒷받침을 통해 브랜드에 대한 내부 임직원의 이해와 몰입을 최고로 이끌어 냈을 뿐만 아니라 혁신적 제품들을 연속적으로 개발하여 브랜드 비전을 성공적으로 구현하였다.

〈표 3-3〉 3M의 브랜드 비전과 비전 구현을 위한 제도

브랜드 약속	3M 『혁신적이며 신뢰할 수 있는 제품 및 서비스를 지속적으로 제공』			
브랜드 비전	Innovation(혁신)			
브랜드 비전에 입각한 근무제도	실행		평가	
	종류	내용	종류	내용
	15% Rule	■ 노동시간의 15% 활용, 개인 연구테마 전념을 허락	우수기술 및 혁신상	■ R&D 직원들 대상으로 공헌한 직원들 보상
	30% Rule	■ 매출의 30%를 최근 4년내 출시한 신제품 및 서비스에서 창출을 의무	등급별 우수상	■ 사무직 직원들 대상으로 공헌한 직원들 보상
	Genesis Program	■ 소속 부문 內 예산 미편성 케이스에 대해, 위원회 연구자들에게 자금 제공	품질 개선상	■ 업무상 우수한 질적 향상을 달성한 개인 또는 팀 단위로 보상

미국의 대표적 저가 항공사인 젯블루(jetBlue)는 브랜드 비전을 직원의 채용, 훈련, 배치 제도에 반영하였다. 2장에서 설명한 바와 같이 브랜드 비전은 '인간애(Humanity)'이며 브랜드 사명은 '비행기 여행의 인간성 회복(Bring humanity back to air travel)'이다. 이 회사는 직원 선발의 가장 중요한 기준을 젯블루 브랜드 비전의 준수 가능성 여부로 삼고 있다. 당연히 서비스 업종 유경험자를 우선적으로 채용하게 되며, 채용과정에 진행되는 그룹 인터뷰에서도 지원자의 사회적인 관계 속에서의 반응과 사람들과의 친밀한 관계를 만드는 스킬을 진단하는 방법으로 'Humanity' 준수 가능성을 점검한다. 채용된 직원들은 젯블루의 브랜드 기본 훈련을 거쳐 최소 2년 이상 고객 서비스 관련 부서에서 근무하도록 한다. 내부 직원을 대상으로 'Humanity'를 구현하기 위해 도입된 제도도 적지 않다. 자사의 모

젯블루의 전 CEO인 David Neeleman이 직접 기내 청소를 하고 있다.

Speak-up Survey 질문	칭찬해주세요	우리 회사에 칭찬할 것은 무엇인가요?
	애로사항 공유	애로사항은 무엇인가요?

그림 3-10 젯블루는 브랜드 슬로건(Happy Jetting)에 걸맞는 서비스를 제공하기 위해 CEO가 기내청소도 하며 고객을 대상으로 Speak-Up Survey를 실시하고 있다.

든 대외 홍보 이슈는 사전에 모든 임직원들에게 알려 줌으로써 내부 임직원에 대한 휴머니티를 구현하고 있으며, 고객들의 질문에 당황하지 않고 대답할 준비를 갖추도록 하고 있다. CEO가 직접 한 달에 한 번씩 기내 청소와 고객 응대 등 승무원 역할을 체험하는 과정을 통해 승무원들과 인간적인 교류를 하고 있다. 또한 임직원 간의 상호 의견 교환을 활성화하기 위해 월 1회 뉴욕 JFK 공항에서 공개 포럼을 열기도 한다. Speak-up survey제도를 통해 고객들의 애로사항을 쉽고 간단한 설문으로 조사하여 그 결과를 교육 훈련 프로그램에 반영하고 있다. 이와 같이 채용 단계부터 적용된 브랜드 비전은 CEO부터 말단 직원까지 모든 임직원들의 활발한 사내 의견 교환 및 정보 공유를 통해 구현되고 있다.

 ## 임직원 대상의 브랜드 이해도 점검

    브랜드 비전에 대한 임직원의 이해와 몰입도, 적용 정도는 브랜드 전략의 실행과 성과에 큰 영향을 미치므로 이를 정기적으로 점검하여 교육 훈련 계획에 반영하는 것이 좋다. 닛산은 브랜드 전략을 도입한 지 약 5년 정도 지난 후에 내부 임직원을 대상으로 브랜드 비전에 대한 이해 정도와 브랜드 실행 전략에의 참여 성도를 조사하고 분석한 결과를 기초로 대응 방안을 수립한 바 있다. 닛산은 브랜드에 대한 이해가 높고 실행에도 적극적인 계층을 '브랜드 챔피언'으로, 전자는 높으나 후자는 낮은 계층을 '브랜드 방관자'로, 전자는 낮으나 후자만 높은 계층을 '브랜드 돌출행동형'으로, 양자가 모두 낮은

〈표 3-4〉 닛산 내부 임직원의 브랜드 이해도 조사 결과

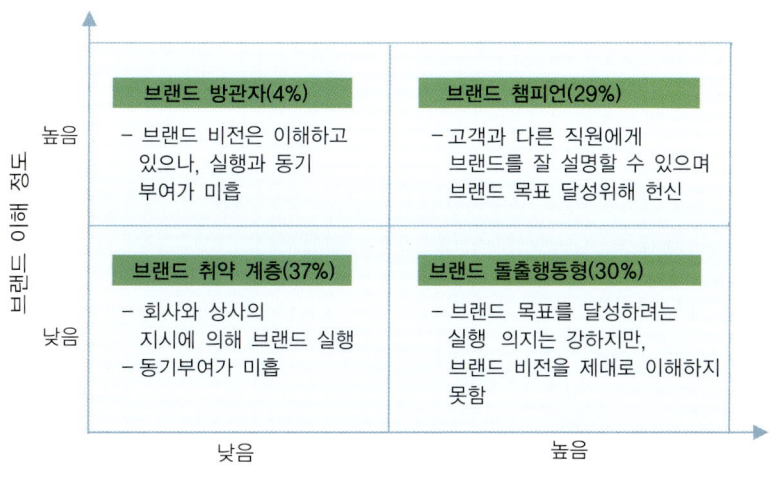

계층을 '브랜드 취약계층'으로 각각 분류하였다. 사내 조사 당시 닛산은 '브랜드 방관자'의 비중은 높지 않았고, 기업 비전과 브랜드 비전을 혼동하는 직원들 때문에 '브랜드 돌출행동형'과 '브랜드 취약계층'이 상당한 비중을 차지하고 있는 것으로 조사되어 기업 비전과 연계된 브랜드 비전 교육 콘텐츠를 새롭게 개발하였다.

닛산은 전 직원을 대상으로 브랜드에 대한 내부 조사를 활용하였지만, 부문별, 직급별로 브랜드에 대한 이해도와 실행 참여 정도를 정기적으로 측정하게 되면, 보다 효과적인 브랜드 교육을 통해 조직 전체의 브랜드 이해도와 실행력을 높일 수 있을 것이다.

실행을 돕는 네트워크 조직 운영

조직이 방대한 대기업의 경우, 브랜드 전담 조직은 브랜드와 직·간접적으로 관련이 있는 사내의 모든 부문과 협력을 통해 전략을 실행하는 것이 좋다. 특히, 브랜드 전략을 적극적으로 실행에 옮겨야 할 핵심 관련 부문에서 상당한 업무 경험이 있는 중간 관리자들을 선발하고 이들과 수평적 네트워크 조직을 구축하여 브랜드 실행 전략을 전개하는 방안이 현실적이며, 효과적이다. 모 대기업의 경우 브랜드 전략의 실행 초기 단계에서 핵심 관련 부문의 중간 관리자들을 브랜드 코디네이터로 임명하고 코디네이터 회의체를 신설하였다. 브랜드 코디네이터는 소속 부문에서 5년 내외의 실무 경험을 가지고 있으면서 브랜드나 마케팅 등 비주얼이나 소프트한 분야에 소양을 갖춘 인력이었다. 이들은 소속 부문에서 현업을 담당하면서 브랜드 전략을 전파하고 실무 적용을 위한 계획을 수립하는 것을 주 임무로 하였다.

브랜드 전담 조직은 브랜드 전략의 필요성과 브랜드 비전에 대해 코디네이터와 공감대를 형성한 후, 정기적인 회의 또는 워크숍 등을 통해 브랜드 비전의 부문별 실행 전략을 수립하였다. 브랜드 코디네이터와 함께 도출한 브랜드 전략 실행 과제는 실무 부서장 회의를 통해 확정한 후, 경영진으로 구성된 브랜드위원회를 통해 소요 예산 지원 및 필요한 업무 프로세스의 신설 등 경영상의 의사결정을 통해 확정하였다.

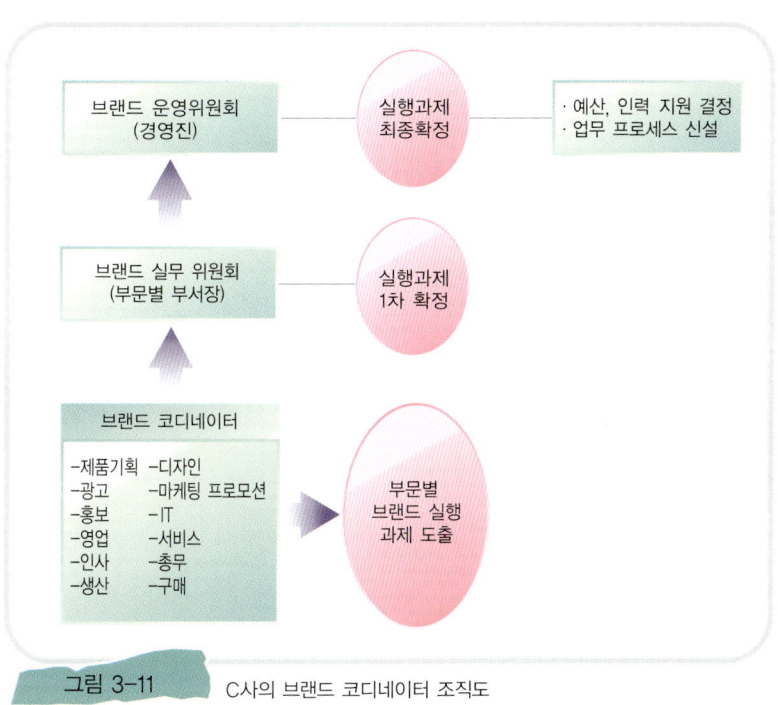

그림 3-11   C사의 브랜드 코디네이터 조직도

Part 03
부문별 브랜드 실행 전략, 이렇게 추진한다

브랜드 실행 전략에서 핵심 내용은 고객들에게 브랜드에 대한 차별적인 경험을 제공하는데 있다. 물론 이 경험을 제공하기 위한 출발점은 브랜드 목표 이미지, 즉 브랜드 비전이 되어야 하며, 모든 고객 접점에서 일관된 이미지를 제공할 수 있어야 한다. 즉, 각 고객 접점들이 제공하는 상품이나 서비스의 내용과 경험은 달라도 그 경험을 통해 고객들이 느끼는 이미지는 동일해야 한다. 브랜드 전략의 실행의 핵심 부문은 고객들의 브랜드 이미지 형성에 직접적으로 영향을 미치는 제품 개발 및 디자인 부문, 상품 마케팅 부문, 커뮤니케이션 부문, 그리고 영업 부문 등이다. 이들 부문에서는 장기적 관점에서 브랜드 비전을 구현해 가기 위한 가이드라인을 개발, 적용하는 노력이 필요하다. 이와 함께 현재의 브랜드 이미지를 단계적으로 개선해 가기 위한 전략적 포지션의 선정, 적절한 경영자원의 배분 및 실행을 뒷받침하는 신선한 마케팅 아이디어 등이 함께 고려되어야 한다. 브랜드 전담 조직은 이들 실행 관련 조직들이 브랜드 비전을 달성해 갈 수 있도록 함께 고민하고, 지원하는 노력을 아끼지 않아야 한다.

제품 개발 및 디자인 부문

브랜드 비전을 제품에 반영하기 위한 노력은 브랜드 전략의 핵심이다. 고객들은 제품을 사용하는 경험속에서 브랜드에 대한 구체적인 이미지를 갖게되기 때문이다. 소비자들이 제품을 통해 브랜드를 경험하는 과정은 크게 제품이 갖고 있는 기능과 디자인의 두 가지로 이루어진다. 제품개발 부문은 제품이 갖고있는 다양한 기능 중에서 브랜드 비전을 구현할 수 있는 기능을 구별하여 이 기능에 업계 최고 수준의 경쟁력을 갖추는 방식으로 차별화된 브랜드 경험을 제공한다. 디자인 부문은 브랜드 비전에 맞는 공통적 디자인 요소를 개발 적용하는 방식으로 고객의 시각적 체험에 차별성을 부여한다. 때로는 유저 인터페이스 관점에서 디자인과 제품기능이 유기적으로 결합된 방식으로 제품을 통해 독특한 브랜드 경험을 제공하기도 한다.

 브랜드 비전을 성공적으로 제품에 적용한 애플 사례

브랜드 비전을 제품에 정교하게 구현하여 소비자들이 제품 사용 과정에서 차별적인 브랜드 체험을 할 수 있도록 한 대표적 사례로 애플을 들 수 있다. 애플의 브랜드 비전 체계에서 가장 중요한 핵심 비전은 '혁신(Innovation)'이며, 이를 제품, 커뮤니케이션, 영업 등에 적용하기 위한 4개의 고객가치구현 원칙은 '단순성(Simplicity)', '사용자 중심(User Focused)', '이용 편의성(Ease of Use)', '또다른 혁신(Different Innovative)' 이다. 애플은 iPod 개발 과정에서 핵심 비전과 4대 원칙을 창의적으로 적용하여 다른 브랜드와 확연히 차

그림 4-1 애플의 브랜드 비전과 고객 가치 구현 원칙

별화된 제품을 개발하는 데 성공하였다.

애플이 iPod 제품의 구상 단계에서 핵심적으로 구현하고자 한 요소는 'Simplicity'이다. (그림 4-2)는 애플이 'Simplicity' 컨셉을 iPod에 구현하는 과정을 단계적으로 보여주고 있다. 제1단계에서 애플은 'Simplicity'를 일차원적으로 제품의 표면 재질에 적용하였는데, 그 결과물은 광택이 나는 흰 플라스틱이었다. 제2단계에서는 'Simplicity'를 이차원, 즉 평면 디자인에 적용하였다. 결과물은 원과 사각형과 같은 기본 도형과 라운드 타입의 코너링을 유기적으로 결합하여 깔끔한 모습의 디자인이었다. 제3단계에서는, 'Simplicity'를 삼차원, 즉 공간 속에서 디자인과 제품 기능을 연계하여 적용하였다. 그 결과, 시각적으로 그리고 유저인터페이스 관점에서 'Simplicity', 'User Focused', 'Ease of Use' 등의 원칙이 구현되었다. 그 구체적인 결과물은 클릭 휠, 부드럽고 깔끔한 느낌을 주는 외양, 그리고 한

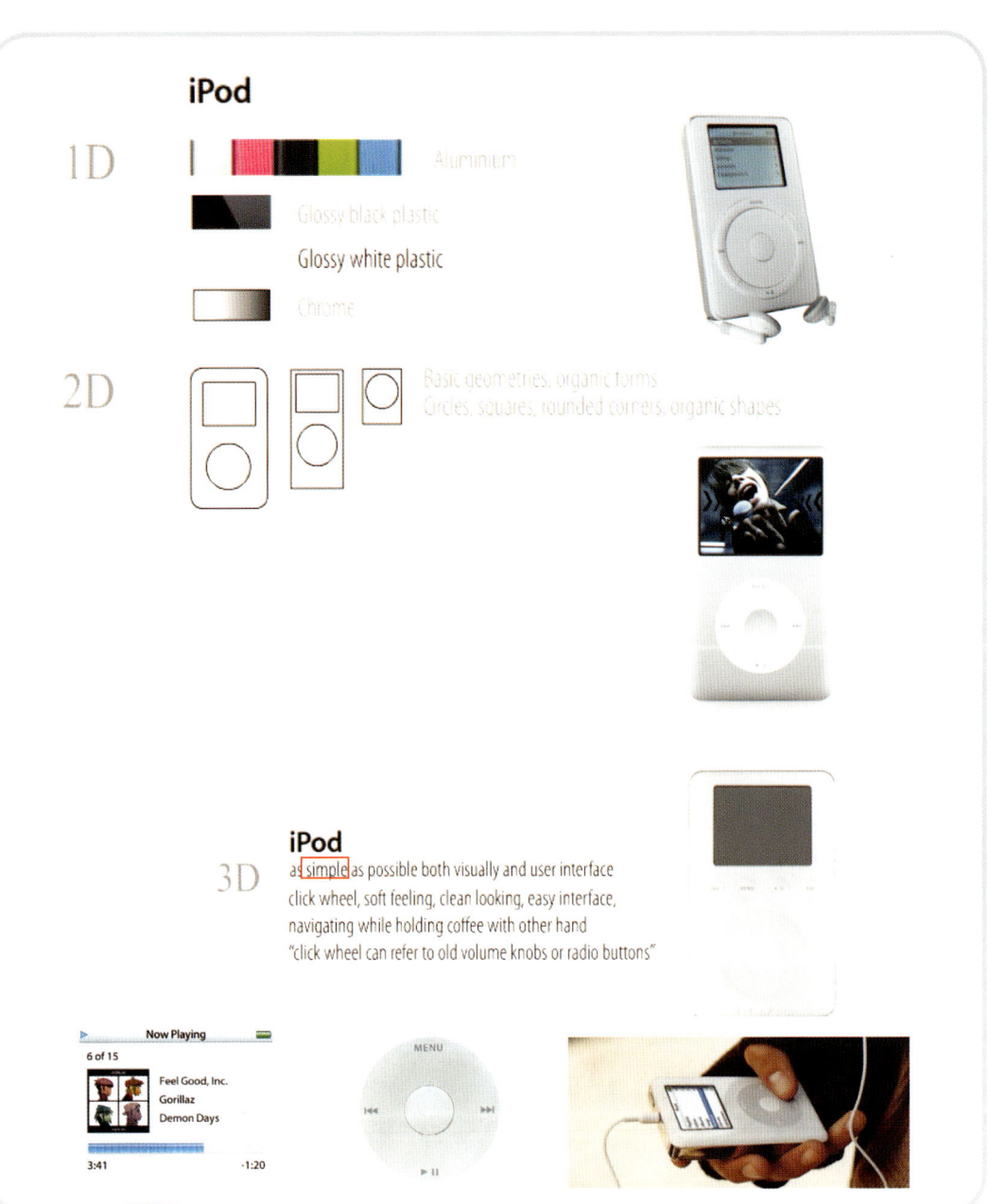

그림 4-2　'Simplicity', 'user-Focused', 'Ease of Use' 컨셉의 제품 구현 과정

손으로 조작할 수 있을 정도로 사용하기 용이한 인터페이스 등으로 요약된다. 여기서 클릭 휠은 구형 라디오의 볼륨 스위치나 버튼을 참조하였는데, 이 역시 심플하면서도 소비자들이 쉽게 사용할 수 있도록 한 것이었다.

iPod의 부드러운 형태는 소비자들에게 사용하기 쉬운 느낌을 주고 있고, 광택이 나는 제품 겉 표면은 캔디와 같은 느낌으로 고객들에게 가까이 다가갔다.

마지막 제4단계 제품 구현 단계에서 애플은 브랜드 비전의 원칙을 4차원적으로 적용하였다. 즉, 고객들이 제품 사용단계에서 브랜드 비전인 Innovative와 하위 4개 원칙들을 다양하고 풍부하게 경험할 수 있도록 노력을 기울였다. 흰색 컬러의 헤드폰은 소비자들의 눈길을 사로잡는 광고를 통해 더욱 돋보이게 되었다. 애플은 소비자들이

그림 4-3 최종 제품 구현 단계에서 'Simplicity'와 'User Friendly' 컨셉의 적용

심플한 디자인의 iPod와 함께 음악을 휴대하면서 어디서나 즐길 수 있도록 하였으며, 이를 통해 젊고, 트렌디하며 음악을 애호하는 고객층으로부터 엄청난 인기를 누리게 되었다.

애플은 브랜드 비전과 이를 적용하기 위한 4가지 원칙을 후속 제품들, 즉 iPod shuffle, iPod nano, iPod classic, iPod touch, iPhone 등에도 계속 적용함으로써 소비자들의 기대와 사랑을 함께 받고 있다. 특히 iPhone의 경우, 이전에 다른 기업에서 이미 출시했던 스마트폰 제품영역에 애플만의 독특한 브랜드 비전을 구현한 것이며, 이는 iPad에도 그대로 계승되었다. 어플 스토어 운영에 있어서도 다양한 어플들을 수용하기보다는 고집스럽게 애플의 어플 포맷에 맞는 것만 수용함으로써 브랜드 비전의 구현에 일관성을 유지하였다. 이와 같이 브랜드가 제품을 다른 카테고리로 확장하는 경우에도 브랜드 비전을 철저히 그리고 발전적으로 적용하는 것이 충성 고객층의 높은 기대를 충족시키고, 브랜드 파워를 더욱 강화할 수 있다는 것을 애플은 보여주고 있다.

그림 4-4 브랜드 비전이 적용된 애플의 제품라인

브랜드 비전을 적용한 제품 기능과 디자인의 구분

애플의 iPod는 브랜드 비전을 제품의 기능과 디자인에 동시에 적용한 사례이지만 이 두 요소를 구분하여 적용하는 방안을 고려할 수도 있다. 이는 많은 기업들이 대부분 제품 개발 부문과 디자인 부문을 별도의 조직으로 운영하고 있을 뿐만 아니라 제품의 기능적 특성도 디자인 못지 않게 제품 사용 단계에서 브랜드 체험에 큰 역할을 하기 때문이다. 자동차의 경우, 고객들은 사용중인 제품의 승차감, 핸들링, 코너링, 가속 성능, 제동 성능 등에 대한 체험을 통해 제품과 브랜드에 대한 감성적 이미지를 형성하게 된다.

사실 제품 개발 부문과 디자인 부문은 전문성이 높은 분야이므로 브랜드 비전 체계를 그대로 업무 기준으로 적용하기는 어렵다. 소비자들이 제품 이용과정에서 브랜드 비전 체계의 요소들을 구체적으로 경험할 수 있도록 하기 위해서는 엔지니어가 대다수인 제품 개발 부문이 실무적으로 적용할 수 있는 제품의 기능과 관련된 규정, 즉 '제품 기능 아이덴티티'를 개발하는 것이 좋다. 디자인 부문 역시 브랜드 비전 체계의 핵심 표현들을 디자인 실무에 적용하기 위한 별도의 디자인 키워드와 이해를 돕는 이미지 컷들을 필요로 하며, 이를 전체 제품 라인에 일괄되게 구현한 것이 '디자인 아이덴티티'이다.

이제부터는 브랜드 비전을 제품 전체에 구현하기 위한 '제품 기능 아이덴티티'와 '디자인 아이덴티티'에 대해 자동차 브랜드의 사례를 중심으로 설명한다. 전자는 브랜드 비전을 고객의 사용 경험 과정

그림 4-5   BMW는 5시리즈에 Sporty하고 Dynamic한 경험을 제공하도록 내부 기준을 정했다.

그림 4-6   주요 자동차 브랜드의 디자인 아이덴티티

의 제품 기능적 특성을 통해 구현하기 위한 실무 적용 기준이고, 후자는 브랜드 비전을 디자인으로 구현하기 위한 가이드라인이다. (그림 4-5)는 BMW의 제품 기능 아이덴티티를, (그림 4-6)은 여러 자동차 브랜드들의 디자인 아이덴티티를 개괄적으로 보여주고 있다.

브랜드 비전과 제품 기능 아이덴티티

제품개발 부문에서 브랜드 비전을 구현할 수 있는 대안은 제품 개발 과정에 브랜드의 목표 이미지를 적용할 수 있도록 실무적 기준을 만들어 적용하는 것이다. 이를 '제품 기능 아이덴티티'[14]로 부르는데, 이는 제품의 일부 기능적 강점을 통해 목표 고객층의 강력한 감성적 열망을 이끌어 내는 것이 주 목적이다. 제품 기능 아이덴티티는 제품에 적용되는 기술 항목 중에서 브랜드 비전의 구현을 위해 강력하게 부각시켜야 할 항목들과 그렇지 않은 항목들을 규정한 제품 개발의 기준이 되는 가이드라인이다. 즉, 제품의 기능 항목별로 구현해야 할 수준의 조합을 통해서 브랜드가 추구하는 이미지 목표를 소비자들이 연상할 수 있도록 규정한 것이다.

---

14) 제품 기능 아이덴티티는 브랜드 산하의 전체 제품에 대하여 일관되게 적용할 기능적 특징을 규정한 것인데, (그림 4-5)의 BMW 5시리즈와 같이 개별 제품에 대한 제품적 특징을 규정을 별도로 개발하기도 한다. 이 경우, 개별 제품에 대한 목표 고객의 니즈, 경쟁 제품들의 특징과 경쟁력 수준, 특정 기능별 원가 수준 등을 고려하여 규정한다.

〈표 4-1〉은 자동차 브랜드의 제품 기능 아이덴티티의 보다 상세한 결과물(범례)을 보여주고 있다. 자동차 사용을 통해 소비자들이 경험할 수 있는 주요 제품 기능 항목들을 세로축에 나열하고 항목별로 업계 최고의 경쟁력을 확보할 항목, 상위권의 경쟁력을 확보할 항목, 평균 수준의 항목, 그리고 무시할 항목 등으로 표기한다. 경우에 따라서는 〈표 4-2〉와 같이 기능별 경쟁력 수준을 표기하기

〈표 4-1〉 제품 기능 아이덴티티의 범례(1)

항목	주요 내용	경쟁력 수준
자동차 실내	공간의 크기, 시트 혁신, 유연성	업계 최고
안전도	정면 충돌 안전성, 에어백, 차체 강성 구조	업계 최고
변속능력	반응 속도, 정확성	상위 수준
소음 진동	정지상태 진동, 운전시 진동, 정지상태 소음, 가속 소음	상위 수준
엔진 성능	가속 성능의 느낌	업계 평균
연비	시내 연비, 고속도로 연비	무시
핸들링	반응성, 민첩성, 정확성	업계 평균
브레이크	정지거리, 반응성, 예측성	업계 평균

〈표 4-2〉 제품 기능 아이덴티티의 범례(2)

엔진 성능	부드러운 가속력
변속	절도감
핸들링	정확하고 빠르며 안정적
정숙성	경쾌한 배기음
신기술	엔진, TM, IT 관련 신기술
⋮	⋮

보다 기능 항목별로 추구하는 방향을 간단히 서술하기도 한다. 이를테면, 엔진성능 항목을 '부드러운 가속력', 또는 '최고의 발진 가속력' 등으로 표기하는 방법이다. 하지만 어느 경우든 실제 엔지니어들이 실무에 적용하기 위해서는 보다 상세한 기술적 규정을 개발해야 한다.

고객 관점을 반영한 제품 기능 아이덴티티 개발

　제품 기능 아이덴티티의 개발 과정에 고객의 관점을 반영하는 것이 필요하다. 연구개발 부문에서 중요하다고 생각하는 제품의 기능에 대해 고객은 필요를 느끼지 않거나 덜 중요한 것으로 생각할 수 있고, 그 반대의 경우도 있기 때문이다. 기업은 자사 제품의 모든 기능적 장점을 고객들이 기억하기를 바라지만 고객들이 사용 경험을 통해 갖는 느낌은 그 중 일부이거나 브랜드가 전달하고자 하는 메시지와 다를 수도 있다. 따라서 제품 기능 아이덴티티는 고객 정성 조사를 통해 개발하게 된다.

　제품 기능 아이덴티티를 개발하는 과정은 (그림 4-7)과 같다. 우선 제품의 기능 중에서 소비자들이 사용 경험을 통해 인식하는 기능 항목을 선정하는 것으로 시작된다. 다음으로 이들 항목들과 기계적 특징과의 관련 정도를 조사한다. 마지막으로 브랜드 비전 체계의 이미지 요소들이 어떠한 기계적 특징을 통해 구현될 수 있는지를 조사한다. 다른 한편으로는, 브랜드 비전 체계의 속성 중에서 제품 기능과

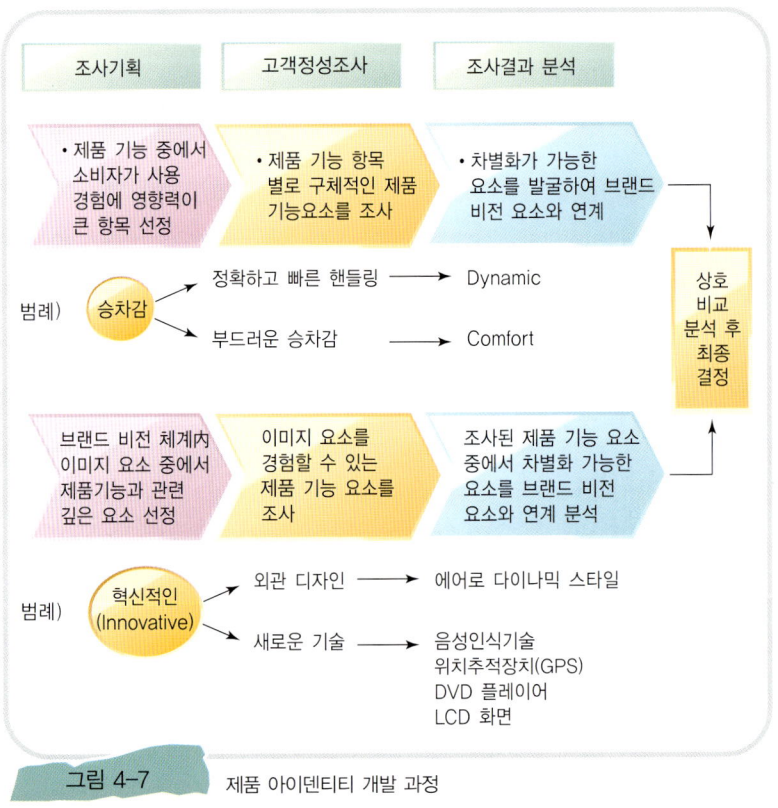

그림 4-7 제품 아이덴티티 개발 과정

관련이 큰 것을 선정하여, 이를 기술적으로 구현하기 위한 제품 기능 요소가 무엇인지 조사한다. 마지막으로 두 가지 조사결과를 비교분석하여, 최종적으로 제품 기능 아이덴티티를 완성한다.

 ## 제품 기능 아이덴티티의 실무 적용

브랜드 비전을 제품 개발 과정에 적용하기 위한 마지막 단계는 제품 기능 아이덴티티의 각 항목을 실제로 제품에 적용해 보고, 그 결과를 토대로 연구개발 부문의 업무 규정을 개발하는 것이다. (그림 4-8)은 제품 기능 아이덴티티에 대한 연구개발 부문의 실무 규정을 개발하는 프로세스를 보여주고 있다. 먼저 연구개발 부문은 제품 기능 아이덴티티가 구현된 제품을 시험적으로 제조하여, 내부 임직원이나 일부 고객들을 대상으로 시험을 실시한다. 반복된 시험 결과를 관찰하여 제품기능 아이텐티티가 적용되지 않은 제품이나 경쟁 제품과 차이점, 즉 브랜드 비전 요소가 경험될 수 있다고 판단되면 기술적 기준을 규정화하고, 신상품 개발 프로세스에 반영한다.

브랜드 비전을 연구개발 부문에 적용하기 위해서는 이와 같은 복잡한 과정을 거쳐야 하지만 다음과 같은 효과를 기대할 수 있다. 첫

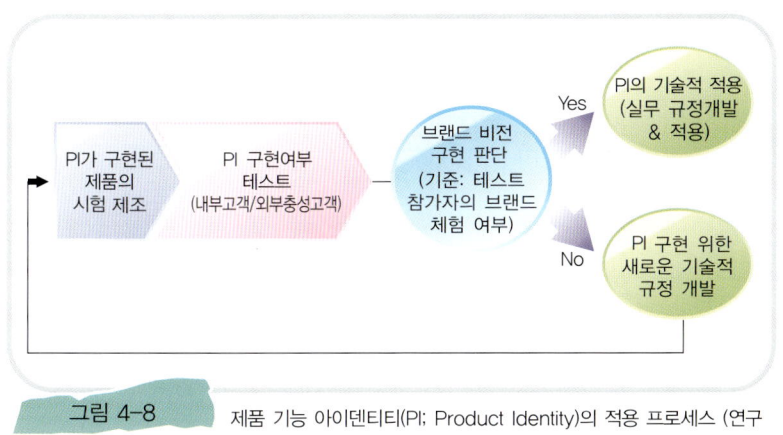

그림 4-8 　제품 기능 아이덴티티(PI; Product Identity)의 적용 프로세스 (연구개발 부문)

째, 제품 개발 과정에서 야기되는 개발 원가 준수의 과제는 제품에 적용할 기술과 기능에 대한 우선 순위를 규정한 제품 기능 아이덴티티를 통해 자연스럽게 해결될 수 있다. 둘째, 브랜드 비전 체계와 제품의 기술적 특징과의 연계를 통해 신기술 개발 분야의 우선 순위를 정할 수 있게 되고, 장기적으로 기술 경쟁력 강화 분야에 대한 선택과 집중을 기할 수 있게 된다. 셋째, 연구 개발 부문의 업무에 고객과 시장의 시각을 반영함으로써 과도하게 기술 지향적으로 흐르기 쉬운 조직 문화에서 탈피하여 시장 지향적 관점을 가질 수 있게 된다.

 Tip

브랜드 전담 조직은 제품 기능 아이덴티티 구현에 인내심을 가져야 한다.

제품 기능 아이덴티티는 최초 개발에서 도입까지 상당한 기간이 소요될 수 있다. 대개는 시장 조사를 통해 제품 기능 아이덴티티의 기본 안을 수립하고 브랜드 전담 조직과 연구개발 부문과의 협의에 의해 제품 기능 아이덴티티를 어느 정도 확정하게 되는데, 이에 상당 기간이 소요될 수 있다. 더구나 연구개발 부문은 신제품 개발에 인적 자원을 대거 투입하고 있는 상황이므로, 제품 기능 아이덴티티를 적용한 제품을 시험적으로 생산해서 제품 기능 아이덴티티의 구현 여부를 시험하는 것은 추가적인 업무 부담이 된다. 특히 시험 결과치가 만족스럽지 않으면 새로운 기준을 정하고, 그 기준에 의해 시험 제품을 새로 생산하는 과정을 거쳐야 되므로, 많은 시간이 소요될 수 있다. 브랜드 전담 조직은 연구개발 부문이 브랜드 전략의 중요성과 제품 기능 아이덴티티의 기대 효과에 대해 확신을 가질 수 있도록 공감대 형성과 논리적인 설득에 노력을 아끼지 않아야 한다.

 ## 브랜드 비전과 디자인 아이덴티티

　디자인은 브랜드 비전을 가장 잘 구현할 수 있는 요소이면서도 브랜드 산하의 여러 제품에 다양한 디자인을 적용하다 보면 브랜드 전체로는 뚜렷한 이미지를 구현하지 못할 가능성이 있다. 따라서 브랜드 산하의 모든 제품에 공통적 디자인 요소를 적용하는 방법으로 브랜드에 대한 분명한 연상 이미지를 구축하는 브랜드가 많다. 여기서 브랜드 비전을 반영하여 전체 제품에 공통적으로 적용되는 디자인 요소를 '디자인 아이덴티티'라고 부른다. '디자인 아이덴티티'는 제품 아이덴티티와 함께 브랜드 비전을 기반으로 하고 있어, 고객들이 제품을 처음 대면하는 시점부터 구매 이후 사용 경험 단계에 이르기까지 동일한 이미지를 느낄 수 있는 역할을 한다.

　자동차의 디자인 아이덴티티는 일반적으로 제품의 전체적 스타일링과 부분 디자인의 특징의 두 가지 요소를 통해 구현된다. 승용차의 경우, 전후면 또는 측면부의 캐릭터 라인을 통해 구현되는 디자인의 특징이 전자에 해당되고, 라디에이터 그릴, 헤드램프, 필라, 머플러 등의 외부 디자인 및 시트, 콕핏, 페시아, 도어 등 인테리어의 부품 재질과 디자인을 통해 표현되는 특징이 후자에 해당된다. (그림 4-9), (그림 4-10)과 (그림 4-11)은 아우디와 BMW 및 알파로메오의 디자인 아이덴티티를 보여주고 있다. 아우디는 전면부의 V라인과 사이드 캐릭터 라인 등 전체적인 스타일링과 라디에이터 그릴 등 부분 디자인 모두를 디자인 아이덴티티 요소로 활용하고 있는 것이 관찰된다. BMW는 에어로 다이내믹 디자인의 강점이 돋보이는 사이드 라

그림 4-9   아우디의 디자인 아이덴티티

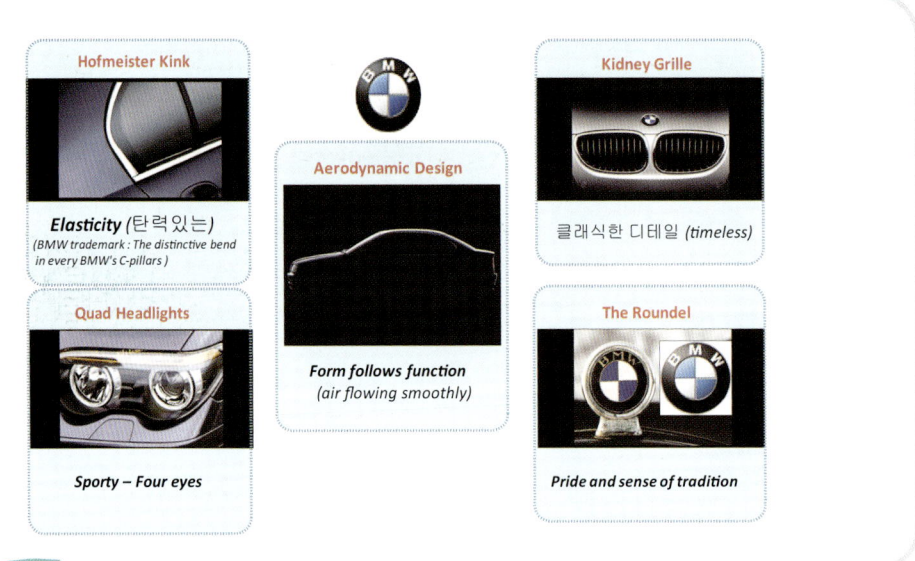

그림 4-10   BMW의 디자인 아이덴티티

인과 키드니 그릴과 필라 부위를 중심으로 디자인 아이덴티티를 보여주고 있다. 알파로메오의 디자인 아이덴티티는 주로 전면부 라디에이터 그릴의 디자인 요소를 통해 표현되고 있다. 1950년대 이후에는 역삼각형의 디자인이 독특한 전통을 이루면서 브랜드의 개성을 유지하고 있다.

그림 4-11 알파로메오의 디자인 아이덴티티의 변화과정

 디자인 아이덴티티의 유연한 적용

디자인 아이덴티티를 개발해서 전면적으로 적용하기까지는 신중한 접근이 요구된다. 디자인 아이덴티티가 다소 산만할 수 있는 브랜드 산하 제품의 디자인에 대해 일관성을 부여할 수 있는 반면, 디자이너

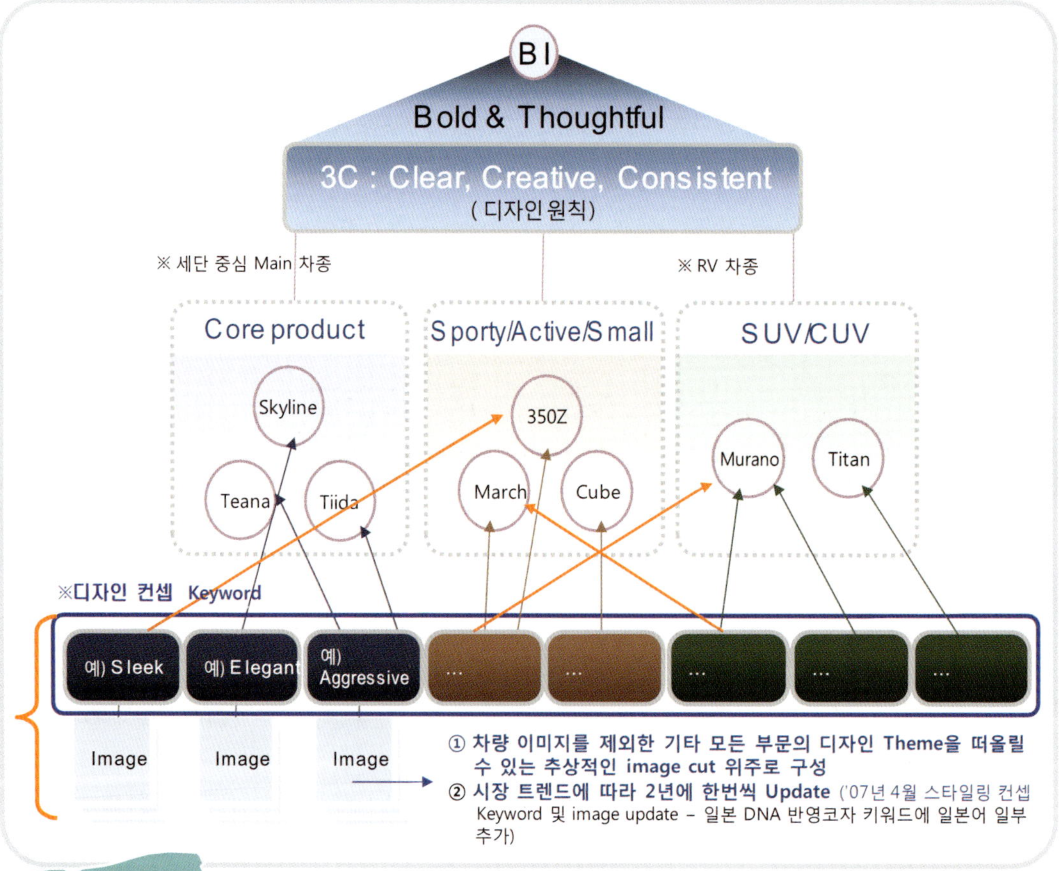

그림 4-12 닛산은 제품 카테고리별로 다른 디자인 키워드를 개발하여 적용하고 있다.

에게는 통제를 의미하므로 창의성과 예술성을 제한할 수 있기 때문이다. 뿐만 아니라 디자인 측면에서 과도한 일관성은 브랜드 산하 개별 제품들의 개성이 희생되어 영업 부문에서 판매 실적의 감소를 우려할 가능성도 없지 않다. 결과적으로 제품 전체에는 디자인 아이덴티티를 통해 일관된 브랜드 이미지를 구축하면서, 개별 제품에 대해서는 디자이너의 창의와 제품의 개성을 살릴 수 있는 지혜가 요구된다. 또 다른 대안으로 브랜드 산하의 제품들을 두세 그룹의 제품군으로 구분하고 각 제품군별로 디자인 아이덴티티 요소를 별도로 가져가기도 한다.

닛산의 디자인 아이덴티티 운영 사례는 이와 관련하여 유용한 시사점을 주고 있다. (그림 4-12)에서 보듯이 닛산은 모든 차종의 디자인에 공통적으로 '과감하고 사려 깊은(bold & thoughtful)' 이라는 브랜드 비전에서 도출된 '분명하고 창의적인 방식으로 닛산 DNA의 일관성을 갖는다' 는 디자인 원칙을 적용하고 있다. 이 원칙 하에서 닛산은 (그림 4-13)에서 보는 바와 같이 승용차와 SUV(sports utility

그림 4-13   닛산의 승용차 및 SUV의 디자인 아이덴티티

vehicle) 두 카테고리에 대해 서로 다른 디자인 아이덴티티를 개발하여 적용하고 있다. 하지만 혁신적인 디자인을 필요로 하는 스포츠카나 경차 등의 다른 카테고리에는 디자인 자유도를 중시하여 디자인 아이덴티티를 적용하지 않았다. 한편 브랜드 비전과 개별 제품 디자인과의 연계성을 유지하기 위하여 브랜드 비전(Bold & Thoughtful)과 디자인 원칙(Clear, Creative, Consistent)을 기초로 각 차종별 디자인 컨셉 키워드를 개발하여 적용하고 있다.

현대자동차도 승용차와 SUV에 대하여 구별된 디자인 아이덴티티를 운영하고 있다. 현대자동차의 디자인 철학은 '물 흐르는 듯한 조형미(fluidic sculpture)'이며, 이는 승용차에는 Y자형의 스포티한 프로파일과 역동적인 캐릭터 라인을 특징으로 하는 디자인 아이덴티티로 구축하고 있다. 한편 SUV에는 6각형(hexagon)의 전면부를 특징으로 하는 디자인 아이덴티티로 나타나고 있다.

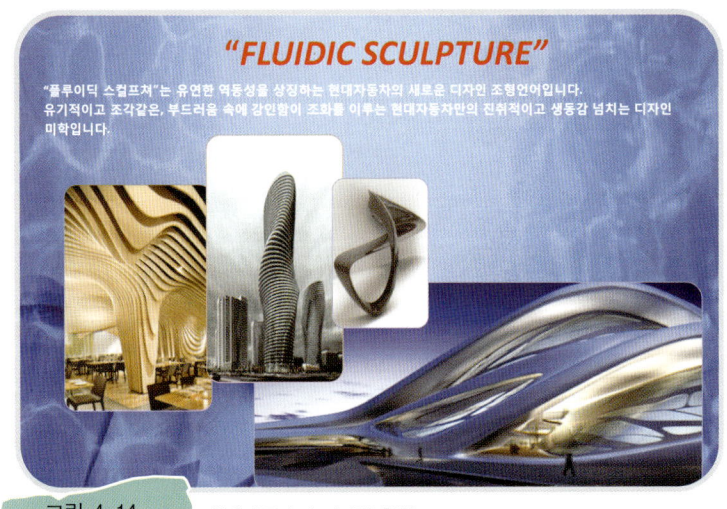

그림 4-14 현대자동차의 디자인 철학

Chapter 04 제품 개발 및 디자인 부문

그림 4-15 현대자동차의 디자인 아이덴티티

디자인 아이덴티티를 활용한 브랜드 마케팅

　많은 브랜드들이 디자인 아이덴티티를 디자인 철학으로 소개하면서 브랜드의 개성을 강조하거나 브랜드 이미지의 향상을 꾀한다. 대중이나 언론은 그만큼 브랜드의 철학이나 비전에 적지 않은 관심을 갖고 있기 때문이다. 특히 고급 자동차 브랜드는 수석 디자이너가 디자인 철학을 적극적으로 홍보하는 방식으로 브랜드 이미지를 강화하고 있다. BMW의 전 수석 디자이너인 크리스 뱅글은 이전의 BMW 디자인과는 달리 감성적 형태를 중시하였고, 'Flaming Surfacing' 의 디자인 철학을 기반으로 혁신적 디자인을 선보여 큰 화제를 불러일으켰다. 그의 디자인 키워드인 'Flaming Surfacing' 은 차체 표면의 굴곡에 따라 빛을 반사하는 각도가 달라져 빛의 음과 양을 모두 수용하는 디자인으로 소개되었다. 1999년 닛산에 영입된 나카무라 시로 디자인 총괄 부사장도 인피니티와 닛산의 디자인을 혁신적으로 개선하여 브랜드 이미지를 향상시켰다. 그는 인피니티의 디자인 방향을 '섬세한 선을 활용하여 우아하면서도 강렬한 느낌을 추구하는 것' 으로 강조하고 있다. 반면에 닛산의 디자인 방향은 자유롭게 고객의 감성을 충족시키기 위해 '모던하면서도 튀는 느낌을 추구' 하고 있으며, 이를 통해 두 브랜드를 차별화하고 있다고 강조한다. 아우디 출신의 피터 슈라이어 기아자동차 디자인 총괄 부사장은 '직선의 단순화(Simplicity of the Straight Line)' 라는 개념의 디자인 철학을 기반으로 절제된 아름다움을 디자인에 구현하는 것을 강조하면서 기아 브랜드를 크게 개선하는 데 기여하였다.

 Tip

제품 기능 아이덴티티와 디자인 아이덴티티의 적용 우선 순위

최근 디자이너의 창의성이 존중되면서 디자이너의 디자인 시안이 제품 설계를 어렵게 하는 경우가 종종 발생하고 있다. 과거에는 엔지니어들의 입장을 수용하여 디자인을 수정하는 경우가 많았으나 최근에는 디자인을 우선시하여 제품의 설계를 수정하면서까지 디자인 안을 구현하려는 경향이 대세를 이루고 있다. 닛산이 카를로스 곤 사장의 취임 이후 매력적인 디자인을 통해 닛산의 리바이벌 플랜을 성공시킬 수 있었던 이면에는 과거 자존심이 강했던 R&D 부문보다 디자인 부문의 위상을 강화시킨 데 그 원인이 있었다. LG전자와 프라다 간의 제휴에 의해 개발된 LG 프라다 폰의 성공도 프라다의 디자인 관련 요구 사항이 우선적으로 반영된 결과이다. 이러한 현상은 소비자들이 그만큼 감성과 디자인을 중요시하고 있다는 방증이기도 하다.

상품 마케팅 부문

Chapter 05

상품 마케팅 부문은 상품 라인업 전략과 개별 상품의 컨셉 기획부터 런칭 단계까지 상품 개발 과정 전체를 주도하는 역할을 하고 있으므로 브랜드 비전을 구현해야 하는 핵심부문이다. 상품 마케팅 부문은 브랜드 비전 체계와 브랜드 신화 상품들의 컨셉을 연계하여 전체 상품라인에서 브랜드 일관성을 유지하면서도 개별 상품의 컨셉은 어느정도 차별화될 수 있는 전략이 요구된다. 또한 브랜드 파워의 향상과 판매 실적의 개선을 동시에 추진하기 위해서 개별 상품의 포지션을 전략적으로 선정하도록 해야 한다.

브랜드 비전의 구현을 위한 상품 이미지 최적화

브랜드 비전을 상품에 구현하는 데 있어서 가장 중요한 과제는 개별 상품들의 이미지는 서로 다르게 가져가면서 전체 상품 라인에는 브랜드 비전의 일관성을 구현하는 것이다. 동일한 브랜드 하의 상품 컨셉이 지나치게 유사하면 다양한 고객층을 끌어들이기 어렵게 되며, 특히 고가격대의 상품 판매에 부정적인 영향을 미칠 수 있을 것이다. 동일한 브랜드 네임을 부착한 여러 상품의 이미지가 너무 판이하게 다르면 브랜드 비전을 구현하는 것은 요원한 과제가 되어 버릴 것이다.

이 과제를 해결하기 위한 방안은 개별 상품이 2장에서 설명한 브랜드 비전 체계 범위 내에서 상품의 개성을 전달할 수 있도록 '주요 비전'과 '실행 비전'의 이미지 요소 중에서 하나 또는 일부를 반영하도록 하는 것이다. 이렇게 하면 모든 상품의 이미지가 브랜드 비전 체계 내에 있는 이미지 요소를 적용하게 되므로 브랜드 전체의 일관성도 유지할 수 있게 된다. 다만 '주요 비전'과 '실행 비전'의 여러 이미지 요소들이 모든 상품에 골고루 배분되도록 하여 전체적인 균형을 이루는 전략이 필요한데, 이를 '상품 이미지 최적화 전략'이라고 부른다. 이 전략에 따라 각 상품은 브랜드 비전 체계의 일부 이미지 요소로 이루어진 '이미지 역할'을 담당하게 되며, 전체 상품의 '이미지 역할'을 종합하면 브랜드 비전 체계와 상품 라인업 간의 비전 실행 관계를 규정한 것이 된다. (그림 5-1)은 '상품 이미지 최적화 전략'의 기본 개념을 나타내고 있다.

(그림 5-2)는 BMW의 '상품 이미지 최적화' 사례를 보여주고 있다. 브랜드 비전 체계하의 주요 비전 중 'Cultured(고품격)' 이미지

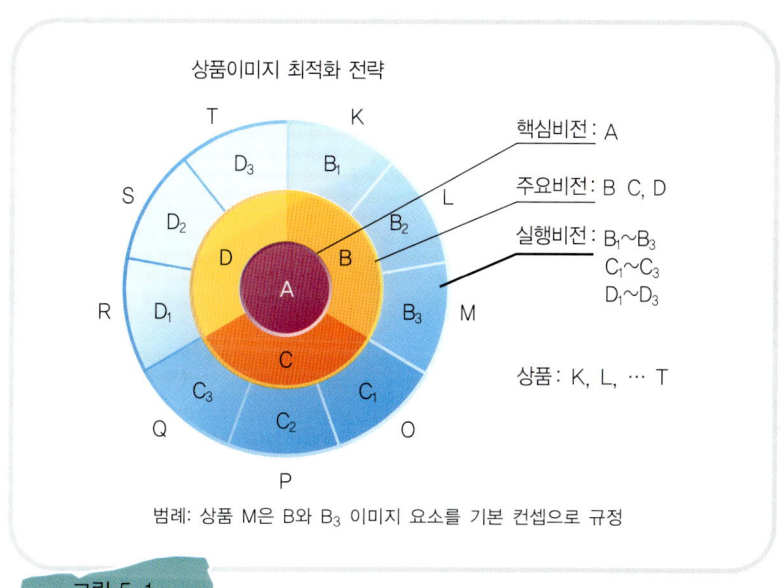

범례: 상품 M은 B와 B_3 이미지 요소를 기본 컨셉으로 규정

그림 5-1   상품 이미지 최적화 전략의 기본 개념

는 BMW 7 시리즈가, 'Challenging(기술리딩)' 이미지는 5 시리즈가, 'Dynamic(고성능/스포츠)' 이미지는 3시리즈가 구현하도록 함으로써 상품별로 다른 '이미지 역할'을 부여하고 있다. 즉, 브랜드 전체는 'Joy'라는 '핵심 비전'을 지향하는 가운데, '핵심 비전'을 규정 짓는 '주요 비전' 중 하나에 한 상품을 정하는 방식으로 '이미지 역할'을 규정함으로써 브랜드의 통일성과 브랜드 산하 상품의 개성 또는 차별화를 동시에 달성하고 있다. 브랜드 산하 상품의 수가 '주요 비전' 이미지의 수보다 많을 경우, 2~3개의 상품이 동일한 '주요 비전' 요소를 함께 구현하면서 '실행 비전'의 이미지 요소들로 개별 상품의 개성을 구현하면 된다. 이를테면 'Dynamic' 이미지를 3시리즈와 1시리즈가 함께 구현하게 된다면 3시리즈는 'Dynam-

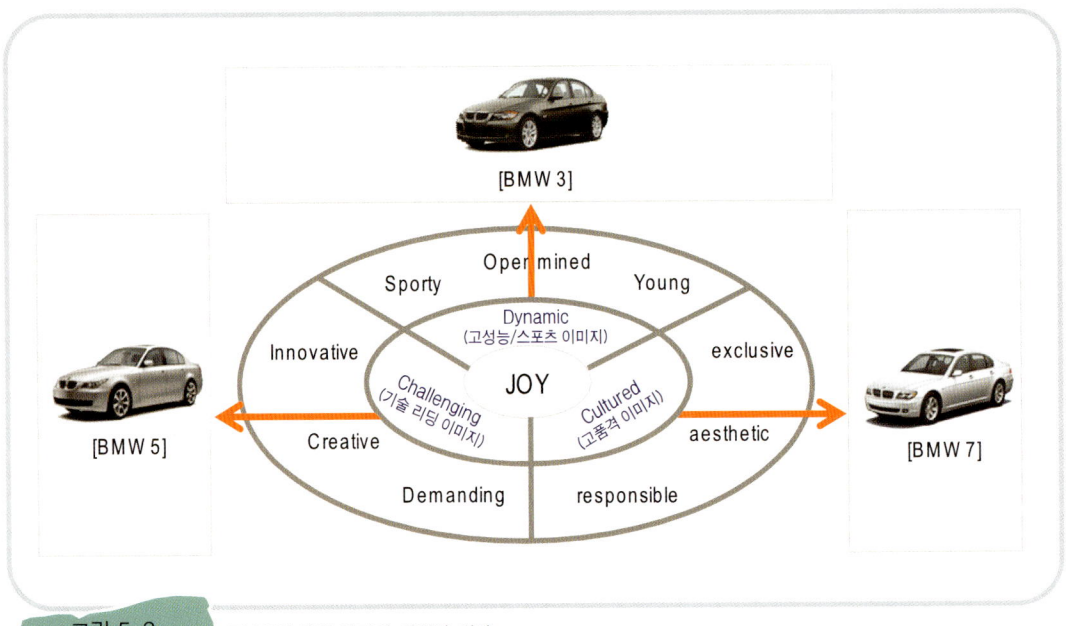

그림 5-2 　BMW의 상품 이미지 최적화 전략

ic'과 함께 '실행 비전' 이미지인 'Sporty'를 구현하고, 1시리즈는 'Dynamic'과 함께 '실행 비전' 요소인 'Young'을 구현하는 식이다.

'상품 이미지 최적화 전략'은 브랜드 비전 체계하의 이미지 요소에 대한 고객 조사 결과를 바탕으로 수립된다. 첫 단계는 각 상품들이 브랜드 비전 체계하의 핵심 비전, 주요 비전, 실행 비전 등 이미지 요소들을 어느 정도 반영하고 있는지, 그 정도를 파악하는 것으로 시작한다. 그 다음으로 목표 고객층들이 선호하는 브랜드 산하 상품 및 각 이미지 요소에 대한 선호 정도를 조사하여 이를 기초로 상품 이미지 최적화 계획안을 수립한다. 마지막으로 기본 계획안에 대해 상품, 마케팅, 영업 등 주요 관련 부문의 협의 과정을 거치고, 경영층의 전략적 의지를 반영하여 상품 이미지 최적화 전략을 결정한다.

브랜드 비전 체계하의 상품 라인업 확장

브랜드가 새로운 고객층을 대상으로 상품 라인업 확장을 계획하는 경우, '상품 이미지 최적화 전략'의 개념을 활용하여 새로운 상품에 대한 컨셉 방향을 도출할 수 있다. (그림 5-3)은 제품 성능과 고객의 자동차/라이프 스타일을 기준으로 한 세분 고객층과의 관계 속에서 1990년대 BMW 개별 상품의 역할을 보여주고 있다.[15] 이를테면, 3시리즈는 개인 용도(personal utility)로 자동차를 사용하는 고객들에게 견고한(solid) 기능적 강점을 내세워 다가가겠다는 전략을 의미한다. 이 시기에 새로운 상품을 개발한다면, 도표의 5시리즈와 7시리즈

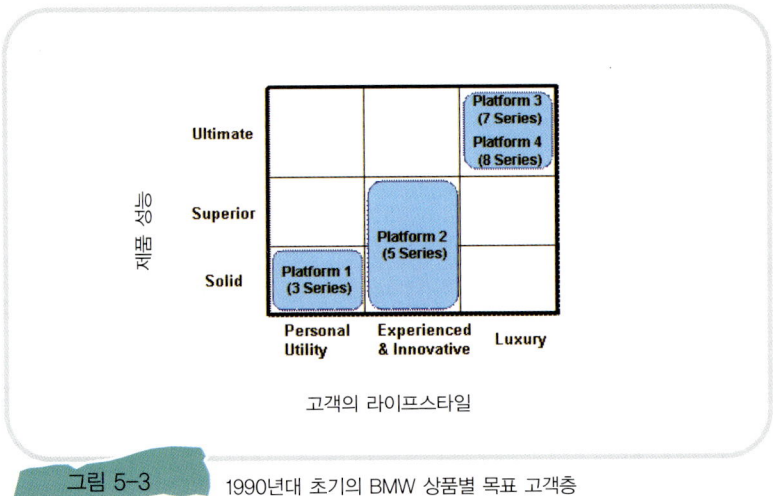

그림 5-3 1990년대 초기의 BMW 상품별 목표 고객층

로 채워지지 않고 비어 있는 공간, 이를테면, 개인 용도의 자동차 이용 고객에 대해 '우수한(superior)' 또는 '최고의(ultimate)' 기능적 강점을 구현할 수 있는 방향으로 컨셉을 고려할 수 있을 것이다.

또 다른 방법은 장기적으로 새로운 소비자 트렌드에 브랜드 비전 체계를 적응시켜 가면서 상품 라인업을 확장하는 전략이다. (그림 5-4)는 2000년대에 접어들면서 활동성을 추구하는(active) 새로운 소비 트렌드에 대응하기 위한 BMW의 상품 전략을 보여주고 있다. BMW는 기존 상품의 기능적 특징들(solid, superior)의 기반 위에 '강인한 (rugged)' 이미지의 기능적 강점을 가진 상품을 구상하고 있었다. 그리고 새롭게 출현한 고객층을 대상으로 스포츠카 Z시리

---

15) 여기서 BMW는 브랜드 비전 체계의 '주요 비전' 요소들을 제품으로 구현하기 위한 성능상의 특징들로 재해석하였다. 즉, 'dynamic'이라는 주요 비전을 제품에서 구현하기 위한 성능의 특징은 'solid(견고한)'으로 해석하였고, 'challenging(기술리딩)'은 'superior(우수한)'로, 'cultured(고품격)'은 'ultimate(최고의)'로 각각 해석하였다.

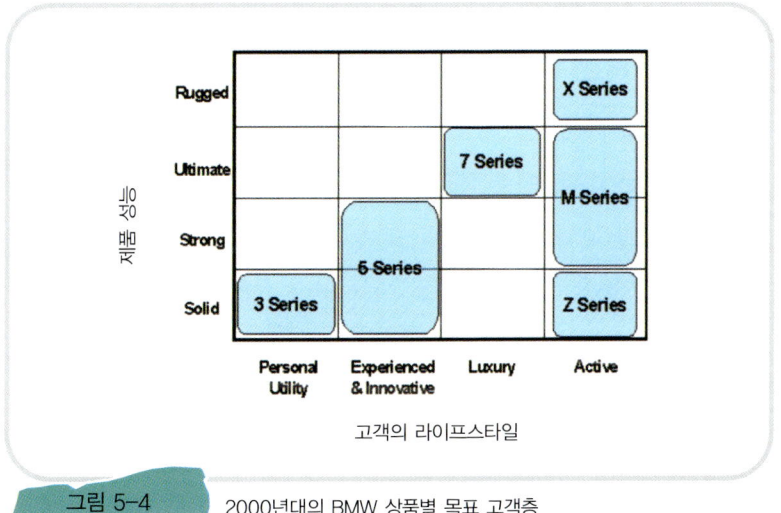

그림 5-4　2000년대의 BMW 상품별 목표 고객층

즈, 스포츠 쿠페 M시리즈, 그리고 쿠페 스타일의 크로스오버 X시리즈 등 3가지 신상품을 개발하였다. 이 중 Z와 M 두 차종은 기존의 제품 기능적 특징(solid와 strong/ultimate)을 활용한 것이고, X시리즈는 새로운 제품 기술 개발을 통해 추가적으로 기능적 특징(rugged)을 갖춘 상품이다.

 상품 차별화 전략의 타부문 적용

'상품 이미지 최적화 전략'에 의해 결정된 개별 상품의 '이미지 역할'은 각 상품의 개발 단계에 맞추어 브랜드 전략의 실행과 관련된 전 부문에 적용되어야 한다. 우선 신상품 컨셉 개발 단계에 있는 상품에 대해서는 상품 마케팅과 연구개발 및 디자인 부문이 개발 컨셉의 기본 가설로 활용해야 한다. 물론 추가로 소비자의 의견을 조사한 결과를 바탕으로 수정할 수도 있지만, 신상품 컨셉의 기본 가설은 상품 이미지 최적화 전략의 결과물을 기초로 해야 한다.

개발이 진행되어 런칭을 앞두고 있는 상품의 경우, 커뮤니케이션 부문에서 전달할 메시지 개발의 기본 컨셉으로 활용한다. 메시지나 기본 컨셉이 개발 진행 중인 상품의 사양과 다소 차이가 있을 경우, 상품 기획과 연구개발, 디자인 부문에서는 가능한 범위 내에서 상품의 사양(스펙)이나 디자인 일부를 메시지에 맞게 수정하도록 한다. 현재 판매 중인 상품에 대해서는, 마케팅과 영업 부문에서 상품 고유의 판매 제안(Unique Selling Proposition) 메시지와의 부합 여부를 점검하고, 필요시 이를 수정하도록 한다.

이와 같이 브랜드 비전 체계를 기반으로 개발된 상품 이미지 최적화 전략은 연구개발, 디자인, 상품 마케팅, 커뮤니케이션, 영업 등 브랜드 실행과 직접 관련된 부문들에게 상품별로 적용될 핵심 업무 기준을 제시하게 된다. 아울러 전략의 성공적 실행을 통해 상품 간의

〈표 5-1〉 상품 개발 단계별 상품 이미지 최적화 전략 결과물의 적용 수준

부문	현재 판매 상품	런칭 예정 상품	컨셉 개발 상품
상품 및 디자인	낮음	중간	높음
커뮤니케이션	높음	높음	낮음
영업	높음	낮음	낮음
적용 방안	[커뮤니케이션/영업] 커뮤니케이션/영업을 중심으로 목표 이미지 달성 전략 실행	[상품/커뮤니케이션] 런칭 단계의 목표 이미지로 활용 필요시 상품 사양 조정등의 기준으로 활용	[상품/디자인] 제품 컨셉 구상 단계까지의 이미지 트래킹 결과를 검토하여 목표 이미지 달성 위한 상품 방향 설정

수요 간섭(cannbalization) 현상을 최소화하면서 동시에 브랜드 파워를 강화하는 효과도 기대할 수 있다.

 ## 브랜드(장기)와 영업(단기)의 밸런스

　기업 전체 차원에서 연간 사업 목표의 달성에 지나치게 집착하는 전략적 선택은 중장기 관점에서 브랜드 구축에 부정적 영향을 미칠 가능성이 크다. 사업 목표 달성의 책임을 지고 있는 영업 부문은 일반적으로 영업 실적이 뒤지는 제품의 기능 개선, 고객 유인을 위한 광고 확대, 프로모션 강화, 나아가 인센티브 제공 또는 현금 할인 등 모든 대응책을 고려하여 관련 부문에 강력히 요청하게 된다.

　영업 부문의 입김이 지나치게 강하거나 그 요구가 사업 목표 절대 달성의 명분으로 이어질 경우, 적지 않은 부작용을 낳기도 한다. 이를테면, 중장기 상품 및 신기술 개발에 매진해야 할 연구개발 부문이 시판 중인 판매 부진 상품의 기능 개선에 지나치게 많은 노력을 기울이게 되면, 중장기적으로 기술 및 상품 경쟁력의 약화를 초래할 수 있을 것이다. 마케팅 부문에 대해 동일한 요구를 할 경우, 브랜드 이미지의 개선과 무관한 일부 판매실적 부진 상품의 광고 또는 프로모션에 지나치게 많은 예산을 투입하는 경우도 발생하게 된다. 특히 과도한 인센티브나 현금 할인은 사업 목표를 달성하는 주요 수단이 될 수 있지만, 실질적인 가격 할인을 초래하여 브랜드의 신뢰도가 낮아지게 된다. 장기적으로는 브랜드 파워 향상이 지연되어 사업 성

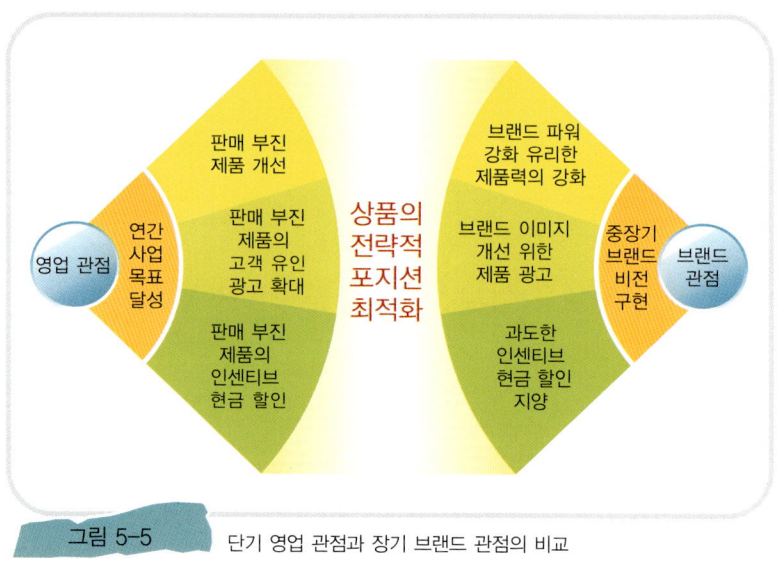

그림 5-5　단기 영업 관점과 장기 브랜드 관점의 비교

과에 부정적인 영향을 초래할 수 있다. 한번 가격 할인을 경험한 유통망이나 고객들이 반복해서 가격 할인을 요구하게 되어 브랜드 이미지의 개선은 기대하기 어렵기 때문이다.

이와 같이 과도하게 영업 지향적인 전략을 지양하고 단기적 사업 목표와 중장기적 관점의 브랜드 개선 목표를 균형적으로 추진하기 위한 방안이 '상품의 전략적 포지션 최적화' 이다.

 ## 브랜드-영업의 밸런스를 위한 상품 전략

'상품의 전략적 포지션 최적화' 는 일부 상품은 주로 판매 물량을 확대해 가고, 다른 상품은 브랜드 이미지를 강화하도록 함으로써 브랜드에 부여된 전체 사업 목표와 이미지 개선을 함께 달성하는 전략이다. 프로 축구 경기에서 감독은 선수들의 역할을 공격수, 미드필드, 수비수 등으로 나누어 전략적으로 경기를 풀어가듯이 브랜드도 상품에 공격, 연결, 방어 같은 적절한 역할을 맡기는 것으로 이해하면 된다. 현대가 아무리 토털축구 시대라고 하더라도 모든 선수들이 공격수 역할을 담당하거나 모두가 수비수 역할을 담당하면 경기에서 승리하기는 어렵기 때문이다.

상품의 전략적 포지션을 정하는 일은 개별 상품별로 브랜드 선제에 대한 1) 사업 성과 개선에 기여하는 정도와 2) 브랜드 이미지의 개선에 기여하는 정도를 계산하는 것으로 시작한다. 전자의 계산 지표로는 상품의 최근 판매 추세, 동급 시장의 수요 성장세, 상품의 동급 시장 내 점유율, 상품의 수익성 등의 항목에 적절한 가중치를 주어서 합산한다. 후자의 계산은 상품 이미지와 브랜드 비전과의 연관 정도, 기술 혁신을 통해 이루어진 상품 가치, 동급 시장 내 경쟁 정도, 상품의 브랜드 이미지 개선 기여도 전망 등의 항목에 적절한 가중치를 두고서 시산한다. 다음으로 (그림 5-6)과 같이 사업 성과 개선 기여도 및 브랜드 이미지 개선 기여도를 개별 상품별로 계산한 후, 그 결과 수치를 사분 면에 그려본다. 이를테면, 사업 성과 개선 기여도는 가로축, 브랜드 이미지 개선 기여도는 세로축에 표기하는데, 모든 상품들의 평균값을 사분 면의 상하, 좌우 기준으로 삼도록 한다. 결과적으로 두 지표가 모두 평균 이상인 상품, 전자 혹은 후자 중 하나만 높은 상품과 두 지표 모두 낮은 상품으로 구분되어 1~4분 면 상에 각 상품들이 위치하게 된다.

여기서 제1 사분 면에 위치한 상품들은 사업 성과 및 브랜드 개선

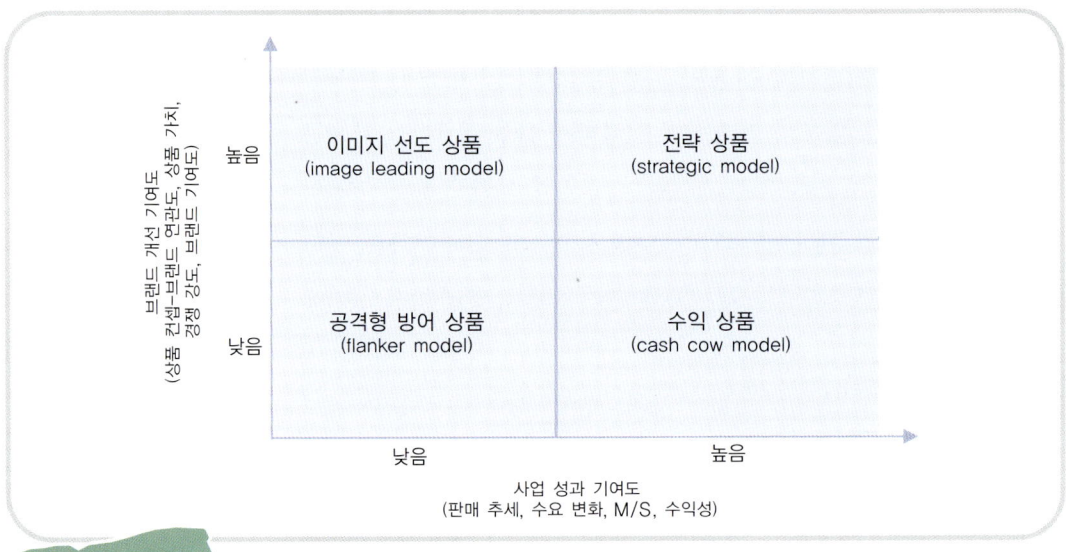

그림 5-6 상품의 전략적 포지션 구분과 계산 기준

기여도가 모두 높은 상품에 해당된다. 이를 '전략 상품(strategic model)'이라고 부른다. '전략 상품'은 주로 동급 수요 비중이 큰 주력 상품이 선정되며, 강력한 상품 경쟁력을 갖고서 브랜드 이미지 제고의 핵심 역할을 담당하게 된다. 또한 브랜드는 이 상품의 판매 물량을 증대하기 위해 역량을 집중하게 되고, 따라서 미래의 매출과 수익성 확보의 핵심 역할을 담당하게 된다. 많은 물량을 판매해야 하므로 가격, 품질, 이미지 등 모든 관점에서 경쟁력을 갖춘 상품으로 구성되며, 다양한 파생 모델의 개발도 필요하다. 주로 시장에서 수요 비중이 높거나 향후 높은 수요 증가가 예상되는 상품들로 이루어진다. 국내 자동차 시장에서 볼륨이 큰 중형차 및 준대형급에서 판매물량이 크면서 현대자동차의 브랜드 이미지를 강하게 뒷받침해 온 쏘나타와 그랜저 등이 이에 해당된다.

제2 사분 면에 위치한 상품은 사업 성과에 대한 기여는 높지 않지만 브랜드 개선 기여도가 높은 상품으로 이를 '이미지 선도 상품(image leading model)'으로 부른다. '이미지 선도 상품'은 판매 물량이나 매출 규모는 작지만 높은 상품 매력도를 기반으로 브랜드 이미지를 획기적으로 개선하거나 변화시키는 데 중요한 역할을 담당하게 된다. 대개는 매력적인 디자인과 신기술이 적용된 혁신적 기능

〈표 5-2〉 상품의 전략적 포지션별 정의

전략 포지션	정의
Strategic (전략 상품)	• 미래의 판매 및 수익에 중요한 역할을 담당하며 기업 브랜드의 파워 향상에 핵심적인 역할을 담당하는 상품(지속적 포지션 강화) 미래의 판매와 수익 증대에 큰 역할을 담당하며 경쟁 브랜드의 활동을 분쇄하고 브랜드 비전을 가장 정확히 구현하는 상품
Image leading (이미지 선도 상품)	• 기업 브랜드나 다른 상품의 이미지를 획기적으로 개선하거나 긍정적으로 변화시키는 데 중요한 역할을 담당하는 상품(이미지 개선 중심) 브랜드 이미지 개선에 긍정적 영향을 주는 상품으로 새로운 브랜드 이미지를 창출하고, 변화시키며 유지하는 데 강력한 동인이 되는 상품 고객들이 상품 매장을 방문하도록 유인하는 역할을 담당
Cash Cow (수익 상품)	• 충성도가 높은 재구매 고객을 다수 확보하여 대규모 마케팅 투자를 필요로 하지 않는 상품으로서 향후 기업투자 재원의 역할을 담당하는 상품(현금 및 투자재원 창출) 이탈 가능성이 낮고 충성도가 높은 고객층을 확보하고 있어 다른 상품에 비해 많은 투자를 필요로 하지 않는 상품
Flanker (공격형 방어 상품)	• 경쟁 상품으로부터의 공격을 효과적으로 대응하지 않을 경우, 기업 브랜드나 다른 상품의 이미지에 미칠 부정적 영향을 사전에 방어하기 위한 상품(방어 중심) 브랜드를 공격하는 경쟁사에 대항하기 위한 상품

을 갖춘 상품이라야 제 역할을 할 수 있다. 닛산의 Z 시리즈, 현대차의 제네시스쿠페, 벨로스터 등이 대표적 사례이다.

제3 사분 면에 위치한 상품은 양자 모두 낮은 상품으로 '공격형 방어 상품(flanker model)' 이다. 공격형 방어 상품은 이미 구축된 브랜드 자산(고객 기반)을 무너뜨릴 목적으로 공격해 오는 경쟁 브랜드의 상품에 반격을 가하는 것이 주 용도이다. 비록 브랜드 이미지나 사업 성과 측면에서 기여도는 낮지만 경쟁 브랜드의 침투를 막으면서, 니치 시장 고객을 대상으로 브랜드 이미지를 유지하기 위해 구색용으로 갖고 가는 상품이다. (그림 5-6)은 폴크스 바겐의 유럽시장내 상품별 전략적 포지션 최적화를 보여주고 있다. 폴크스바겐은 동유럽이나 아시아 브랜드들의 저가격 경차 시장 공략에 대응하기 위해 브랜드 기여도가 낮은 저수익 저가격의 경차 폭스(Fox)를 계속 판매하고 있는데, 폭스가 '공격형 방어 상품' 의 대표적인 사례이다.

제 4 사분 면에 위치한 상품은 브랜드 개선에 대한 기여는 낮으나 사업 성과에 대한 기여가 높은 상품인데 이는 '수익 상품(cash cow model)' 으로 분류된다. '수익 상품' 은 높은 고객 충성도를 기반으로 마케팅 투자를 크게 하지 않아도 많은 판매 물량과 높은 수익을 가져다 주는 역할을 한다. 마케팅보다는 영업 부문이 판매 물량 확보에 주도적인 역할을 담당한다. 동급 시장에서 경쟁이 심하지 않은 상품이 주로 해당되며, 전략 상품 중에서 제품 라이프 사이클의 말기에 도달하면 '수익 상품' 으로 포지션이 변경되기도 한다.

Chapter 05 상품 마케팅 부문

그림 5-6 폴크스바겐의 유럽시장내 전략적 포지션 최적화

    전략적 포지션 최적화 전략을 수립할 때에는 각 상품의 사업성과 기여도와 브랜드 개선 기여도에 대한 계산 결과를 기초로 하면서 기업의 전략적 의도를 반영하게 된다. 즉, 미래 특정 시점에서 판매할 상품 라인업을 생각하면서 각 사분 면에 어떤 상품을 포지션하는 것이 좋은지 전략적 지도를 그려 본다. 현재 사업 성과 기여도가 낮더라도 상품의 부분 개선 또는 전면 교체를 통해서 브랜드 이미지 기여도를 높이기 위한 목적으로 활용 가능한 상품은 '이미지 선도 상품'으로 포지션한다. 만약 사업 성과 기여도까지 크게 증대시키는 것이 가능한 것으로 판단되면 '전략 상품'으로 포지션할 수 있다. '이미지 선도 상품' 중에서 향후 이미지 개선 기여도에 대한 기대치가 높

지 않으면 판매를 중지하는 결정을 내릴 수 있다. '수익 상품' 중에서는 상품 개선을 통해 브랜드 이미지에 대한 기여를 높일 수 있다면 '전략 상품'으로 포지션하는 경우도 있다.

도요타 유럽법인의 상품 전략 사례

1990년대 중반 도요타 유럽본부의 상품의 전략적 포지션 최적화 사례를 살펴보자. 1990년대 초반 도요타는 유럽시장에서 모두 11개의 상품을 판매하고 있었는데 판매실적은 1990년 36만 대에서 1995년 30만 대 수준으로 큰 감소세를 보였다. 당시 판매 중인 상품들의 전략적 포지션은 (그림 5-7)에 나타나 있다. '전략 상품'에는 랜드크루저, 라브4, 아벤시스 등 3개 상품이, '이미지 선도 상품'에는 셀리카, MR2, 프레비아, 피크닉 등 4개 상품이, '수익 상품'에는 하이럭스 1개 상품, 그리고 '공격형 방어 상품'에는 스탈렛, 코롤라, 캠리 등 3개 상품이 포지션되어 있었다.[16]

자체 분석 결과, 수요층이 두터운 소형, 준중형, 중형 승용차급에 상품이 3개씩이나 '공격형 방어 상품'으로 포지션되어 있어서 사업 성과가 낮을 수 밖에 없고, '이미지 선도 상품'도 4개로 너무 많아서 광고와 마케팅 투자가 분산되어 브랜드 이미지 개선 효과도 낮은 것

---
16) 랜드크루즈는 SUV, 라브4는 크로스오버, 아벤시스는 중형 승용(D급), 셀리카는 쿠페, MR2는 스포츠카, 프레비아와 피크닉은 MPV(미니밴), 하이럭스는 미니버스, 하이럭스는 컴팩트 픽업, 스탈렛은 소형 승용(B급), 코롤라는 소형승용(C급), 캠리는 중형 승용(D급) 모델임.

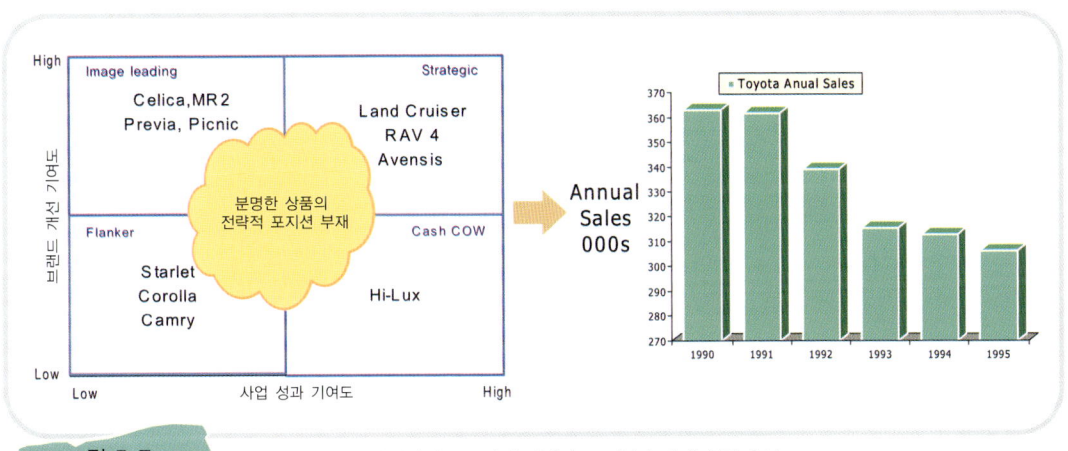

그림 5-7 1990년대 전반 유럽시장내 도요타의 전략적 포지션과 판매 실적 추이

으로 나타났다. 따라서 '공격형 방어 상품'에 포지션되어 있는 승용 상품의 경쟁력을 강화하여 '전략 상품'에 포지션하고, 지나치게 많은 '이미지 선도 상품'의 수를 줄이는 전략을 추진하기로 결정하였다. 또한 수요 규모는 작지만 경쟁이 심하지 않아서 수익을 많이 낼 수 있는 랜드크루즈는 '전략 상품'에서 '수익 상품'으로 포지션을 변경하기로 하였다.

따라서, 새로운 전략적 포지션은 (그림 5-8)과 같이 라브4, 아벤시스(캠리 후속 유럽 전용 모델), 아우리스(코롤라 후속 유럽 전용 모델), 야리스(스탈렛 후속 유럽 전용 모델) 등을 '전략 상품'으로, 셀리카와 베르소[17] 시리즈(야리스 베르소, 아우리스 베르소, 아벤시스 베르소 등)를 '이미지 선도 상품'으로, 랜드크루즈와 하이럭스를 '수익 상품'으로, 아이고를 '공격형 방어 상품'으로 포지션하였다.

---

17) 베르소 시리즈는 야리스, 아우리스, 아벤시스 등 승용 상품을 MPV 형태로 부분 변형한 모델

도요타는 새로운 전략적 포지션에 따라 저가격의 경승용 모델, 아이고(Aygo)를 새로 개발하는 한편, 판매를 중지한 MR, 프레비아, 피크닉 등 '이미지 선도 상품' 3개 모델 및 '전략 상품' 에서 '수익 상품' 으로 포지션이 변경된 랜드크루즈로부터 투자 재원을 비축하였다. 이 재원은 시장 규모가 크고, 사업 성과와 브랜드 성과에 대한 기여도를 전략적으로 높게 책정한 야리스, 아우리스, 아벤시스 등 '전략 상품' 의 개발과 런칭에 투입되었다. 새로운 '상품의 전략적 포지션 최적화' 의 기준에 따라 연구개발, 디자인, 상품, 커뮤니케이션 등 관련 부문이 각 상품에 적절한 재원을 투입한 결과, 도요타의 브랜드 이미지와 사업 성과는 크게 개선되어 판매실적은 2000년에는 50만 대로, 크게 늘어났고 2004년에는 70만대를 넘어서게 되었다.

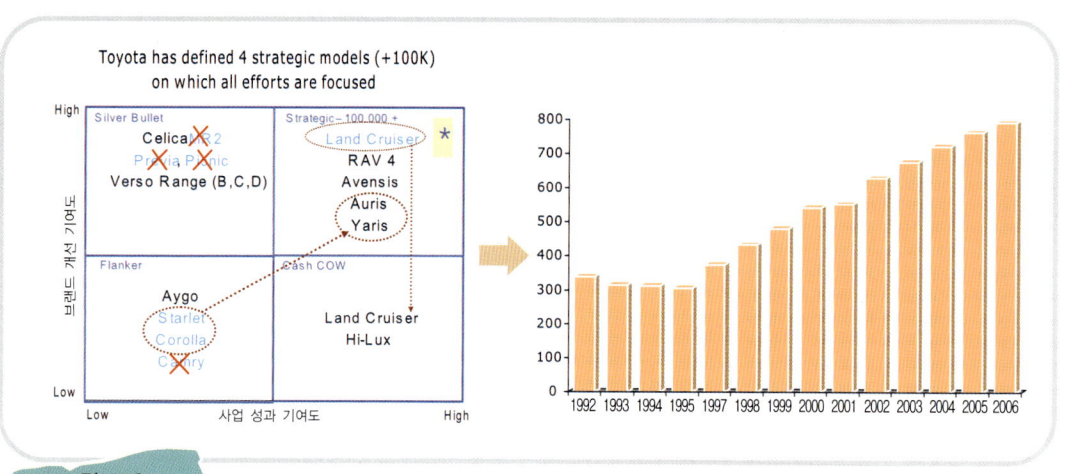

그림 5-8 1990년대 후반의 유럽시장내 도요타의 전략적 포지션 변경과 판매실적 개선 성과

 상품 전략과 상품별 투입 재원 기준

　상품의 전략적 포지션이 정해지면 기업은 각 부문이 상품 포지션에 맞는 재원과 역량 투입 기준을 정해야 한다. 브랜드 이미지를 개선하기 위해 중장기적 관점에서는 '전략 상품'과 '이미지 선도 상품'에 많은 투자를 하는 것이 필요하다. 이 상품군들을 통해 브랜드 이미지가 높아지고, 그 높아진 브랜드 이미지로 인해 브랜드 네임을 부착한 다른 모든 상품들의 판매와 이미지가 개선되는 상품-브랜드 간 선순환 시너지 효과를 기대할 수 있기 때문이다. 하지만 부문별 투입 재원과 역량의 기준은 다소 다를 수 있다.

　'전략 상품'은 시장에서 강력한 포지션을 확보해야 하므로 R&D 부문은 상품 라이프사이클 전 기간 동안에 높은 수준의 재원과 역량을 투입하여 적극적으로 대응해야 한다. 이는 시장 반응이 좋으면 동일 상품 이름하의 다양한 파생상품 개발로, 그렇지 않으면 기존 상품을 생산을 중지하고 빠른 기간 내에 전면 모델 교체로 대응하는 것을 의미한다. 마케팅 부문은 판매 물량을 확대하고 브랜드 이미지를 제고하기 위해 많은 예산을 투입하며, 판매 부문도 브랜드 내 타상품의 잠재 고객까지 흡수할 정도의 적극적인 자세로 많은 재원과 역량을 투입해야 한다.

　'이미지 선도 상품'은 브랜드의 인지도를 높이거나 신선한 이미지를 창출하기 위해 시장에서 버즈를 일으키는 것이 중요하다. 따라서 R&D 부문은 상품 출시 초기에 시장에서 와우 효과를 누릴 수 있도록 신상품 개발 단계에서 많은 재원과 역량을 투입하되, 출시 후에는

이미지 선도 모델

- 전체 투자 수준 : 높다.
- 커뮤니케이션 : 브랜드에 버즈를 불러 일으키고 브랜드 인지도를 창출하기 위해 투자 집중
- 마케팅 : 마케팅 활동에 많은 투자
- 판매 : 시장의 버즈(입소문)에 응답하는 데 많은 투자
  이 모델에 관심 있는 고객의 다른 모델 구매 유도
- R&D : 개발 단계에 많은 투자. 라이프사이클 경과에 따라 투자 감축

전략 모델

- 전체 투자 수준 : 높다.
- 커뮤니케이션 : 시장 포지션 증진 위해 많은 투자
- 마케팅 : 전략 모델의 브랜드 파워와 잠재적 판매 증대 효과를 활용하기 위해 모든 활동에 많은 투자
- 판매 : 다른 등급상품의 구매를 고려하는 고객을 전략 모델 구입으로 유도하기 위해 영업 부문의 노력 유지
- R&D : 안정적인 투자 규모를 유지. 적극적인 제품 라이프사이클 관리

공격형 방어 모델

- 전체 투자 수준 : 낮다.
- 커뮤니케이션 : 최소한의 노력
- 마케팅 : 필요로 하는 최소 규모로 마케팅 활동을 제한
- 판매 : 신규 구매 고객 위주로 많은 투자
  반복 구매 고객에는 다른 모델 권유
- R&D : 투자 재원을 다른 모델이나 신모델 개발로 전환

수익 모델

- 전체 투자 수준 : 낮다.
- 커뮤니케이션 : 투자 재원을 다른 모델이나 신상품으로 전환
- 마케팅 : 마케팅 투자의 감축
- 판매 : 브랜드와 상품 충성도(계속 구매) 개선 위해 투자 대량 수요처에 집중
- R&D : 투자 재원을 다른 모델이나 신모델로 전환

그림 5-9 전략적 포지션별 각 부문의 투자 기준

투입 역량을 줄이도록 한다. 마케팅 부문도 브랜드 이미지 제고를 위해 많은 재원과 역량을 투입하여 브랜드가 입소문을 일으켜 소비자의 이목을 끌도록 하는 것이 필요하다. 영업 부문은 버즈 효과를 지원할 정도의 역량을 투입하되, 이 상품을 구입하거나 관심을 가진 고객층에게 다른 상품의 판매로 연결할 수 있는 노력을 기울여야 한다.

'수익 상품'에 대해서는 R&D 및 마케팅 부문의 재원이나 역량을 줄이고 이를 다른 상품이나 신상품 개발에 투입하도록 한다. 하지만 영업 부문은 브랜드와 상품에 대한 고객의 충성도를 높이기 위한 방법의 일환으로 많은 재원과 역량을 투입할 필요가 있다. 아울러 대량

수요처의 발굴 및 유지를 통해 판매 물량을 유지하도록 해야 한다.

마지막으로 '공격형 방어 상품'은 R&D 부문과 마케팅 부문의 투입 재원을 최소 수준으로 줄이도록 하고, 영업 부문은 이 상품을 통해 신규 고객의 주의를 끄는 데 역량을 집중한 후, 다른 상위 상품으로 구매를 전환하는 데 최선을 다하도록 한다.

 ## 상품 전략의 유연한 운영

'상품의 전략적 포지션 최적화'는 상품의 라이프 사이클과 시장 여건의 변화를 고려하면서 유연하게 운영하는 것이 바람직하다. 특히 '전략 상품'은 제품 라이프 사이클 상 말기가 다가오면 상품 신선도와 매력도가 낮아지게 되므로 '수익 상품'으로 포지션을 전환하는 것이 유리할 수 있다. 이 경우 이전과 같은 수준의 마케팅 투자는 줄이는 대신 판매 물량을 유지하기 위해 무료 제공 사양의 확대 또는 인센티브 증액 등으로 대응하기도 한다.

'이미지 선도 상품'은 기대 이상의 큰 성공을 거두게 되면 다양한 파생 모델을 만들어 '전략 상품'으로 포지션을 변경하거나, '수익 상품'으로 전환하는 것을 검토할 수 있을 것이다. '공격형 방어 상품'에 속해 있는 상품도 미래 시장 잠재력이 있는 것으로 판단되면 차기 상품을 '이미지 선도 상품'이나 '전략 상품'으로 포지션하고 그 포지션에 맞는 투자를 감행할 수 있을 것이다. 브랜드 전담 조직은 시장 여건 변화와 상품의 라이프 사이클, 신상품 동향 등을 파악

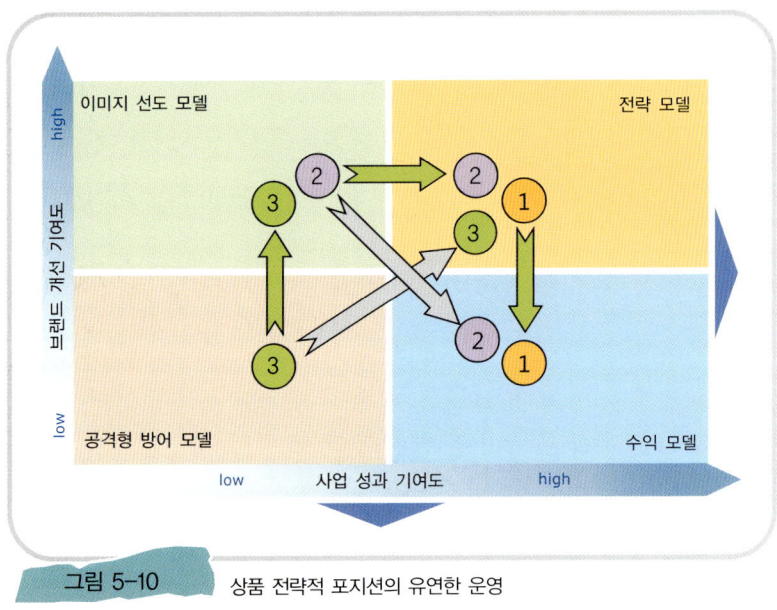

그림 5-10   상품 전략적 포지션의 유연한 운영

하여 정기적으로 전략적 포지션을 업데이트 하는 것이 바람직하다.

필요에 따라서는 상품 이외에 다른 요소에 '이미지 선도 상품'의 역할을 맡길 수도 있다. 이를테면 6장에서 언급될 포드의 디자인 브랜딩(키네틱 2.0)이나 획기적인 고객 보증 프로그램 등의 브랜드 마케팅 프로그램을 활용하는 방안을 고려할 수 있다. 물론 이들은 모두 브랜드 비전을 기반으로 개발된 것이고 브랜드 비전의 구현을 지원하기 위한 것이어야 한다.

커뮤니케이션 부문 ⑴:
시청각 일관성 구현

Chapter 06

브랜드 비전의 구현을 위해서 커뮤니케이션 부문이 기본적으로 해야할 것은 모든 고객접점에서 체계적으로 일관된 이미지를 구현하는 것이다. 이를 위해 시각적인 일관성을 구현하기 위한 기본 운영 원칙으로서의 비주얼 관리 체계와 모든 고객 접점에 적용할 비주얼 가이드라인이 있어야 한다. 브랜드 인지도와 연상을 강화하기 위한 전체 상품의 네이밍 전략도 필요하다.

비주얼 관리 체계 운영

닛산은 르노에 인수된 직후인 1999년, 브랜드 커뮤니케이션 전략을 수립하기 위해 먼저 소비자 조사부터 실시하였다. 그 결과, 브랜드 이미지의 85% 이상은 비주얼, 즉 시각에서 결정되고, 일관성이야말로 가장 중요한 시각적 요소라는 사실을 발견하였다. 이에 2002년 닛산은 CI를 새로운 브랜드 비전(bold & thoughtful)을 담은 형태로 교체하면서 비주얼 관리 체계를 개발하여 운영하였다. 비주얼 관리 체계는 3개의 단계로 이루어져 있는데, 최상단에는 관리의 핵심이 되는 CI(corporate identity)의 4가지 요소인 심볼마크, 로고타입, 서체(font) 및 컬러에 대한 구체적인 가이드라인이 있다. 중간 단계에는 이들 네 요소의 조합과 배치 및 활용 원칙에 대한 규정이다. 그리고 마지막 하단에는 상단과 중간 단계의 두 원칙하에 30개 내외의 브랜드 접점에 적용되는 비주얼 관리 가이드라인을 적용하고 있다.[18]
비주얼 관리 체계의 모든 요소들은 가급적 글로벌 시장에서 일관되

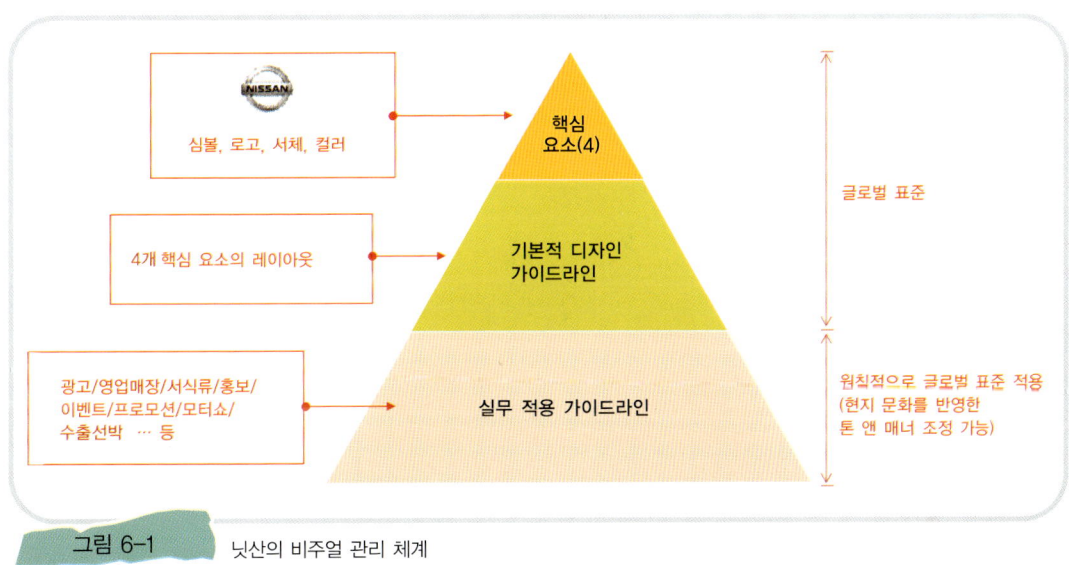

그림 6-1 닛산의 비주얼 관리 체계

게 적용되어야 하지만, 맨 하단의 브랜드 접점용 실무 가이드라인에 대해서는 해외 현지의 문화를 고려하여 부분적인 조정은 허용하고 있다. 닛산의 조사 결과가 아니더라도 모든 고객 접점에서 시각적 일관성을 확보한 브랜드에 대해서는 소비자들이 일상 속에서 브랜드에 대한 뚜렷한 연상 이미지를 갖게 되고, 이는 장기적인 브랜드 성장의 토대가 된다. 따라서 브랜드 비전이 반영된 CI 및 실무 비주얼 가이드라인을 개발하고 이를 현장에서 적용하기 위해 관리 체계를 갖추는 것이 커뮤니케이션 부문의 기본적인 과제이다.

---

18) 닛산은 매우 세밀한 부분까지 비주얼 가이드라인을 운영하고 있는데, 일례로 수출 전용선에 대한 비주얼 가이드라인도 포함되어 있다. 이는 수출전용선의 사진이 신문이나 TV에 보도되는 경우, 일관된 브랜드 이미지 관리를 염두에 둔 것이다.

한편 고객 접점에 적용되는 비주얼 관리 가이드라인과 기업 내부의 사무공간이나 문서 및 문구류 등의 비주얼까지 일관된 이미지를 구현하는 기업도 적지 않다. 현대카드는 회사 내의 사무 공간과 외부 고객 접점에서 브랜드 비전에 입각하여 일관된 이미지를 구현한 대표적인 사례이다. 사내의 인터널 브랜딩과 외부 고객에 모두 동일한 이미지를 구현하면 커뮤니케이션 부문을 포함한 모든 임직원들이 일상 업무 속에서 브랜드 비전을 지속·반복적으로 경험하게 되어 브랜드 전략의 실행 효과를 극대화할 수 있다.

신중한 접근이 요구되는 CI 개편

CI(Corporate Identity)는 브랜드의 시각적 상징물의 핵심으로 심벌마크, 로고타입의 주요 요소와 고유 컬러 및 보조 컬러, 서체, 조합형 등의 보조 요소로 구성된다. CI는 상품, 광고물, 회사 서식류, 브랜드 사인(브랜드 소속 건물 외부 간판과 내부 인지 사인), 수송기기(자동차, 선박, 비행기 등), 포장(패키지), 유니폼, 매장 디스플레이(건물 외관 및 내부 인테리어), 광고홍보물 등 사내외에 다양하게 적용되므로 CI의 개편은 신중하게 추진해야 한다.

기업이 CI를 개편하는 배경은 크게 두 가지가 있다. 첫째는 경쟁 환경이나 문화 및 소비자 트렌드의 변화에 따라 개편하는 것이다. 최근에는 영상 문화의 입체화 및 고급화 트렌드를 반영하여 적지 않은 자동차 브랜드들이 심볼마크를 3D로 개선하는 추세가 나타나고 있

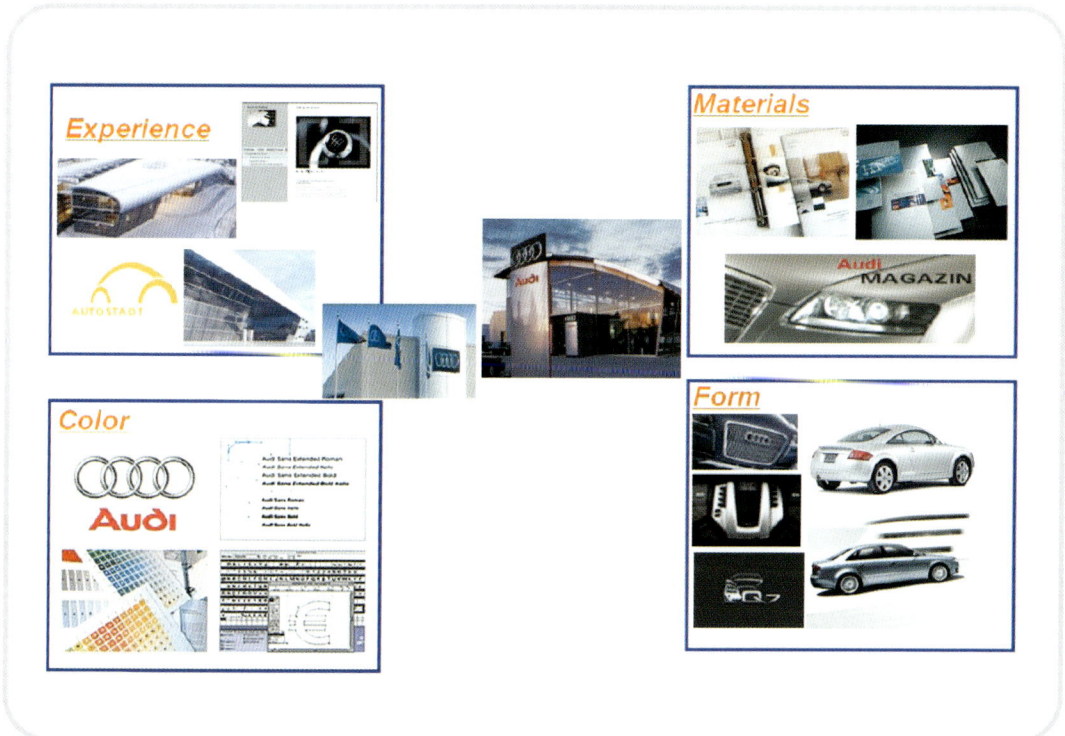

CI는 상품, 회사서식, 영업매장, 인쇄 광고 등 모든 고객 접점에 일관성 있게 구현되어야 한다.(사진은 아우디의 CI 적용 사례)

다. 둘째는 성장 모멘텀이 떨어진 브랜드를 회생시키기 위해서 CI를 개편하는 경우이다. 앞에서 설명한 바와 같이 2002년 CI를 개편한 닛산의 경우가 이에 해당된다. 어느 경우이든 CI의 변경은 상당한 비용 부담이 발생하게 되므로 이미지 개선 효과와 예상 추가 비용 부담을 잘 고려하여 결정해야 한다.

(사진) 자동차 브랜드의 CI 변천 과정 (계속)

Chapter 06 커뮤니케이션 부문 (1): 시청각 일관성 구현

(사진) 자동차 브랜드의 CI 변천 과정 (계속)

(사진) 자동차 브랜드의 CI 변천 과정

 ## 상품 네이밍 체계의 선택

브랜드 파워를 개선하거나 이미지를 전환하는 방안의 하나로 상품 네이밍 체계를 바꾸는 사례가 있다. (그림 6-2)에서 보듯이 마즈다는 새로운 브랜드 비전을 도입하면서 상품 네이밍을 323, 626, 929 등의 숫자형에서 Mazda 2, Mazda 3, Mazda 5, Mazda 6와 같은 브랜드

Chapter 06 커뮤니케이션 부문 (1): 시청각 일관성 구현   145

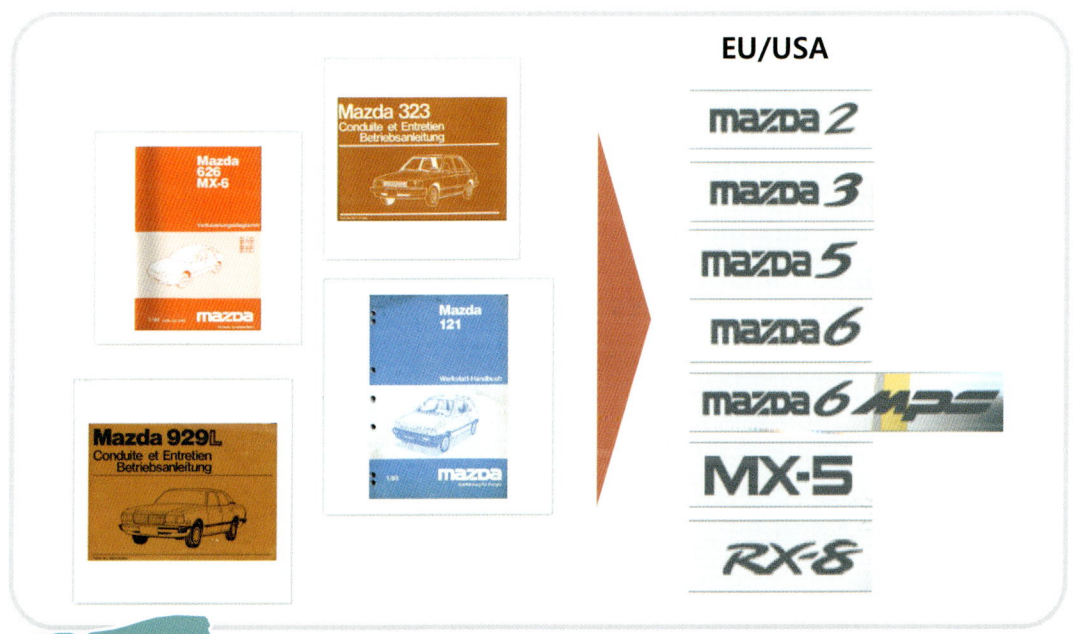

그림 6-2 마즈다는 상품 네이밍을 브랜드명+숫자형으로 바꾸어 브랜드 노출 증대를 통한 인지도 제고 효과를 누렸다.

명+숫자 혼합형 체계로 바꾸면서 브랜드명인 Mazda의 서체도 개선하였는데 이를 통한 브랜드 노출 증대로 인지도를 재고하는 효과를 거두었다. 최근 국내에서 기아자동차는 포르테, 로체, 오피러스 등 단어형 네이밍에서 K3, K5, K7, K9 등 알파벳숫자 조합형으로 전환하고 있는 중이다.

한편 애플은 Mac 네이밍 체계와 새로운 i-네이밍 체계를 병행 사용하고 있다. Mac 네이밍은 기업 출범 초기에 출시한 개인용 컴퓨터 모델인 Macintosh[19]의 앞의 세 철자를 확장하면서 계속 사용하고 있는 것이다. 개인용 컴퓨터나 노트북인 iMac, Mac Pro, Mac mini,

---

19) Macintosh는 캐나다와 미국 동부 지역에서 재배되는 사과 품종 중 하나인 Mcintosh를 약간 변형시켜 사용한 것으로 알려져 있다.

(사진) 애플은 Macintosh의 이미지 자산을 활용한 'Mac' 네이밍과 'innovation'을 연상시키는 'i' 네이밍을 모두 사용하고 있다.

MacBook, MacBook Pro 등에 활용되고 있는데, Macintosh의 이미지 자산을 지속적으로 활용하기 위한 전략이다. iPod를 출시하면서 도입한 i-네이밍 체계는 '애플의 브랜드 비전인 'innovation' 과 애플 제품의 'intelligent'한 이미지를 성공적으로 연상시키면서, iPod, iPod nano, iPod shuffle, iTunes, iLife, iWork, iPhone, iPad 등으로 광범위하게 확장, 사용되고 있다.

상품 네이밍 체계를 크게 분류하면, 단어로 이루어진 단어형(Word)과 알파벳-숫자로 구성된 알파 뉴메릭(Alpha-numeric)형으로 대별된다. 어느 유형을 택하든, 전체 상품명은 일관된 원칙을 적용하는 것이 바람직하다. 단어형 네이밍 체계는 다시 주제어형(Thematic), 음절반복형(Alliterate), 표음형(Phonetic), 기능형(Functional), 조합형(Mixed) 등으로 구분된다. 주제어형은 꽃 이름,

음악 용어, 축제용어, 지명 등 일정한 주제하에 사용하는 단어를 선택하는 유형이다. 현대자동차의 쏘나타, 아반테, 엑센트 등은 음악에 사용되는 용어만을 사용한 주제어형의 대표적 사례이다. 폴크스바겐은 보라, 파사트 등 '바람'을 주제로 한 네이밍을 갖고 있다. 음절반복형은 첫 음절이나 마지막 음절의 철자를 동일하게 배열하여 기억이 용이하도록 한 유형이다. 포드의 SUV(sports utility vehicle) 모델 Escape, Explorer, Excursion, Expedition 등과 같이 첫 음절을 동일하게(es또는 ex) 한 것이나, 오펠의 Corsa, Vectrsa 등과 같이 동일한 마지막 음절(a)을 갖고 있는 네이밍이 대표적 사례이다. 표음형(Phonetic)은 발음이 쉽지만 특별한 의미는 없는 단어 조합으로 도요타(유럽)의 Yaris, Auris, Avensis 등을 대표적 사례로 들 수 있는데 모두 마지막 음절이 'is'로 동일하다. 둘 이상의 단어를 조합하여 사용하는 조합형의 예로는 삼성전자의 Hauzen을 들 수 있는데, 이는 Haus(집)과 Zentrum(중심) 등 독일어를 조합한 것이다.

알파 뉴메릭형은 알파벳으로만으로 이루어진 순수 알파벳형, 숫자만으로 구성된 순수 숫자형, 양자를 결합해서 활용하는 알파벳 숫자형(Alpha-numeric)으로 다시 세분된다. 순수 알파벳형은 메르세데스벤츠의 A, C, E, S 클래스, 순수 숫자형은 볼보의 9-3, 9-5, 알파 뉴메릭형은 아우디의 A3, A5, A6 등을 주요 사례로 들 수 있다.

각 네이밍 유형에는 장단점이 있다. 주제어형은 브랜드 비전의 이미지를 상품 네이밍 체계상의 주제와 연계할 수 있다. 또한 상품의 기능적 또는 감성적 가치를 네이밍을 통해 전달할 수 있고 그것을 시각적으로 전달하기가 용이하다. 하지만 경우에 따라서는 동일한 주제의 새로운 네임을 개발하는 것이 용이하지 않을 수 있고, 해외지역

〈표 6-1〉 네이밍 체계의 종류와 장단점 비교

	단어형				알파 뉴메릭형		
	주제어형	음절 반복 (접두어)	음절 반복 (접미어)	표음형	알파벳형	숫자형	알파벳 숫자형
메이커	Hyundai Toyota KIA, etc.	Ford (SUV)	Opel Skoda Seat	Toyota	Benz	Saab BMW	Audi Citroen Mazda
구체적 사례	Sonata Avante Verna Click	Escape Explorer Excursion Expedition	Agila Corsa Tigra Meriva	Yaris Avensis	A Class C Class E Class S Class	9-3 9-5	A2 A3 A5 A6
장점	차명 의미 부여 가능	방향성 전달 및 기억 용이	방향성 전달 및 발음 용이	발음 및 기억 용이	기억 용이	←	기억 용이 및 회사 브랜드 기억
단점	신네임 개발 애로 및 등록 문제	의미부여 한계 Maker Voice	의미부여 한계 Maker Voice	무의미한 단어 조합	의미 전달 어려움	←	←

에 적용할 때 법적 등록이 문제가 될 가능성이 있다. 음절반복형과 표음형은 모든 상품의 이름이 첫 음절이나 마지막 음절의 발음이 같으므로 소비자들이 쉽게 발음하고 기억하며, 브랜드 산하의 다른 상품 이름까지 연상할 수 있도록 하는 장점이 있다. 그러나 이름에 상품의 특징 등 의미를 부여하기가 쉽지 않고, 선택의 폭이 좁은 단점이 있다. 조합형과 알파 뉴메릭형은 모두 소비자에게 상품명을 통해 브랜드가 의도하는 의미 전달이 쉽지 않다. 하지만 알파 뉴메릭형은 상품 이름이 간결하고 분명해서 인지와 기억이 용이할 뿐만 아니라, 보통 브랜드명과 함께 노출되므로 브랜드의 인지도를 높이고 마케팅 예산의 절감을 기대할 수 있다.

어떤 유형의 네이밍 체계를 선택하든 그 기준은 브랜드 비전의 이미지를 구현하기 용이해야 하며, 현재의 상황에서 브랜드 파워를 강화하는데 도움이 될 수 있으면 좋다. 특히 인지도가 낮은 브랜드가 적은 마케팅 예산으로 빠른 기간 안에 전체 브랜드의 인지도부터 높이기 위해서는 알파뉴메릭 네이밍 체계 또는 마즈다와 같이 브랜드명이 포함된 네이밍이 좋다. 기간이 걸리더라도 소비자 개개인에게 친밀하게 다가가고 싶으면 음절반복형이나 표음형 네이밍 체계를 고려할 수 있을 것이다. 개별 상품의 특징을 감성적으로 어필하고 싶은 브랜드는 주제어형 네이밍 체계를 고려하는 것이 바람직하다.

커뮤니케이션 부문 (2): 단계적 이미지 개선 전략

비주얼 관리 체계와 네이밍 전략은 브랜드 비전을 장기적으로 구현하는 데 필요한 실무적 가이드라인이나 전략적 기초 역할을 하지만, 커뮤니케이션 부문의 실행 관점에서는 브랜드 캠페인이 매우 중요한 역할을 한다. 브랜드 캠페인의 주제는 브랜드의 장기 목표인 브랜드 비전을 채택하기보다는 현재의 이미지에서 고객들이 수용할 수 있는 만큼 단계적으로 브랜드 이미지 목표를 개선해가는 '단계적 브랜드 포지셔닝 전략'을 전개하는 것이 좋다. 대개 '단계적 브랜드 포지셔닝 전략'은 브랜드 비전 체계의 '주요 비전' 중 하나를 포지셔닝 목표로 정하고 순차적으로 다른 '주요 비전' 요소를 달성해가는 방식으로 이루어진다. 한편 중간 단계의 브랜드 포지셔닝을 성공적으로 구현하기 위해서는 브랜드 캠페인과 함께 다양한 브랜드 마케팅 프로그램을 도입하는 것이 좋다. 아울러 브랜드 비전 체계와 연계한 미디어 믹스와 다양한 미디어를 활용하는 전략도 전개해야 한다.

 ## 혼다 영국의 감성적 브랜드 캠페인 사례

브랜드 캠페인은 브랜드를 주제로 일정 기간 동안 대대적인 광고, 마케팅 활동을 전개함으로써 소비자들에게 브랜드에 대한 관심을 불러 일으켜 브랜드 인지도를 높이고 이미지를 변화시켜 나가는 것이다. 2002~2004년 동안 영국시장에서 전개된 혼다의 브랜드 캠페인 사례는 적절한 브랜드 포지셔닝과 뛰어난 광고 크리에이티브로 큰 성공을 거둔 사례이다. [20]

1970년대 초반 영국 시장에 진출한 혼다는 30여 년이 지난 2001년에도 브랜드 인지도가 낮아서 자사의 상품인 Civic은 알아도 '혼다' 브랜드를 모르는 소비자들이 있을 정도였다. 혼다 제품을 구매하는 이유도 대부분 엔진, 품질, 성능과 같이 제품의 기능적 가치에서 비롯되었으며, 감성적으로는 영국 소비자들에게 접근하지 못하고 있는 상황이었다. 이에 혼다는 브랜드 인지도, 선호도, 그리고 구매고려도를 동시에 제고하는 것을 목표로 브랜드 캠페인을 전개하였다.

브랜드 캠페인을 위한 기본 전략은 혼다 창업주인 혼다 소이치로의 경영 철학인 '인간 존중'과 세가지 기쁨, 즉 '만드는 기쁨', '파는 기쁨', '사는 기쁨'과 같은 '혼다다움'의 실체를 소비자들에게 알려서 소비자들로 하여금 혼다 자동차를 소유하는 것을 자랑스럽게 여기도록 하는 것이었다.[21] 캠페인 전략의 기본 방향은 '즐겁고

〈표 7-1〉 혼다 경영 철학의 핵심 내용

1. 기본 이념	2. 기업 사명	3. 경영 원칙
(1) 인간 존중: • 자립: 자유로운 발상과 자기 신념에 주체성을 갖고 행동하여 그 결과에 책임을 짐 • 평등: 서로 다른 점을 인정하고 국적, 성별, 학력에 관계없이 평등하게 기회를 부여 • 신뢰: 개개인이 서로를 인정, 모자라는 것은 보완, 자신의 역할을 다하는데 최선을 다함 (2) 3가지 기쁨: 사는 기쁨, 파는 기쁨, 만드는 기쁨	• 세계적 관점에서 전세계 고객을 만족시키기 위해 • 최고 품질의 상품을 적정한 가격에 공급하는데 전력을 다한다.	• 항상 꿈과 젊음을 가질 것 • 이론과 아이디어, 시간을 존중할 것 • 일을 사랑하고 커뮤니케이션을 중요하게 생각할 것 • 일의 흐름을 조화 있도록 만들 것 • 항상 연구와 노력의 가치를 유념할 것

20) 이하의 내용은 혼다의 IMC활동, 한국자동차산업연구소, 2007. 7. 16를 참조하였다.
21) 혼다에는 브랜드 비전이 별도로 정해져 있지 않다. 대신에 창업주 경영 철학을 그대로 브랜드 커뮤니케이션에 활용하였는데, 2장의 파타고니아, 바디샵의 사례처럼 경영 철학이 브랜드 비전을 대신하는 브랜드로 볼 수 있다.

신나게 일하는 기업 문화 속에서 혼다의 상상력이 발휘된다'는 '혼다다움'을 간단명료한 메시지로 전달하는 것으로 정하였다. 브랜드 캠페인의 컨셉을 도출하기 위한 준비 단계에서는 먼저 가장 혼다답지 못한 컨셉으로 '현실에 안주하려는', '자기 만족' 등을 도출하였고, 이어 이와 반대되는 혼다다운 컨셉으로 '상상력', '낙관주의', '휴머니티', '호기심', '열정', '꾸밈없이 말하는' 등의 감성적인 컨셉을 도출하였다.

고객 조사를 통해 혼다 고객들마저 혼다의 정신에 대해 충분히 알지 못하고 있다는 사실을 발견한 후, 캠페인 주제어를 'Welcome to Optimism'으로 선정하였다. 혼다의 정신을 이해하기 쉬운 감성적 문구와 이미지로 개발하여 '꿈의 책(The Book of Dreams)'이라는 브랜드 북에 모두 담아서 브랜드 캠페인의 기초 매뉴얼로 삼았다. 브랜드 인지도와 고려도를 동시에 개선하기 위해 소비자의 시선을 끌 수 있는 매력적인 '혼다' 브랜드 광고물을 개발하고, Accord, Jazz, FR-V 등 출시가 임박한 신차의 런칭을 고려하여 브랜드-상품의 광고 컨셉을 전략적으로 연계하였다. 아울러 브랜드 캠페인에 활용할 브랜드 슬로건으로 '꿈의 힘(Power of Dreams)'을 선정하였다.

혼다는 브랜드 북의 내용들을 모든 광고와 이벤트, 프로모션 활동에 공통적으로 활용하는 통합 브랜드 커뮤니케이션 전략(Integrated Brand Marketing Communication)을 전개하였다. 브랜드 매뉴얼의 주요 내용은 혼다의 호기심과 연구정신을 표현한 기업 이미지 광고(OK Factory편)와 자동차 부품 도미노를 실사로 촬영한 2분짜리 어코드 런칭 광고(Cog 편), 어린이들이 블록으로 만든 시빅 광고(Civic 편) 등 브랜드 및 제품 광고의 컨셉에 모두 적용되었다. 이뿐만 아니

'혼다 다움'을 잘 표현한 'The Book of Dreams'의 일부

라 인터넷 홈페이지, 인쇄 광고물과 각종 전시물에 모두 공통적으로 적용함으로써 소비자들의 큰 반향을 불러 일으켰고 판매 실적과 모든 브랜드 지표가 단기간에 크게 향상되었다.

 2년 동안 브랜드의 감성적 가치에 호소하는 캠페인을 전개한 결과, 판매대수는 17%가 증가하였고, 어코드의 '낙관' '상상력' '혁신' 이미지는 10점 척도조사에서 1~2점 가량 높아졌다. 특히 광고비 점유율(share of voice)는 낮아졌음에도 불구하고 브랜드 인지도는 20% 이상, 구매의향은 36%나 크게 개선되었을 뿐만 아니라, 쇼룸 방문자 수와 혼다 딜러 인터넷 검색 건수 등도 대폭 증가하였다.

 혼다의 브랜드 캠페인 성공 사례와 관련하여 다음의 시사점을 얻을 수 있다. 첫째, 혼다의 브랜드 비전(여기에서는 창업주의 경영철학이 대신함)을 주제로 브랜드와 제품 광고 메시지를 연계한 통합 브랜드 커뮤니케이션 전략은 캠페인의 효율성을 높이는 데 기여했다.

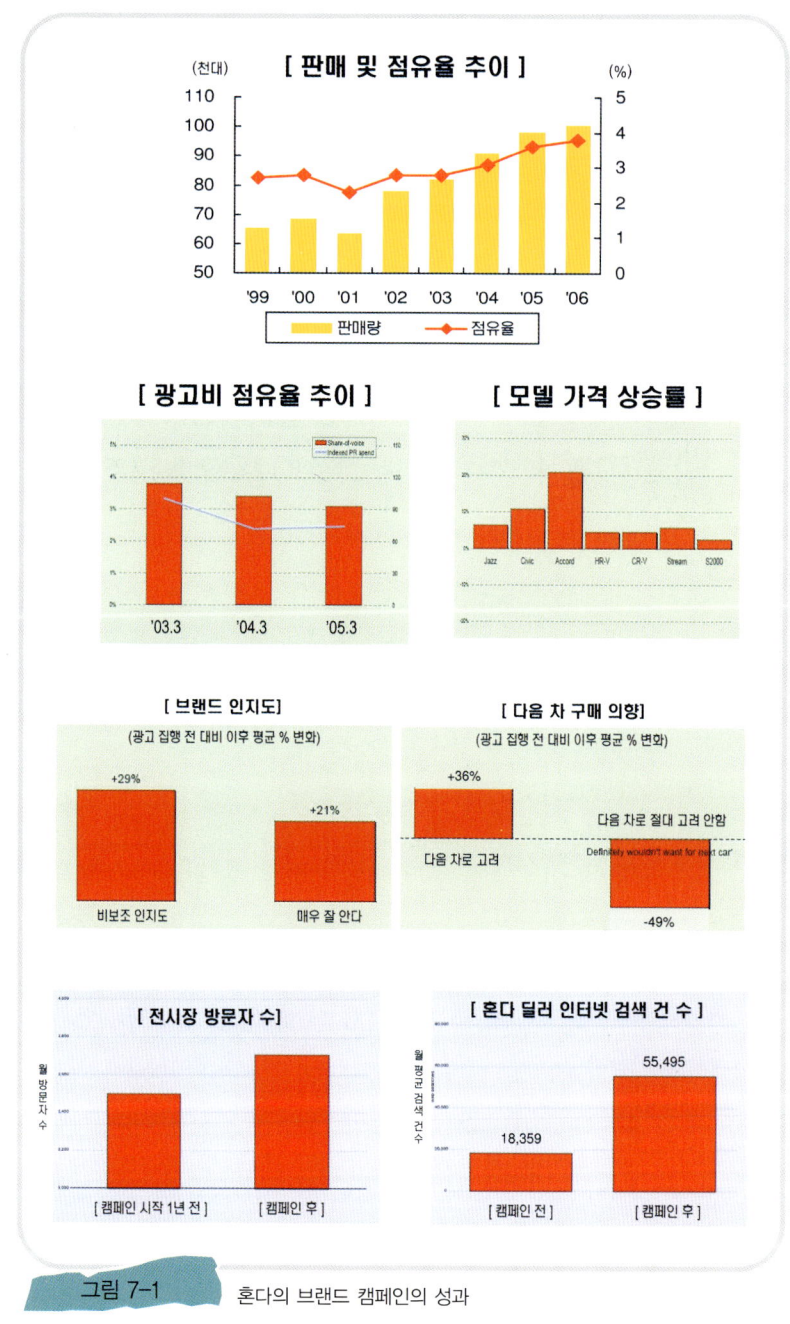

그림 7-1 혼다의 브랜드 캠페인의 성과

전체 마케팅 예산의 감축에도 불구하고 큰 성공을 거둘 수 있었던 배경에는 빼어난 광고 크리에이티브와 함께 브랜드-제품의 메시지 연계 전략이 뒷받침되었기 때문이다. 둘째, 혼다 제품의 기능적 요소와 같은 이성적인 가치에 대한 이미지를 확보한 상황에서 브랜드의 감성적인 가치를 소구하는 적절한 브랜드 포지셔닝 전략이 캠페인의 효과성을 제고하는 데 기여하였다. 즉, 브랜드 포지셔닝 전략을 '선 기능적 가치 이미지 확보 후 감성 브랜드 확보'라는 이미지 구현 단계에 맞게 전개함으로써 소비자들에게 새로운 매력적인 구매 이유를 제공하는 데 성공하였다. 셋째, 브랜드 캠페인을 전개한 시기를 신제품 런칭 시점과 일치시킴으로써 캠페인 효과를 극대화할 수 있었다. 혼다는 어코드, 재즈 등의 신제품을 새롭게 런칭하는 시점에서 브랜드 캠페인을 전개하였는데, 이와 같이 신제품 런칭 시기에 맞추어 브랜드 캠페인을 추진하는 것이 큰 시너지 효과를 가져오게 된다.

 ## 삼성전자의 글로벌 브랜드 포지셔닝과 캠페인 사례

삼성전자는 두 번의 글로벌 브랜드 캠페인을 통해 브랜드 이미지를 큰 폭으로 개선하는 데 성공하였는데, 적절한 단계적 포지셔닝의 변화가 돋보이는 성공 사례이다. 2000년 이전 삼성전자는 글로벌 시장에서 브랜드 인지도가 낮고 중저가 이미지의 브랜드였다. 이러한 상황을 개선하기 위해 2000년 삼성은 글로벌 마케팅실(GMO; Global Marketing Operations)을 신설하고 글로벌 시장에서 본격적인 브랜드 마케팅 전략을 전개하였다. 1단계인 2000~2004년 기간 중에는 브랜드 인지도 제고를 목표로 삼았다. 합리적인 일반 소비자를 목표고객으로 '모두가 다가갈 수 있는 디지털 컨버전스 제품과 기술'이라는 기능 위주의 컨셉을 전달하고자 'DIGITall-everyone's invited'라는 브랜드 슬로건을 내세운 글로벌 브랜드 캠페인을 전개하였다. '놀라운' 느낌과 '간편'하면서도 '모든 것을 포함하고 있는' 색조와 기법을 브랜드 광고뿐만 아니라 모든 제품 광고에 동일하게 적용하였다. 특히 이미지의 일관성을 구현하기 위해 국가별 광고 대행사를 인정하지 않고 글로벌 단일 대행사로 통합 운영하였다. 브랜드 슬로건도 글로벌 차원에서 통일하였으며, 브랜드 관리를 위해 광고와 마케팅 접점의 가이드라인을 개발하여 시각적 일체감을 만들어 갔다. 그 결과 2005년 비보조 인지도는 2000년 대비 1.5배 수준으로 높아졌고 브랜드 선호도도 크게 개선되었다.

〈표 7-2〉 2000년대 초반 삼성전자 브랜드 캠페인의 주요 내용

기간	1기 브랜드 캠페인(2000~2005)
캠페인 목표	인지도 제고
브랜드 비전	Wow, Simple & Inclusive
목표 고객군	민감한 브랜드 구매자
브랜드 포지셔닝	기술을 통해 쉽고, 풍부하고 좀 더 삶을 즐기도록 함
브랜드 슬로건	SAMSUNG DigitAll Everyone's Invited
상품 경쟁력	Fast Follower - Value for Money - 다기능 상품
브랜드 캠페인 방향	기술과 기능 강조 추상적 개념적 고객 혜택 강조 기업 가치 위주의 광고 광고, 마케팅 가이드라인 적용 브랜드-상품 간의 연계성 부족

2000년대 초반의 브랜드 캠페인이 제품의 기능적 우위를 강조한, 브랜드 인지도를 개선하기 위한 것이었다면, 2000년대 중반 이후의 캠페인은 브랜드의 정서적인 측면을 강조하여 프리미엄 이미지의 구축과 브랜드 선호도의 개선을 목적으로 한 것이었다. 이 기간에 삼성은 목표 고객을 상류생활을 추구하는 계층(high life seeker)으로 설정하였는데, 이들은 일과 취미 생활에 모두 열심을 내면서도 최신 기술과 디자인, 브랜드에 대한 수용도가 높은 얼리어댑터였다. 삼성은 목표 계층의 생활 양식을 심도 있게 조사 분석하고 그들의 생활 속에서 함께 공감하는 브랜드로서의 이미지를 구축하고자 하였다. 이에 따라 브랜드 이미지 광고는 이들의 호화로운 휴가 일상 속에서 휴대폰, 디지털 TV, 휴대용 미디어 플레이어 등 첨단 가전제품을 사용하는 모습을 담았다. 아울러 동일한 브랜드 메시지를 모든 제품 광고에 적용하였다. 브랜드 슬로건도 이러한 모습을 자유롭게 상상할 수 있도록 지원하는 브랜드라는 의미로 'Imagine'으로 정하였다.

  이 단계에서는 프리미엄 이미지를 구축하기 위해 다양한 매체를 추가로 활용한 것이 특징이다. 기존의 TV 광고, 인쇄 광고 이외에 뉴욕, 러시아 등지의 브랜드 체험관, 런던, 뉴욕, 동경의 대도시 도심지 및 런던, 방콕, 로마, 달라스, 쿠알라룸푸르, 요하네스버그 등 주요 대도시 공항의 대형 옥외 광고판, 첼시 등 유명 프로스포츠팀 및 러시아 등 중부 유럽 9개국 대상의 마라톤 대회 후원, 바티칸 등 7개국 박물관 후원, 영화 매트릭스2 후원(PPL) 등이 주요 사례이다. 2단계 브랜드 캠페인을 통해 삼성은 프리미엄 이미지를 구축하는 데 성공하였고, 인터브랜드 기준 삼성전자의 브랜드 가치는 2006년 162억 달러에서 2010년 195억 달러 (19위)로 높아졌다.

〈표 7-3〉 2000년대 후반 삼성전자 브랜드 캠페인의 주요 내용

기간	2기 브랜드 캠페인(2005~2010)
캠페인 목표	선호도 제고 프리미엄 이미지 구축
브랜드 비전	Designing Sensational Technology
목표 고객군	상류 생활을 추구한 고객층
브랜드 포지셔닝	Unlimited Living
브랜드 슬로건	Imagine
상품 경쟁력	Leadership 구축 - mass premium - 제품간 convergence
브랜드 캠페인	정서적 측면 강조 일상 속의 삼성 혜택 강조 목표 고객군의 가치 전달 캠페인의 큰 아이디어에서 연관성 강화

삼성의 사례로부터 다음과 같은 시사점을 관찰할 수 있다. 첫째, 인지도가 낮은 중저가 브랜드는 일차적으로 제품의 기능적 가치를 주제로 한 브랜드 캠페인을 전개한 후에 이차적으로 목표 고객의 특성을 고려하여 감성적 가치를 전달하는 것이 바람직하다는 것이다. 혼다에서도 동일한 과정을 거쳐 이미지가 개선된 사례를 관찰할 수 있다. 둘째, 기업 브랜드 광고 메시지와 일관된 제품 광고 컨셉의 긍정적 시너지 효과인데 역시 혼다 사례의 시사점과 동일하다. 셋째, 브랜드 포지션을 다양한 방식으로 전달하기 위해 새로운 접점이나 창의적 아이디어를 개발하는 것이 중요하다는 점이다. 삼성이 브랜드 구축에 많은 예산을 투자한 것은 사실이지만 브랜드 캠페인의 성공은 신선한 마케팅 아이디어를 활용한 노력의 산물로 볼 수 있다.

 브랜드 포지셔닝의 단계적 시프트

앞에서 살펴본 바와 같이 브랜드 캠페인은 상품보다는 브랜드를 중심 주제로 삼은 광고, 마케팅 활동을 활발하게 전개하는 것이다. 그러면 브랜드 캠페인의 주제와 이미지 목표인 브랜드 포지셔닝은 어떻게 결정하는 것일까? 이는 현재의 브랜드 이미지와 브랜드 비전의 차이 정도에 의해 결정된다. 양자 간의 이미지 격차가 클 경우, 현재 이미지에서 고객들이 수용할 수 있는 만큼의 변화된 이미지를 구축하는 것을 캠페인 목표로 삼는 것이 바람직하다. 현재의 이미지와 너무 다른 메시지를 전달하면 고객은 혼란스러워 하고 수용하지 못하는 경향이 있기 때문이다. 따라서 이 경우에는 단계적으로 소비자들이 수용할 수 있는 만큼 브랜드 포지셔닝을 변화시켜 가면서 최종적으로 브랜드 비전을 달성하는 전략이 최선이다. 영국에서 기능적 가치에 대한 이미지를 확보한 혼다가 다음 단계로서 감성적 가치를 주제로 캠페인을 전개한 것이나, 삼성전자가 두 단계의 캠페인 주제를 단계적으로 변화시켜 간 것은 이 때문이다.

브랜드 비전 체계 하에서 전략적 브랜드 포지셔닝은 '주요 비전' 중에서 하나를 택하여 선정하는 것이 일반적이다. 즉, '주요 비전' 중 하나의 요소를 캠페인 기간 중에 달성할 이미지 목표로 삼고, 단계적으로 다른 '주요 비전'들을 구현하여 최종적으로 브랜드 비전(핵심 비전)이 이루어지도록 하는 것이다. 물론 혼다나 삼성의 사례에서 관찰한 바와 같이 '주요 비전' 요소 중에서 이성적 이미지를 먼저 구현한 후에 감성적 요소를 캠페인 목표로 삼는 것은 당연한 수순이다.

따라서 브랜드 캠페인은 중기적 이미지 목표로 설정된 브랜드 포지셔닝을 달성하기 위한 브랜드 차원의 통합적 마케팅 실행 활동으로 이해될 수 있다.

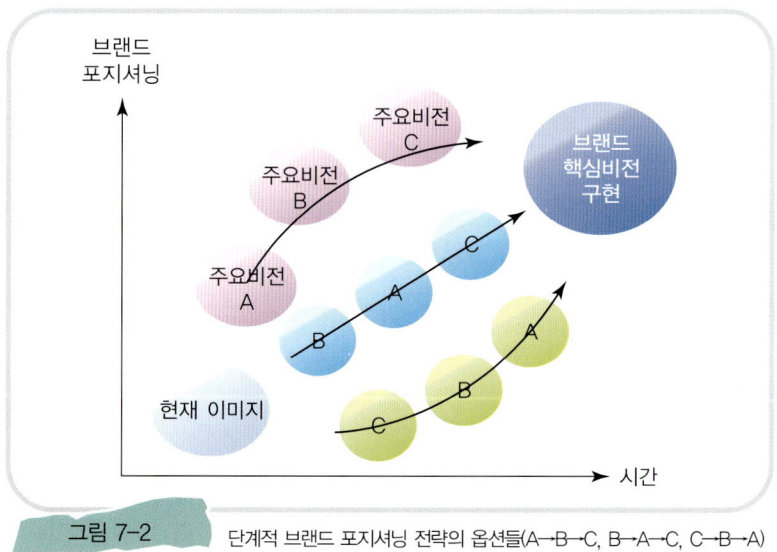

그림 7-2 단계적 브랜드 포지셔닝 전략의 옵션들(A→B→C, B→A→C, C→B→A)

만약 현재 브랜드 이미지와 브랜드 비전의 격차가 크지 않다면 당연히 브랜드 비전이 브랜드 캠페인의 주제가 되어야 한다. 최근 BMW는 2000년 전후에 브랜드 비전으로 선정한 'Joy'를 그대로 커뮤니케이션 하고 있는데, 이는 BMW가 이미 주요 비전 요소들의 이미지가 구현되었고 마지막 남은 이미지 목표가 브랜드 비전인 'Joy'인 것으로 해석할 수 있다.

한편 브랜드 비전 체계 내의 '주요 비전' 중에서 브랜드 포지셔닝을 결정할 때 가장 중요한 고려 사항은 곧 출시할 상품들의 컨셉이다. 이는 브랜드 캠페인 전개시의 광고, 마케팅 활동의 주제가 되는 브랜드 포지셔닝이 출시되는 신상품의 컨셉과 연계되어 있어야 브랜드 캠페인의 시너지 효과가 극대화되기 때문이다. 앞에서 설명한 혼다와 삼성전자의 사례에서도 브랜드-상품의 메시지 연계의 중요성을 방증하고 있다. 이 밖에도 새로운 브랜드 프로모션 프로그램, 신기술 등을 통해 구현 가능한 이미지도 중요한 고려 기준이 된다. 아울러 신기술, 산업, 소비자 등의 트렌드와 같은 거시적인 시장 변화가 상품 구매 패턴에 미치는 영향과 함께 목표 고객층의 니즈, 가치관, 생활 양식 등도 고려할 수 있으면 좋다. 특히 브랜드 비전 체계에서 '주요 비전' 이미지 요소에 대한 경쟁 브랜드들의 이미지 경쟁력 수준을 미리 파악하여, 캠페인을 통해 경쟁 브랜드들을 넘어설 수 있는지 여부를 가늠해 보는 것도 필요하다. 필요하면 외부의 업계 전문가들로부터 조언을 듣는 것도 바람직하다. 이상의 분석을 토대로 브랜드 포지셔닝을 정하되 준비 기간이 짧을 경우, 영업 및 마케팅 등 시장 현장으로부터 현재 상황에서 고객들에게 강조해야 할 핵심

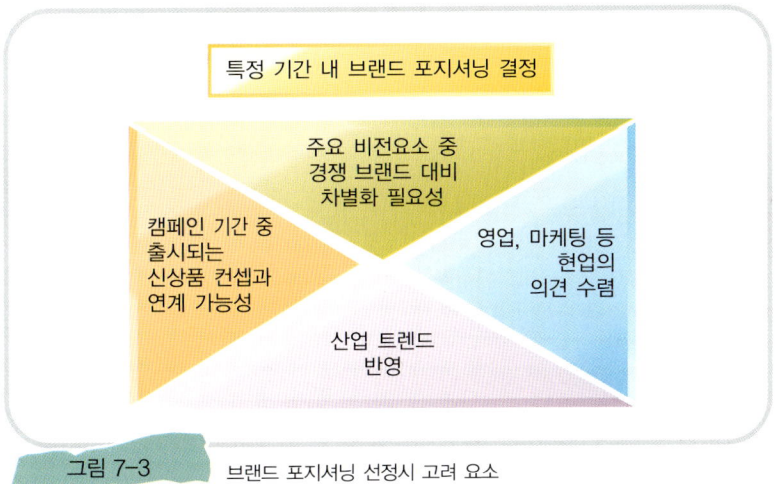

그림 7-3 브랜드 포지셔닝 선정시 고려 요소

컨셉에 대한 의견을 수렴하고, 중기 경영 계획을 파악한 후 고객들에게 메시지화 할 수 있는 요소를 발견하는 순서로 진행한다.

브랜드 캠페인의 아이콘, 슬로건의 개발

　브랜드 포지셔닝이 결정된 다음 단계의 일은 실행을 위한 커뮤니케이션 컨셉과 브랜드 슬로건을 개발하는 것이다. 브랜드 커뮤니케이션 컨셉과 슬로건은 브랜드 캠페인 기간과 그 이후에 브랜드 및 상품 광고, 이벤트, 프로모션, 영업망 등 모든 대고객 커뮤니케이션 요소에 적용되는 핵심 메시지 역할을 하게 된다. 즉, 브랜드 커뮤니케이션 컨셉은 캠페인 기간 중 출시 할 신상품의 커뮤니케이션 컨셉과 연계되어야 하고, 이벤트와 프로모션 등 마케팅 활동의 핵심 컨셉 역할을 하게 된다. 브랜드 커뮤니케이션 컨셉을 고객들이 쉽게 이해하고 기억할 수 있도록 개발한 메시지가 브랜드 슬로건이다. 브랜드 슬로건은 브랜드가 현재 이미지를 탈피하여 중기 이미지 목표인 브랜드 포지셔닝으로 개선해 가고자 하는 방향성을 의지적으로 보여주는 것이다. 이를테면 최근 현대자동차는 '시대가 원하는 새로운 의미의 프리미엄 가치를 고객들에게 제공하겠다' 는 방향성(포지셔닝)을 '새로운 생각으로 새로운 가능성을 열어간다' 는 의미의 'New Thinking New Possibilities' 라는 새 브랜드 슬로건에 담아서 2011년 1월에 런칭했다. 금년 초 한국GM은 브랜드 이름을 쉐보레로 바꾸면서 'Chevrolet, is The Car' (이것이 자동차의 본질이다)라는 브랜드 슬로건을 새롭게 런칭시켰다. 〈표 7-4〉는 주요 자동차 브랜드들의 브랜드 슬로건을 보여주고 있다.

〈표 7-4〉 주요 자동차 브랜드의 블랜드 슬로건

Brand	Brand Slogan
Audi	Keeping Ahead through Technology
BMW	Ultimate Driving Machine / Sheer Driving Pleasure
Chevrolet	Excellence for Everyone / Chevrolet Runs Deep / Chevrolet, is The Car
Citroen	Creative Technology
Ford	Drive One
Honda	The Power of Dreams
Hyundai	New Thinking New Possibilities
Kia	The Power to Surprize
Land Rover	Go beyond
Lexus	Relentless Pursuit of Perfection / Passionate Pursuit of Perfection
Mazda	Zoom – Zoom
Mercedes Benz	The Best or Nothing
Nissan	Shift
Peugeot	Motion & Emotion
Renault	Drive the Change
Toyota	Today Tomorrow Toyota / Moving Forward
Volkswagen	Das Auto
Volvo	Life is Better Lived Together

브랜드 슬로건 개발을 위한 첫 단계는 브랜드 커뮤니케이션 컨셉 후보안을 개발하는 것이다. 이는 마케팅 부문 임직원과 외부 전문가들이 함께 모여 브레인스토밍 방식으로 브랜드 포지셔닝을 소비자 관점에서 재해석하는 것이다. 후보안들은 사내 임직원들의 의견이나 외부 전문가들의 의견을 수렴하는 과정에서 일차적으로 압축하고 최고경영층 보고를 통해 최종 확정한다. 필요할 경우 컨셉 후보안과 슬로건 후보안은 외부 마케팅전문가의 의견 및 소비자 조사를 통해 예상 효과를 검증하는 과정을 거치도록 한다. 슬로건 개발 기간을

줄이기 위해서는 컨셉 후보안이 2~3개 정도로 압축된 상태에서 브랜드 슬로건 후보안을 개발하고, 역시 사내 임직원들의 의견 수렴 과정을 통해 후보안의 수를 줄여 나가며, 최고경영층의 결심을 통해 최종 확정한다. 슬로건은 대외에 공표되는 것이므로 다양한 업종 내 여러 브랜드들의 슬로건과 확연히 차별화되고, 언어적으로 부정적인 연상을 일으키지 않도록 유의해야 한다. 이상의 브랜드 커뮤니케이션 컨셉과 브랜드 슬로건 개발 과정은 (그림 7-4)에 요약되어 있다.

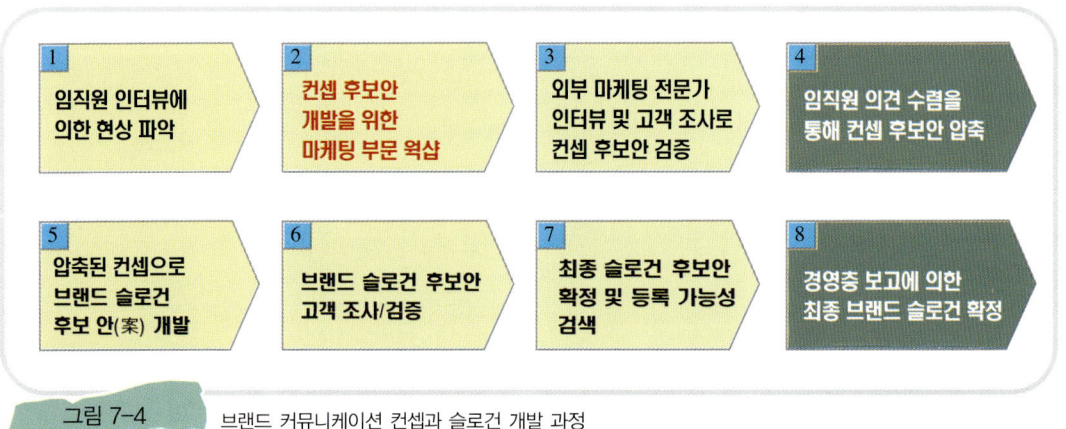

그림 7-4   브랜드 커뮤니케이션 컨셉과 슬로건 개발 과정

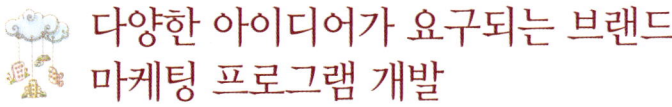 다양한 아이디어가 요구되는 브랜드 마케팅 프로그램 개발

현재의 이미지를 탈피하면서 빠른 기간 안에 목표로 한 브랜드 포지셔닝을 구현하기 위해서는 브랜드의 강점을 효과적으로 커뮤니케이션 하기 위한 창의적인 마케팅 프로그램을 개발하는 노력이 필요

하다. 포드의 디자인 아이덴티티 브랜딩은 포드 브랜드의 디자인 강점을 효과적으로 커뮤니케이션하여 브랜드 재건에 크게 기여한 사례이다. 유럽 포드는 2005년 디자인 아이덴티티를 'Kinetic(움직이는)'으로 규정하고 이후 2008년까지 3년 동안 'Kinetic' 컨셉을 적용하여 몬데오, 포커스, 쿠가, 카, 피에스타 등 다양한 상품을 출시하였다. 이 상품들은 더 커지고 반전된 이미지의 라디에이터 그릴, 뒤로 길게 늘어뜨린 헤드램프, 역동적으로 솟아오르는 형상의 사이드 라인 등의 디자인을 공통된 특징으로 하고 있다. 'Kinetic' 디자인에 대한 시장의 반응이 좋게 나타나자 포드 본사는 이를 글로벌 차원으로 확대하여 포드 브랜드 이미지 제고에 활용하기 시작했다. 포드는 2009년 모터쇼에서 글로벌 디자인 방향성을 'Kinetic 2.0'으로 새롭게 규정하였는데, Kinetic 2.0은 '멈추어 있는 순간에도 움직이는 듯한 디자인'이라는 의미의 'Energy in Motion'으로 해석되었다. 아울러 포드는 광고, 홍보, 이벤트, 인터넷 홈페이지 등을 통해 대대적으

(사진) 포드는 브랜드 재건을 위해 'kinetic' 캠페인을 효과적으로 활용하였다.

로 'Ford Kinetic 2.0' 캠페인을 전개하였다. 'Kinetic 2.0' 캠페인을 통한 디자인 아이덴티티 브랜딩 전략은, 글로벌 금융위기로 인해 시장 수요가 크게 위축되는 상황 속에서도 포드가 미국 빅 쓰리 중에서 상대적으로 좋은 실적을 내는 데 상당 수준 기여하였다.

래미안은 미래 잠재 고객을 대상으로 한 창의적인 고객 혜택 프로그램을 도입하여 브랜드 비전을 성공적으로 구현한 사례를 보여준다. 2000년대 초반 이후 아파트 브랜드 부동의 1위를 지키고 있는 래미안은 고객에 '자부심'을 주는 것을 브랜드 '핵심 비전'으로 정하였다. 이를 구현하기 위해 '편리, 안전, 미' 등의 이미지를 아파트의 디자인, 인테리어, 갤러리 및 옥상과 보안 시설과 조경시설 등에 구현하였다. 또한 브랜드 슬로건을 '모든 것은 래미안으로부터 시작되었다'로 정하고 광고 캠페인을 전개하였다. 래미안은 아파트 상품이나 마케팅 커뮤니케이션 만으로 소비자들에게 뚜렷한 차별적 우위를 나타내기는 용이하지 않을 것으로 판단하고, '오퍼링 프로그램'을 개발하여 미래 고객층에 접근하였다. 이 프로그램은 래미안 아파트 당첨 고객이 아닌 미래 가망 고객을 대상으로 전개되었다. 응모를 통해 선발된 미래 가망 고객들에게는 백화점 상품권 지급, 문화 및 전시 행사 초대, 투자·법률·세무 상담, 주기적 소식지 발송 등의 다양한 혜택을 제공하였다. 파격적인 혜택을 제공하는 오퍼링 프로그램은 래미안 브랜드가 구매 시점 이전부터 가망 고객과 친밀한 관계를 형성하고, '신뢰' 이미지를 심어주는 데 큰 효과를 거두었다. 뿐만 아니라 고객으로하여금 브랜드 비전에 해당되는 '자부심'을 느낄 수 있도록 하는데 핵심 역할을 담당하였다.

현대자동차는 미국 시장에서 독특한 마케팅 프로그램을 통해 브랜드 비전인 '세련되고 당당한(Refined and Confident)' 이미지를 구현하고자 하였다. 2008년 말 글로벌 금융 위기 이후 실직 우려가 커지는 상황에서 소비자들이 자신 있는 태도를 유지하도록 돕기 위해 현대 미국법인은 2009년 1월 '현대 어슈어런스 프로그램'을 도입하였다. 이 프로그램의 골자는 할부나 리스로 현대차를 구입한 고객이 1년 이내에 실직으로 인해 소득이 감소할 경우, 추가 비용을 물지 않고 구입한 차량을 반납할 수 있도록 한 것이었다. 또한 고객 보호 차원에서 반납 신청 후 3개월 동안 할부금 대납까지 해 줌으로써 고객은 할부금 연체로 인해 신용도가 낮아지는 것을 걱정할 필요가 없었다.[22] 미

- 400여 주요 언론 매체 노출을 통한 $1,400만의 광고 효과 획득
  - 시장과 고객의 니즈를 정확히 반영한 "획기적인 마케팅 프로그램"으로 평가 (CR誌 등)

◉ 주요 언론 평가

- 현대 ' 98년 10년/10만 마일 워런티 도입에 이은 또 다른 획기적인 프로그램임 (시카고트리뷴)
- "현대가 자동차 할부를 못 내는 고객을 돕는다" (Auto Channel社)
- "고객들은 직장을 잃으면 차를 환불할 수 있다" (Fox TV)

[Fox Business, 1/8]

[CW 33, 1/5]

◉ 자동차 전문가 평가

Jeff Schuster
- Executive director of forecasting

- Assurance program의 시장 파급효과 강조
- 同 프로그램의 명확한 이점으로 주요 경쟁사들은 비슷한 유형의 프로그램을 빠른 시일 내에 출시할 것으로 예상됨

Jeff Bartlett
- Auto Writer

- "획기적인 마케팅 프로그램을 통해 현대가 기존에 가지고 있던 'Value for Money'의 강점을 부각하여 소비자에게 어필"
(Forbes, 2/26)

그림 7-5   현대 어슈어런스 프로그램의 언론 보도와 브랜드 이미지 개선 효과

국 자동차 업계 최초로 도입된 이 프로그램은 400여 차례 TV와 신문 등 주요 언론에 보도될 정도로 큰 주목을 받으면서 1,400만 달러의 간접 광고 효과를 거두었다. 물론 '현대차가 직장을 잃은 고객을 돕는다'는 긍정적 이미지와 브랜드 비전 중 '당당한' 이미지도 형성되었다. 2009년 1월의 구매 고려도[23]는 2008년 12월 6.3%에서 8.7%로 크게 높아졌고, 딜러 쇼룸 방문객 수도 전월 대비 24.7% 증가하였다.

이상과 같은 브랜드 비전의 구현을 위한 아이디어는 단지 상품, 디자인, 마케팅 부문만의 업무로 한정하지 말고 3장에서 설명한 인터널 브랜딩을 통해 사내 전 부문에서 도출하는 것이 좋다.

브랜드 비전 체계와 미디어 믹스

브랜드 캠페인은 대부분 많은 예산의 투입이 필요한 ATL과 BTL[24]을 모두 활용하여 전 방위적으로 전개하는 경우가 많다. 하지만 상당한 예산을 투입할 여력이 있는 기업이 아닌 경우, 기대 효과가 큰 고객 접점을 중심으로 브랜드 캠페인 활동을 전개할 수밖에 없다. 현실적으로 많은 기업들이 브랜드의 중요성과 브랜드 파워 강화의 필요

---

22) 물론 현대자동차는 보험회사와 별도 협약을 통해 리스크를 낮추었다.
23) 이 수치는 현대차 구매를 '매우 중요하게 고려한다'고 응답한 소비자의 비율이다. '어느 정도 고려한다'는 비율도 13.3%에서 16.3%로 크게 높아졌다.
24) ATL(above the line)은 TV, 신문, 라디오, 잡지 등 기존 4대 미디어 매체 및 인터넷, 케이블 등을 활용한 마케팅 활동이고, BTL(beyond the line)은 전시 및 매장 디스플레이, DM, 홍보, 이벤트, 스포츠 마케팅, 텔레마케팅 등과 같이 고객과 쌍방향 커뮤니케이션이 가능한 마케팅 활동을 말한다.

는 느끼지만 단기적 효과보다는 중장기 효과가 기대되는 브랜드투자에 많은 금액을 투입하기는 쉽지 않다.

　이 경우 2장의 브랜드 비전 개발 단계에서 조사 분석된 목표 고객의 가치관, 생활 양식, 기호와 취향, 여가 활동 등을 고려한 브랜드 캠페인을 고려할 수 있다. 즉, 목표 고객층에게 쉽게 다가갈 수 있는 미디어를 중심으로 집중적인 마케팅 활동을 전개하는 것이다. 2003년 도요타가 미국 시장에서 1980~1994년 출생한 Y-세대를 타겟으로 출범한 '사이언' 브랜드는 고객의 가치관과 생활 양식에 맞도록 BTL 중심의 브랜드 캠페인을 전개한 대표적 사례중 하나로 꼽을 수 있다. '사이언'은 로고 개발 단계부터 독특한 방식을 도입하였다. 젊은 소비자를 대상으로 디자인을 해본 경험이 있는 10명의 그래픽 디자이너를 선발하여 사이언 로고 경연대회를 개최한 것이다. 대회를 통해 젊은 고객층에 어필할 수 있는 배낭, 티셔츠, 모자, 개목걸이, 열쇠고리, 비닐백, 브로슈어, 손목보호대, 야광목걸이, 챙모자 등의 매우 독특한 로고와 판촉물 디자인을 개발하였다. 또한 목표 고객층들의 이목을 집중할 정도의 파격적인 랩(wrap) 도장을 디자인한 사이언 차량을 뉴욕, 휴스턴 등 대도시의 젊은 층이 자주 다니는 장소에 전시하면서 판촉물도 배포하였다. 젊은이들과 공감대를 형성하기 위하여 '사이언 매거진'을 발행했는데, 이 잡지에는 이들의 라이프 스타일을 반영하여 음악, 영화, 패션, 신기술, 밤문화, 여행, 예술 등의 내용을 담았다. 음악을 좋아하는 젊은이들을 위해 인기 DJ들의 추천을 받아 사이언 음악 CD를 제작하여 4백만 개 이상을 각종 이벤트, 모터쇼, 딜러 등을 통해 배포하였고, 모터쇼 등 지역행사 때에는 지역 유명 DJ를 직접 출연시키기도 하였다. 이와 함께 사이언은 나이트 클럽, 동네 농구대회, 길거리 패션, 아트 갤러리, 카트 경주대회, 대학 영화제 등 젊은 층의 기호에 맞는 다양한 이벤트를 통해 사이언 브랜드가 젊은 층의 생활 속으로 파고들도록 노력하였다. 이러한 브랜드 마케팅의 결과, 사이언 목표 고객들이 사이언에 대해 학습하기 시작하였고 주변에 입소문을 내기도 하였다. 도요타는 젊은 층의 주목을 받지 못하였지만, 사이언 구입자의 85%는 신규 고객층이었고, 판매 인센티브를 제공하지 않고도 경쟁 브랜드로부터 유인한 고객 비중이 무려 65%, 25세 미만 고객 비중도 19%나 되었다.

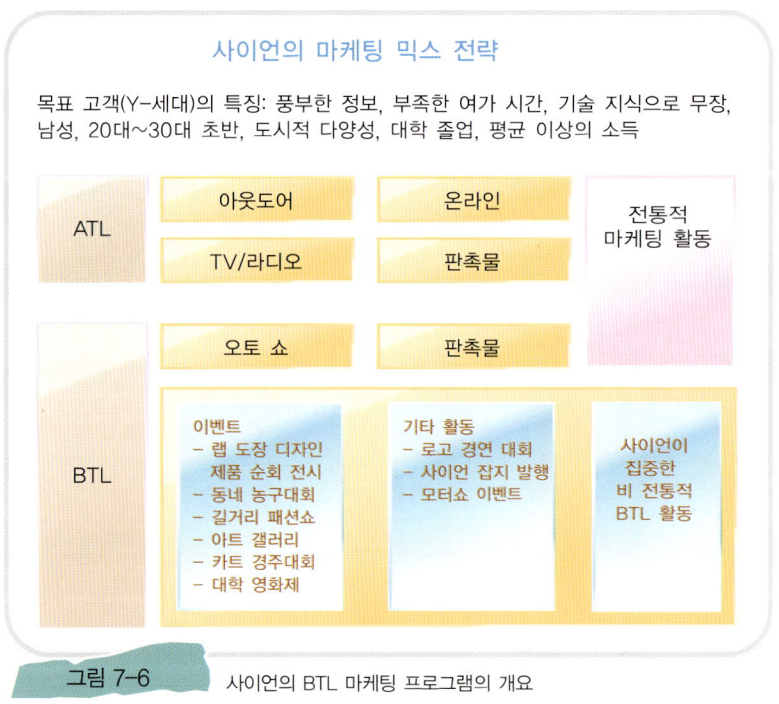

그림 7-6   사이언의 BTL 마케팅 프로그램의 개요

이와 다른 접근법으로는 브랜드 슬로건 개발 과정에서 도출된 컨셉과 메시지에 적합한 커뮤니케이션 수단, 즉 이벤트나 프로모션 활동을

개발하고, 이를 광고, 인터넷 마케팅 등 다른 매체와 연계하는 방법이 있다. 이를테면 어느 브랜드가 알리고자 하는 컨셉이 '혁신'일 경우, 지금까지 어떤 브랜드도 시도해 보지 않았던 창의적이고 혁신적인 이벤트를 시도하고, 이를 인터넷 방송이나 유튜브 등을 통해 중계하는 방법을 고려해 볼 수 있을 것이다. 만약 이벤트가 인터넷 상에서 큰 화제가 되면 그것이 바로 브랜드의 존재와 목적했던 '혁신' 이미지를 구축하는 계기가 될 것이다.

한편 브랜드 커뮤니케이션 컨셉과 메시지를 ATL과 BTL 전체 마케팅 활동 중에서 주로 활용해야 할 커뮤니케이션 수단과 그렇지 않은 것으로 구별하기도 한다. 〈표 7-5〉는 BMW의 브랜드 메시지별 커뮤니케이

〈표 7-5〉 브랜드 커뮤니케이션 메시지별 미디어 믹스 기준

미디어	"Joy"와 연관된 핵심 메시지			
	혁신의 힘	이동성, 범세계적 태도	부가가치	디자인/심미성
광고	●●	●●●	●●	●●●
PR	●●●	●●	●●	●●
전시	●●	●●	●●	●●●
(스포츠)스폰서쉽(골프)	●	●●	●●	●
모토 레이싱	●●●	●●●	●	
이벤트/관계 마케팅	●	●●	●●	●
PPL		●	●	●
DM	●●	●	●●	●
인터넷	●●	●●	●●	●
Merchandising	●			●●
Sales Literature	●●	●●		●●
POS Marketing	●●	●	●●	●●

Key　　　Deployment　suitability
●●● = "must"　　　especially good
●● = "should"　　 very good
● = "can"　　　 good

션 수단 선정 기준을 보여주고 있다.

브랜드 커뮤니케이션의 효과를 높이기 위한 또 다른 방법은 현재 브랜드가 처한 상황을 고려하여 구매단계상 개선 기대 효과가 큰 미디어에 브랜드 투자 예산을 집중 투입하는 것이다. 만약 브랜드의 인지도부터 높여야 할 상황이라면 인지도를 높이는 데 큰 역할을 하는 접점들, 이를테면 입소문, 전문잡지 기사, 제 3 기관으로부터 수상, 전문가의 조언 등을 찾아서 이 부분에 집중적으로 브랜드 투자를 실행하는 방법이다. 인지도는 높으나 선호도를 높이는 것이 당면 과제로 대두되는 상황이라면 그에 필요한 접점을 선정하여 집중 투자하면 된다. 물론 이러한 접점을 발견하기 위해서는 별도 소비자 조사가 요구된다.

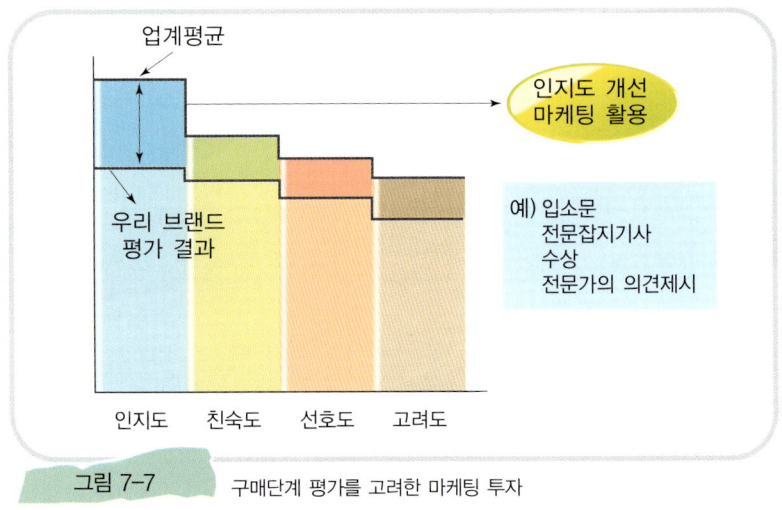

그림 7-7　구매단계 평가를 고려한 마케팅 투자

이상의 3가지 관점―(1)목표고객층의 특성을 고려한 미디어 선택, (2)브랜드 커뮤니케이션 메시지에 적합한 미디어 선정, (3)구매단계상 브랜드 개선효과가 큰 부분에 영향을 미치는 접점 선택―모두를 고려하여 소비자와 시장을 종합적으로 분석하고 그에 따라 가장 효과가 큰 접점을 골라서 브랜드 예산을 투자하는 것이 최선의 실행 전략이다. 하지만 캠페인이 어느 정도 효과를 거두기 위해서는 일정 규모 이상의 투자가 소요되며 너무 적은 투자는 아무런 효과 없는 매몰비용(sunk cost)이 될 수 있음을 명심해야 한다.

다양한 미디어의 활용: 홍보, 웹, SNS

　예산이 부족하다고 느끼는 브랜드도 홍보, 웹, SNS 등의 접점을 적극 활용하면 적은 예산으로 브랜드 캠페인을 성공적으로 전개할 수 있다. 이들 접점은 전통적인 4대 매체보다 훨씬 비용 절약적이면서도 파급 효과를 극대화시킬 수 있는 특징을 가지고 있기 때문이다. 다만 이들 접점을 성공적으로 활용하기 위해서는 매우 창의적이며 혁신적인 마케팅 아이디어가 필요하다.

　홍보는 광고나 마케팅보다 메시지의 신뢰성이 높고 모든 구매 단계에 영향력이 높은 접점이므로 브랜드 비전의 구현을 위해 적극적으로 활용하는 것이 필요하다. 홍보의 주체는 언론 기관이며 홍보 기사는 대중의 관심을 끌 수 있어야 하므로 많은 기업들이 전문성을 갖춘 홍보 대행사를 활용하지만 브랜드 관점에서 다음 사항을 고려하는 것이 좋다. 첫째, 일반적으로 대부분의 브랜드는 언론 보도 빈도를 높이는 데 주력하고 있으나, 홍보 메시지를 브랜드 비전에 적합하도록 관리하는 것도 필요하다. 브랜드 비전 체계를 기반으로 홍보 부문에 적합하게 개발된 브랜드 및 상품 메시지를 홍보 메시지로 사용하도록 매뉴얼화하는 것이 바람직하다. 광고 및 마케팅 등 다른 접점을 통해 전달되는 메시지와 일관성을 유지하는 것이 소비자의 혼란을 방지하고 전달되는 메시지의 일관성을 유지할 수 있기 때문이다.[25] 둘째는 뉴스와 기사의 작성 주체인 언론기자들에게 브랜드에 대한 많은 정보를 정기적으로 제공하여 이해도를 높일 수 있도록 하는 것이다. 기사는 이들의 생각에서 출발하는 것이므로 브랜드에 대해 많은 정보를 갖고 있으면 브랜드를 이해하는 입장에서 기사를 쓰기 때문이다.[26] 셋째로, 사실이든 아니든 기업이나 브랜드에 부정적인 기사가 보도되면 브랜드에 치명적인 결과를 초래할 수 있으므로 전략적 대응이 필요하다.[27] 부정적 여론이나 보도에 대해 대응할 준비가 되어 있지 않더라도 기업에서 충분히 인지하고 있음을 먼저 알릴 필요가 있다. 언론 보도 내용이 기업의 의견과 다를 경우, 부정적 여론에 대한 기업의 인지 사실과 함께 기업의 반대되는 입장이나 의견을 알리는 것으로 대응하는 것이 바람직하다. 부정적인 보도가 사

---

[25] 해외 선진 기업들은 홍보 매뉴얼을 갖고 있는 경우가 많은데, 주 내용은 기사를 언론에 제공할 때 브랜드 비전을 구현하기 위해 써야 할 표현과 사용하지 말아야 할 표현들, 기업이나 브랜드의 건물, 최고경영자, 임직원, 상품 및 기타 시설물의 사진을 보도할 경우, 사진의 전체 이미지 등에 대한 가이드라인이다.

[26] 상당수의 기업들이 브랜드에 대한 소개 책자를 언론기자들에게 정기적으로 배포하고 있다. 또한 자사 및 브랜드에 대한 기자들의 이해 정도와 이미지를 정기적으로 조사해서 잘못된 이미지나 정보를 시정하기 위해 노력하고 있다. 이를 정기적으로 관리하기 위한 홍보관리 프로세스를 운영하는 기업도 적지 않다.

[27] 도요타는 2010년 초 미국시장에서 품질 문제와 리콜 필요성에 대한 부정적 여론이 부각될 때, 서투른 언론 대응으로 여론이 악화되어 신뢰와 품질 이미지를 상실하고 시장 점유율마저 감소하였다. 1991년 'ㄷ'전자는 대구 상수도원에 독성물질인 페놀을 무단 방류한 사실에 대한 부정적 여론이 들끓고 있었을 때, 무성의한 최초 언론 대응으로 인해 계열사 주류 브랜드의 이미지마저 큰 손상을 입었다. 그 결과, 당시 그룹 회장과 환경처 장관까지 사직하게 되었고, 부정적 이미지를 해소하는 데 무려 10년이 걸렸다.

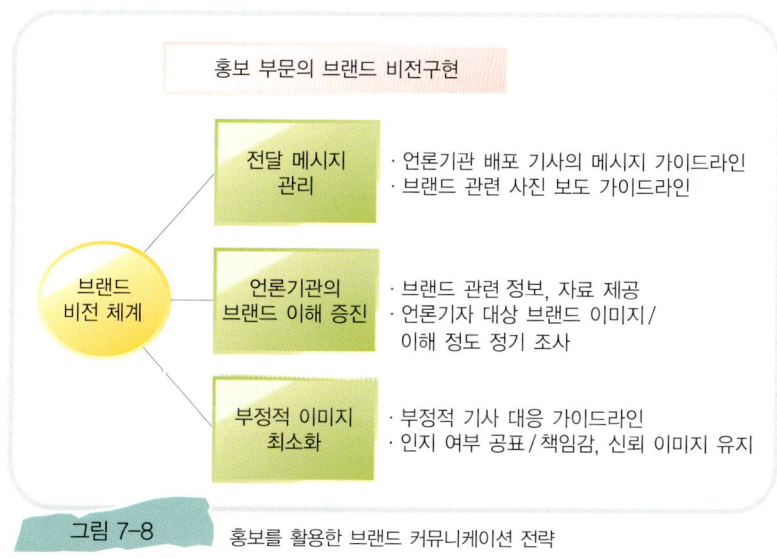

그림 7-8 홍보를 활용한 브랜드 커뮤니케이션 전략

실일 경우에는 기업 입장에서 공식적인 사과와 함께 확실한 재발 방지대책 등을 통해 책임지는 자세를 보여줌으로 '신뢰'의 이미지를 잃지 않도록 해야 한다.

웹은 브랜드 경험에 대한 영향력이 커지고 있어서 중점적으로 관리해야 할 접점 중 하나이다. 고객들이 구매 전 단계에서 인터넷을 통해 원하는 정보를 마음껏 검색할 수 있기 때문이다. 최근 네이버 등 인터넷 광고 매출 비중이 전통적인 공중파 방송보다 많아진 것은 웹의 중요성을 반증하고 있다. 브랜드 홈 페이지 방문 고객들에게 다른 접점과 일관된 브랜드 목표 이미지를 전달하기 위해서는 다음 사항을 유의해야 한다. 첫째, 브랜드 홈페이지의 디자인, 콘텐츠, 구매지원 기능 등 전체 화면 구성이 주는 이미지와 함께 URL주소도 일관성을 유지할 수 있도록 홈페이지와 관련된 브랜드 관리 대상을 넓게 선정한다. 이는 인터넷 홈페이지의 이미지뿐만 아니라 검색 과정에서 고객들이 브랜드 비전을 경험하도록 하기 위한 목적이다. 둘째, 판매와 마케팅 목적의 홈페이지 이외에 기업 홍보, 대리점, 고객 커뮤니티, 서비스 등 다양한 웹사이트 전체를 이미지 관리 대상으로 선정해서 일관된 이미지를 전달한다. 대부분의 고객들은 판매와 마케팅 사이트로 접속하지만 투자자, 언론 등과 같이 다른 웹사이트를 접속하는 잠재 고객들에 대해서도 동일한 브랜드 비전을 전달할 수 있어야 한다. 셋째, 홈페이지 화면 구성은 이미지 전달의 요체이므로, 브랜드 전담 조직이 홈페이지 비주얼 가이드라인을 개발하고 이의 적용을 관리하는 방식으로 웹 이미지의 일관성을 유지한다.

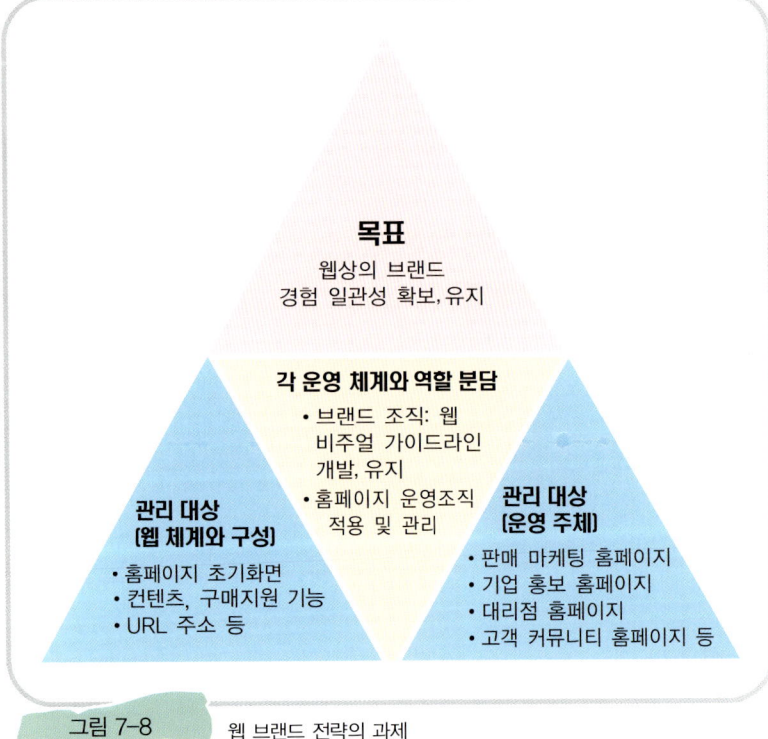

그림 7-8　웹 브랜드 전략의 과제

최근 스마트폰의 보급 확대로 소셜네트워크서비스(SNS)마케팅이 활성화되고 있으나 그 영향력이나 효과는 아직 검증되지 않은 상황이므로 보다 신중한 접근이 필요하다. SNS는 많은 팔로워(follower)를 만들 수 있는 기업체 오너가 아니면 마케팅 상의 대규모 파급력을 확신하기 어렵기 때문이다. 사실 웹과는 달리 SNS에서는 소비자가 소비자에게 정보를 전달하는 듯한 방식으로 이루어지는 바이럴 마케팅을 주로 활용하게 된다. 따라서 고객들에게 친근하게 다가갈 수 있으며, 빠른 피드백을 통해 브랜드에 대한 신뢰 이미지와 브랜드 로열티를 가진 고객층을 확보할 수 있는 기회를 잡을 수 있다. 하지만 경우에 따라서는 브랜드에 대한 부정적인 스토리나 이미지가 빠르게 확산될 수 있으므로 이에 대한 적절한 대응책도 준비하는 것이 좋다. 결과적으로 브랜드 비전이 반영되어 있으면서 오랫동안 살아남을 수 있는 바이럴 콘텐츠, 신속한 파급 효과를 갖는 바이럴 콘텐츠를 연속적으로 개발하는 능력이 브랜드 비전을 단기간에 구현하는 관건이 된다.

영업 부문

흔히 영업 현장은 고객이 상품을 구매하고 기업이 제품을 판매하는 장소로 이해되고 있다. 따라서 적지 않은 기업들이 영업 매장에서는 구매를 권유하기 위한 판촉 위주의 활동에 치중하고 있다. 하지만 브랜드 관점에서 보면, 영업 매장은 고객들이 커뮤니케이션 단계에서 학습한 정보를 확인하고 브랜드 개성을 경험할 수 있는 특별한 기회이다. 따라서 영업 부문은 영업 매장의 내외관 시설과 고객 응대 프로세스 및 영업 사원이 전달하는 메시지를 통해 브랜드 비전을 구현하고 특별한 브랜드 체험을 만들어 낼 수 있어야 한다.

브랜드 체험의 관문, 영업 매장

소비자들이 영업 매장에서 브랜드를 체험할 수 있도록 하기 위해서는 먼저 영업 매장의 시설에 브랜드 비전이 반영되어 있어야 한다. 애플스토어는 매장의 내외관 시설과 제품의 사용을 통해 브랜드 비전을 체험할 수 있도록 공간을 활용하고 있는 대표적 사례이다. (그림 8-1)에서 보는 바와 같이 애플 브랜드를 대표하는 스토어인 뉴욕 5번가의 애플 브랜드스토어는, 투명 유리 안에 사과 모양의 심볼마크만 드러낼 정도로 '심플'한 외부 디자인이 특징이다. 내부 인테리어는 흰색이나 알루미늄 바탕의 벽으로 '첨단 기술 이미지'를 강조하고 있으며, 따뜻한 느낌을 주기 위하여 자연목을 사용하고, 공간이 더 넓고 크게 보이도록 유리를 많이 활용하였다. 다른 애플스토어와 함께 브랜드스토어가 가장 중점을 둔 것은 방문객들이 전시된 애플 제품을 사용하는 과

그림 8-1 애플의 브랜드 스토어는 애플 브랜드를 고객들이 직접 경험할 수 있도록 고안되었다.

정에서 애플의 브랜드 비전을 자연스럽게 경험토록 하는 데 있다.

자동차 브랜드들은 대부분 딜러 시설을 브랜드 비전의 시각적 상징물로 활용하고 있다. (그림 8-2)에서 보는 바와 같이 아우디, 포드, 푸조, 폴크스바겐 등 주요 자동차 브랜드들의 딜러 외관 시설을 살펴보면, 건축 양식과 색상, 주출입구(entrance gate) 등은 멀리서도 브랜드를 식별할 수 있도록 일관된 모습을 띠고 있다. 특히 아우디는 고급 브랜드답게 천정 등 건축 양식이 독특하고, 매우 상징적인 입구 조형물로 이루어져 있다. 포드는 큰 사이즈의 심벌마크를 강조하고 있고, 푸조는 딜러 외벽 전체를 블루 컬러로 덧입힌 모양이 돋보인다. 폴크스바겐은 (그림 8-3)에서 보듯이 주출입구의 노란 컬러와 딜러 전면

그림 8-2   아우디, 포드, 푸조, 폴크스바겐의 세계 주요국 딜러 외관

부의 대형 유리를 통해 시원한 개방감을 표현하는 것으로 브랜드 개성을 드러내고 있다.

(그림 8-4)는 여러 나라의 아우디 딜러의 외관을 세부적으로 보여주고 있다. 앞서 설명한 바와 같이 행거 모양의 천정과 함께 쇼룸의 주출입구를 별도의 조형물로 상징화한 것이 특징이다. 파일런도 고급스러움이 강조되었다.

그림 8-3   폭스바겐은 노란색을 출입구에 공통적으로 활용하면서 딜러 전면부의 대형 유리를 통해 시원한 개방감을 표현하고 있다.

　영업 매장의 내·외관에 브랜드 비전을 구현하는 일은 매장의 내·외관 시설 가이드라인을 개발해서 일선 매장에 적용해가는 순으로 진행된다. 브랜드가 직영 유통망을 소유한 경우에는 가이드라인을 개발한 후, 실행 예산을 투입하면 된다. 하지만 영업망이 독립 대리점 체제로 운영될 경우 별도의 전략이 필요하다. 독립 대리점은 외부 자영업자들이 운영 주체이므로 이들이 시설 개선 투자의 기대 효과를 확

그림 8-4 아우디 딜러는 고급 브랜드답게 행거모양의 천정과 조형물로 만들어진 쇼룸 주출입구, 고급스러움이 느껴지는 파일런 등을 특징으로 하고 있다.

신하지 않으면 매장 시설을 개선하는 것을 꺼릴 수 있기 때문이다.

2004 ~ 2009년까지 캐나다에서 전개된 현대자동차 딜러 시설 개선 사례인 '현대 이미지 프로그램'은 대리점 시설 개선 전략에 대한 주요 시사점을 보여준다.[28] 현대자동차는 딜러들의 판매가 늘어나고 수

---

28) 이하의 내용은 2009년 6월 현대차 전 세계 대리점 대회에서 현대 캐나다 법인의 CEO인 Steve Kelleher씨가 발표한 자료를 참조하였다.

〈표 8-1〉 현대 캐나다 법인의 딜러 시설 개선 계획 수립 시기의 판매추이

Image Program – Sales Per Dealer (2000-2003)

연도	2000	2001	2002	2003
판매실적	39,000	59,000	67,000	66,000
딜러수	147	150	154	156
딜러당 판매 대수	265	393	435	423

익이 개선되는 시기를 잘 포착하여 시설 개선을 추진하기 시작하였다. 〈표 8-1〉에서 보는 바와 같이 2000 ~ 2003년 기간 중 캐나다 판매 실적은 39,000대에서 66,000대로 크게 늘어난 반면, 딜러 점포의 수는 늘어나지 않아 딜러의 매출과 수익성이 함께 좋아졌다. 현대 캐나다 법인은 이를 딜러 시설 개선의 기회로 활용하여 이듬해 '현대 이미지 프로그램'을 추진하기 시작하였다. 먼저 딜러 개선의 표준이 되는 딜러 시설 가이드라인 규정은 딜러 규모에 따라 6가지 종류로 개발하여 각 딜러의 상황에 맞게 적용 가능하도록 하였다. 실내 가이드라인은 시각적 규정뿐만 아니라 고객 라운지, 쇼룸, 정비서비스 장소 등이 물리적으로 연결될 수 있도록 고객 동선을 설계함으로써 고객 편의성의 개선을 도모하였다.

'현대 이미지 프로그램'의 실행은 현대자동차가 아닌 딜러 주도로 추진되도록 하여 딜러 시설 개선 과정에서 일어날 수 있는 법인과 딜러 간의 갈등 요인을 최소화하였다. 첫 단계로 현대자동차는 딜러들에게 현대차의 미래 비전과 공격적인 신상품 출시 계획을 설명하여 딜러들이 시설 개선의 필요를 자각하도록 유도하였다. 아울러 딜러 개선 프로그램에 딜러들의 의견을 반영하는 등 자발적으로 이 프로그

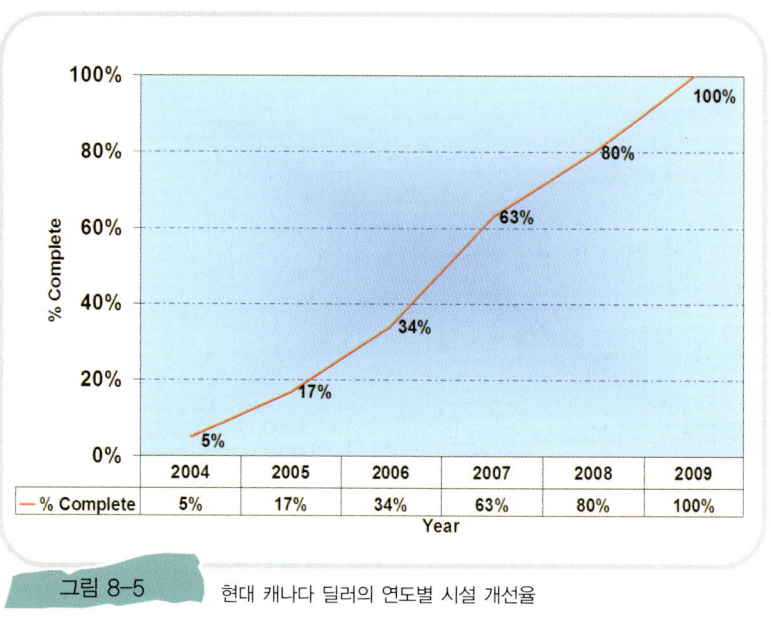

그림 8-5 현대 캐나다 딜러의 연도별 시설 개선율

램에 참여할 수 있는 기회를 부여함으로써 이미지 프로그램의 주도권이 딜러들에 있다는 느낌을 주도록 노력하였다.

둘째, 초기에 이 프로그램에 참여하여 성공을 거둔 딜러의 매출 증대 및 수익성 개선 효과를 널리 홍보하였다. 딜러가 시설을 개선하는 데는 상당한 규모의 투자가 필요하므로 망설이게 되는 것이 당연한데, 딜러의 성공 사례는 다른 딜러들이 적극적으로 참여하도록 강력한 동기를 부여하였다. 셋째, 시설 개선을 완료한 딜러들이 현대차의 브랜드 이미지를 전체적으로 끌어올리기 위해 남은 딜러들에게 시설 개선 압력을 자연스럽게 행사하였다. 이에 따라 시설 개선에 참여하지 않은 딜러들은 성과가 낮아서 딜러권을 다른 딜러 사업자에게 팔거나 현대차 취급 계약을 갱신하지 못하게 되었다. 그 결과 이미지 프로그램이 진행된 2004~2009년 기간 동안에 전체 딜러의 33%가 소유

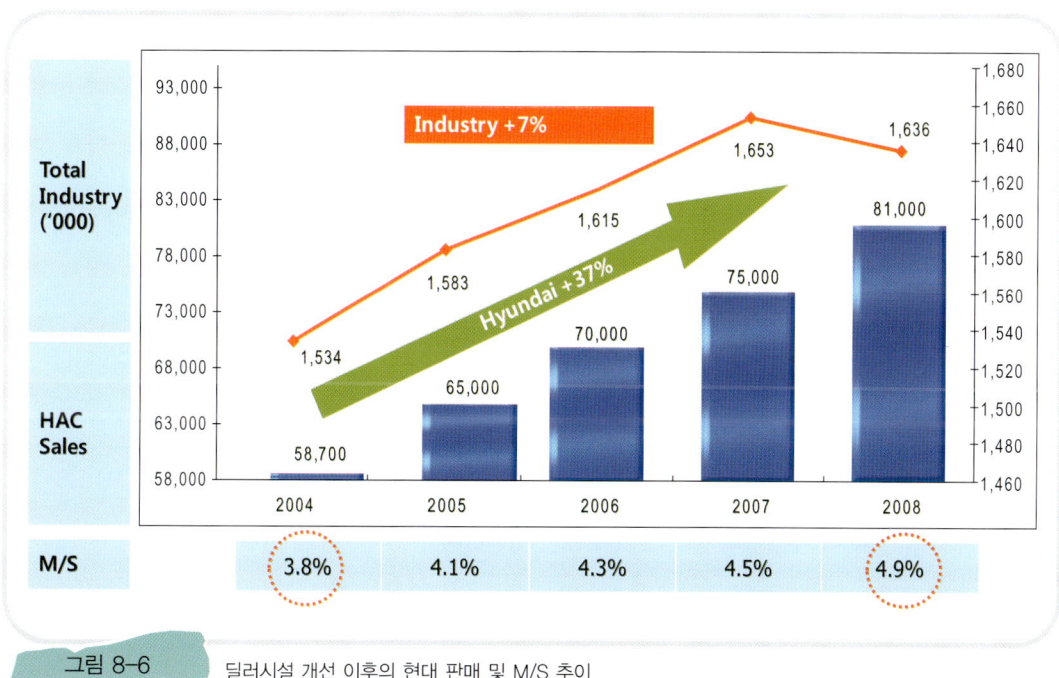

그림 8-6   딜러시설 개선 이후의 현대 판매 및 M/S 추이

　권이 바뀌었고, 모두 현대차의 비전과 브랜드 개선을 확신하는 딜러들로 교체되었다.

　그 결과 현대차의 판매는 2004년 59,000대에서 2008년 81,000대로 크게 증가하였고, 시장점유율도 3.8%에서 4.9%로 높아졌다. 신차 전시, 정비서비스 등을 위한 딜러의 건물 면적도 이전보다 60~75%가 넓어졌고 딜러 순익도 180%나 높아졌다. 판매 만족도(SSI; Sales Satisfaction Index) 역시 (그림 8-7)에서 보듯이 2003년 전체 브랜드 중 28위였던 것이 2008년에는 9위로 크게 향상되었다. 정비 만족도(CSI; Customer Satisfaction Index) 추이는 (그림 8-8)에 나타나 있는데, 2003년 20위였던 것이 2008년에는 4위로 급상승하였다.

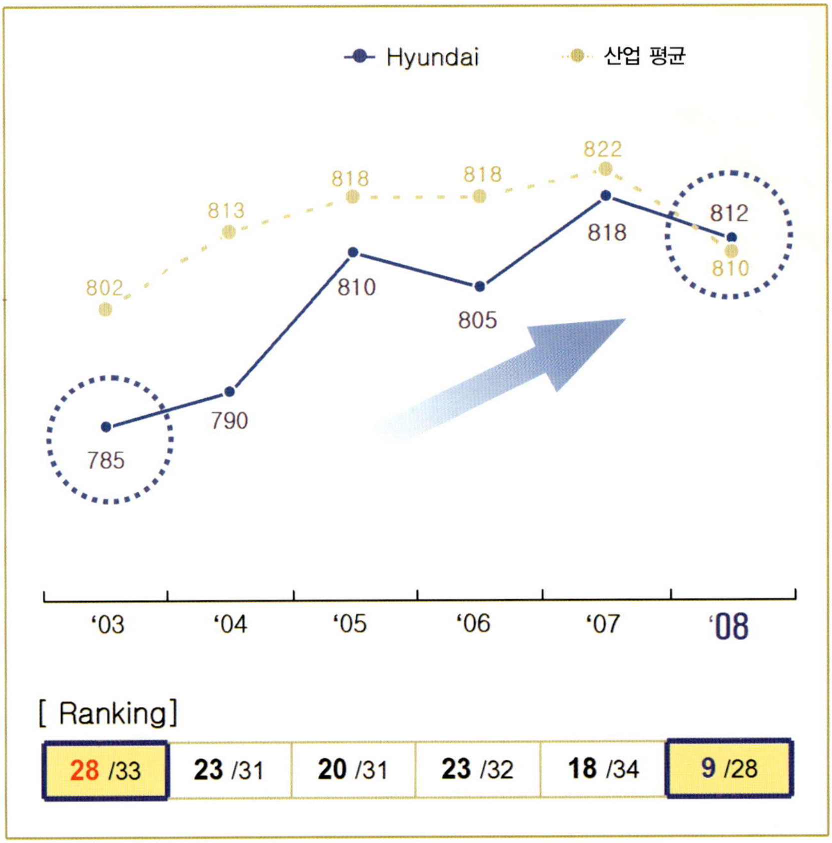

그림 8-7   판매 만족도 추이

　이와 같이 유통망이 별도의 독립대리점으로 영업 매장 시설을 개선하기 위해서는 브랜드가 아닌 대리점이 주도할 수 있도록 대리점 의견을 반영하고, 시설 개선 성공 사례를 공유하며 시설 개선에 성공한 대리점을 오피니언 리더로 삼는 것이 좋다. 이와 관련한 브랜드 부문의 역할은 중장기 비전과 신상품 출시 계획 등을 기초로 대리점

Chapter 08 영업 부문   191

그림 8-8   정비 서비스 만족도 추이

의 미래 성장 가능성을 확신시켜주고 시설 개선에 필요한 투자를 할 수 있는 적절한 타이밍을 판단하는 것 등이다.

Tip

영업 매장 가이드라인의 개발시 고려 사항들

영업 매장 가이드라인은 건물 외관, 간판 및 내부 인테리어에 대한 규정으로 브랜드 비전을 시각적으로 경험할 수 있는 중요한 요소의 하나이다. 건물 외관과 관련된 규정은 건축 디자인과 재질, 페시아 사인, 파일런, 엔터런스 게이트, 폴 사인, 채널 사인, 플래그 폴 등의 파트별 디자인과 재질 등으로 이루어진다. 매장 내부 시설 규정은 방문 고객의 동선을 고려한 인테리어와 상품 디스플레이에 관한 것으로 전체적인 디자인과 컬러, 세부 파트별 디자인과 재질에 대한 규정으로 구성된다.

영업 매장 가이드라인을 새로 개발하는 경우, 브랜드 비전을 시각적으로 표현하는 것이 가장 중요하지만, 경쟁 브랜드의 시설과 차별화된 우리 브랜드만의 개성을 표현하는 노력도 필요하다. 아울러 실제 적용할 경우의 예상되는 문제점도 사전에 고려하는 것이 좋다. 특히 예술적 아름다움이나 브랜드 개성을 지나치게 강조하면, 관련 법규 위반, 과도한 예산 부담이나 독립 대리점의 반발 등의 문제점이 발생할 가능성이 높다. 따라서 건물 모양이나 매장의 규모에 따라 다양하게 적용할 수 있는 가이드라인을 개발하는 것이 좋다. 이때 대형 점포는 브랜드 목표 이미지를 강하게 표현하는 디자인 규정을 적용할 수 있지만 규모가 작아질수록 적용 정도는 낮아질 수밖에 없다. 매장 내 상품 디스플레이와 그에 따른 부속 인테리어의 배치는 예상되는 방문 고객층의 동선을 세분화하고, 각 단계에서 제공하고자 하는 브랜드 메시지나 체험 활동을 가상적으로 그려가면서 가이드라인을 개발하도록 한다.

 ## 판매원의 메시지가 바로 브랜드

영업 매장의 시설이 고객에게 브랜드의 시각적 경험을 가능하게 하는 역할을 한다면, 판매원이 고객과의 대화를 통해 전달하는 메시지는 7장에서 설명한 커뮤니케이션 단계의 브랜드 메시지를 청각적으로 확인시켜주는 역할을 하게 된다.

(그림 8-9)는 휴대폰 매장의 사례를 조사한 결과인데, '판매를 위한 설명(sales talk)'은 상품 시연과 함께 가장 중요도가 높은 항목으로 나타나고 있다. 이는 판매원의 메시지가 브랜드 이미지의 형성이나 고객의 구매 결정에 중요한 역할을 하고 있다는 것을 의미하고 있

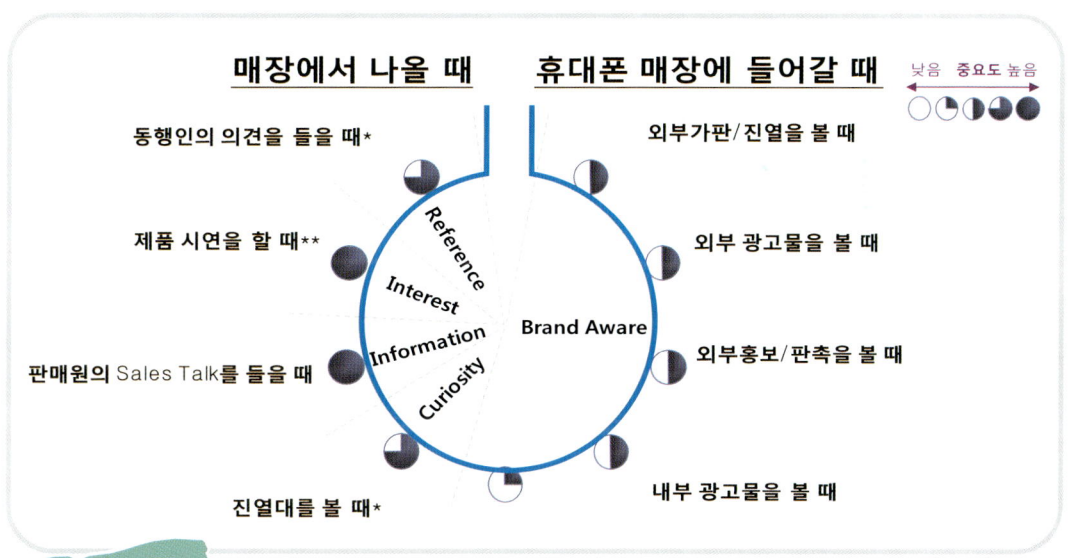

그림 8-9 휴대폰 매장 고객접점별 중요도(고객조사 결과)

다. 따라서 판매원은 상품의 특장점 뿐만 아니라 브랜드와 관련한 내용도 함께 전달하도록 내부 규정을 운영하여, 브랜드 메시지가 확실하게 전달되도록 관리하는 것이 바람직하다. 여기에서 브랜드 전담 조직은 판매원들이 고객들에게 전달할 수 있는 브랜드의 출범이나 전통, 역사와 관련한 스토리나 브랜드 캠페인에 기초한 다양한 이야기 거리를 제공하는 것이 좋다. 상품과 관련된 메시지는 5장의 상품 이미지 최적화를 위해 개발된 상품의 컨셉이나 메시지를 기초로 개발된 이야기를 활용하면 상품-커뮤니케이션-영업에서 전달하는 메시지가 일관성을 유지할 수 있다.

닛산의 경우, 브랜드의 일관성을 영업 부문에서 관리하기 위해 판매원이 전달해야 하는 메시지를 규정으로 관리하고 있다. 그 주요 내용은 (그림 8-10)에서 보는 바와 같이 글로벌 관점에서 공통된 브랜드 메시지, 제품의 고유한 장점(USP; unique selling proposition) 및 일반적으로 제품이 주는 메시지 등으로 구성된다. 이를테면, 무라노의 경우, 닛산 브랜드 슬로건인 'Shift'와 관련한 브랜드 스토리를 기본적으로 전달해야 한다. 그 다음으로는 무라노 모델을 통해 전달하고자 하는 메시지인 'Shift_Design' 상품 슬로건, 즉 '무라노는 디자인 측면에서 빠른 변화를 이루었다'는 USP가 모든 글로벌 시장에서 공통적으로 전달되어야 한다. 그리고 각 현지 시장에서 개발된 독창적인 메시지를 개발하여 전달할 수 있지만 이 메시지도 가급적 '디자인'에 초점을 두도록 규정하였다.

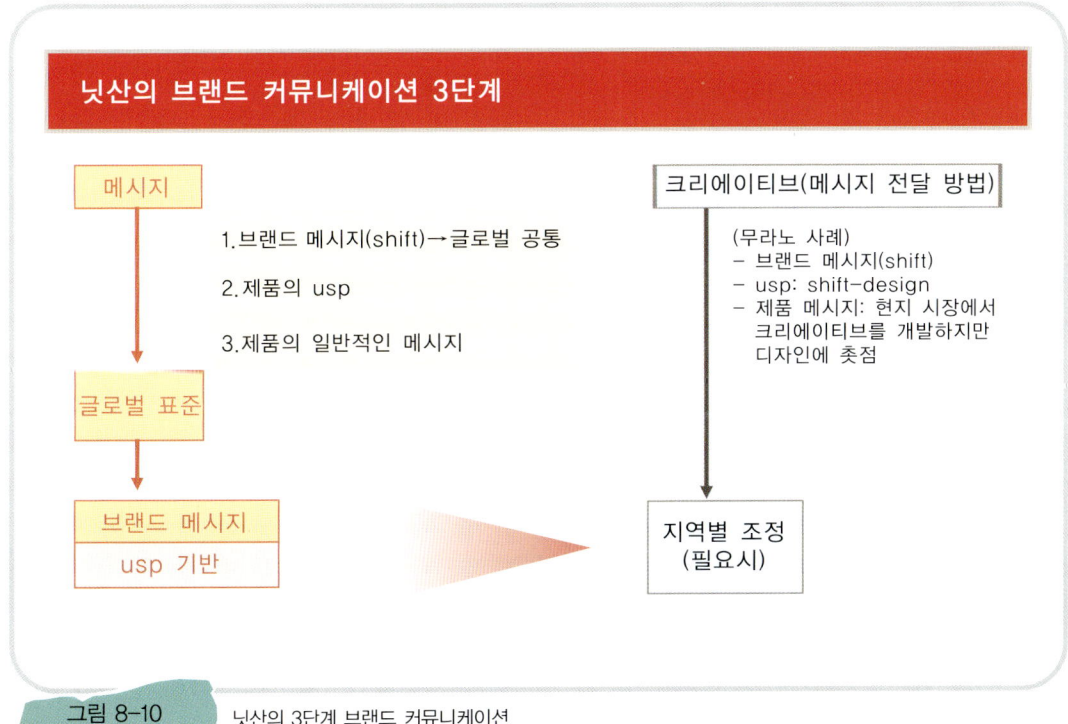

그림 8-10 　닛산의 3단계 브랜드 커뮤니케이션

　이외에도 영업 매장의 판매원이 고객들과 대화 중의 표정, 제스처 등을 종합적으로 관리하기 위해 정한 고객 응대 매뉴얼을 운영하기도 한다. 브랜드 비전에 입각해서 주로 5~10개 내외로 간단하게 정리된 고객 응대 태도에 관한 기본 가이드라인은 '해야 할 행동' 원칙뿐만 아니라 '피해야 할 행위'들도 함께 설명하는 것이 좋다.

 영업 매장의 브랜드 체험 플랫폼

　영업 매장에서는 6장에서 보여준 브랜드 캠페인과 연계하여 브랜드 체험 플랫폼을 운영하는 브랜드도 있다. 아디다스의 경우, 2000년대 중반 'Impossible is Nothing' 브랜드 캠페인을 광고, 마케팅 활동과 더불어 영업 매장에서도 브랜드 체험 플랫폼 형식으로 전개하였다. 아디다스의 커뮤니케이션 부문과 연계한 영업 매장의 브랜드 체험 활동은 큰 성공을 거두어 국내 시장점유율 순위는 1990년대 말 6위에서 2000년대 말 2위로 크게 높아졌다. 물론 이러한 성공의 배경은 먼저 영업 매장 시설을 혁신적으로 개선한 데서 시작된 것이었다. 이 시기에 개발된 현재의 매장 시설 기준은 강력한 브랜드 개성을 표현 하기 위해 블랙톤 배경의 고급감을 기반으로 화이트 조명을 통해 다양한 색상의 상품이 돋보이도록 한 것이 특징이다.

　아디다스의 브랜드 체험 플랫폼은 두 가지 내용으로 구성되어 있다. 첫째는 브랜드 캠페인 활동의 일환으로 한국에 초청된 스포츠 스타들을 직접 프로모션 행사를 통해 고객들이 만날 수 있도록 하는 것이었다. 이를 통해 브랜드 슬로건인 'Impossible is Nothing' 과 그 주인공을 체험하는 기회를 제공하였다. 불가능에서 세계적인 기적을 이룬 스토리텔링 방식의 브랜드 광고에서 모델로 기용된 데이비드 베컴, 일레나 이신바에바 등 해외 스포츠 스타 및 국내 프로축구 선수들이 초청 대상으로 이들의 팬 사인회 행사는 소비자들의 이목을 집중시켰다.

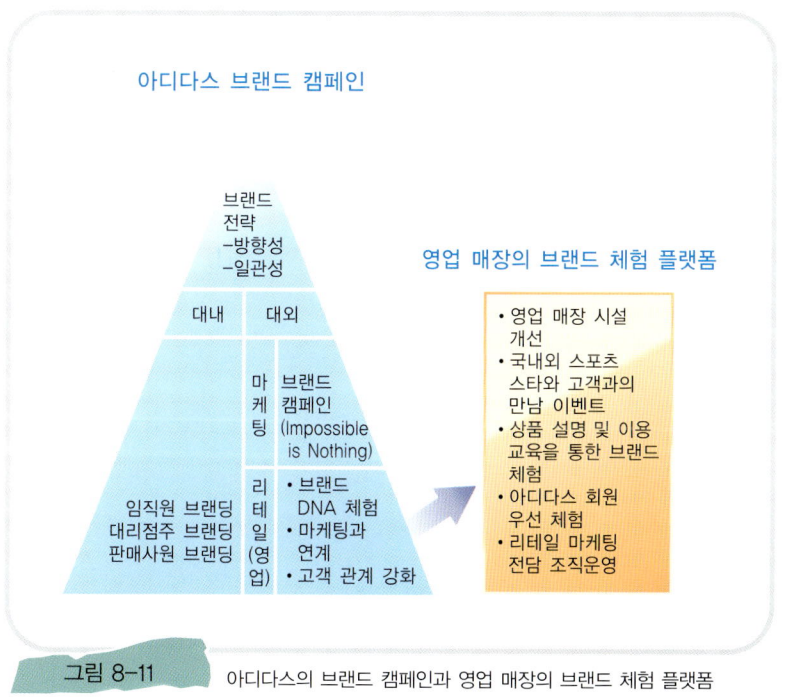

그림 8-11 아디다스의 브랜드 캠페인과 영업 매장의 브랜드 체험 플랫폼

둘째, 고객들이 상품을 통해 브랜드를 체험할 수 있는 공간을 매장 내에 별도로 마련하였다. 임시로 고용된 전문 트레이너가 자사의 새로운 제품에 대해 설명하는 동시에 신제품에 대한 사용방법을 설명하고 직접 사용을 권유하는 방식으로 체험 마케팅을 전개하였다. 그 결과 아디다스는 영업 매장에서의 직접적인 브랜드 체험을 통해 브랜드에 대한 새로운 이미지를 빠르게 만들어갔을 뿐만 아니라, 브랜드 선호도와 충성도를 함께 개선하는 데 성공하였다.

특히 브랜드 충성도를 제고할 수 있었던 것은 일반 고객보다 아디다스클럽(Adiclub) 회원을 먼저 초청하여 브랜드 체험 플랫폼을 경험케 함으로써 이들과의 관계를 강화한 데에서 비롯된다.

이와 같이 영업 매장에서의 브랜드와 관련한 마케팅 활동을 강화하기 위해 아디다스는 리테일 마케팅 전담 조직을 운영하고 있다. 그 주요 업무는 1) 과학적인 유동 인구 분석에 의한 매장 개발 및 입지의 우위 확보, 2) 매장의 차별적, 상징적 이미지 디자인 개발, 3) 지역 상권 분석에 의한 매장별 전시 및 판매 상품 최적화, 4) 우수고객과 핵심 고객 대상의 고객 관리 프로그램 개발 운영, 5) 비주얼 머천다이징, 디스플레이, 상품, 판매 스킬, 서비스 등과 관련한 교육, 6) 고객 응대, 복장, 프리젠테이션 스킬, 서비스 등의 매뉴얼 개발 및 운영, 7) 마케팅 활동과 연계한 프로모션 활동의 기획 및 실행, 8) 지역 기반의 B2B, B2C 주요 고객 네트워킹 기획 등이다. 대부분의 업무 내용들이 고객의 브랜드 체험 기회를 통해 브랜드 비전을 구현하는 것과 직간접적으로 관련이 있다.

Chapter 08 영업 부문 199

 Tip

Tip: 영업 부문과 브랜드 간의 상충되는 이슈

영업 부문은 브랜드 비전을 구현하는데 핵심 역할을 하는 고객 접점이지만 5장에서 이미 언급한 바와 같이 항상 브랜드를 손상시키는 활동을 할 여지가 있다. 기업 내에서 영업 부문의 목표는 중장기적인 브랜드 개선보다는 월 단위, 그리고 연간 단위의 판매 확대에 있기 때문이다. 특히 기업 전체를 책임지는 경영자는 공장 가동률의 유지나 과도한 재고의 처분 등을 목적으로 현금 할인 혜택이나, 대리점에 인센티브를 쉽게 제공하거나 현재 수준보다 인상하기도 한다.

이와 같이 고객에 제공되는 현금 혜택은 가격뿐만 아니라 브랜드 자체에 대한 신뢰를 잃는 결과를 초래하게 된다. 따라서 브랜드를 보호하고 고객으로부터 신뢰를 잃지 않기 위해서는 가급적 현금 할인을 통한 실질적인 가격 할인이 일정한 범위를 넘지 않도록 운영하는 것이 바람직하다. 부득이 하게 재고 처분이나 공급 증대를 꾀해야 할 경우, 할인이나 인센티브 등 가격에 영향을 주는 방법 이외에 다른 대안을 고려하는 것이 좋다. 이 경우 장기 저이자 또는 무이자 할부, 사은 판촉품 지급, 다른 카테고리의 브랜드와 공동 마케팅 등을 주요 대안들로 고려할 수 있다. (무이자 할부도 실질적인 가격 할인이지만 현금 인센티브와 같이 직접적인 가격 할인보다는 부정적 영향이 다소 작다.)

자동차와 같이 중고차 시장이 활성화 되어 있는 내구소비재의 경우, 추가적인 가격 할인은 중고차 가격의 하락으로 귀결되므로 이전에 제값을 지불하고 구매한 고객이 경제적 손실을 보게 되어 고객 불만을 야기하고 브랜드 이미지도 훼손된다. 중고차 가격의 하락을 방지하기 위해 상품의 정가를 유지하면서 리스 판매 대금의 일부를 지원하는 방법을 사용하기도 한다. 혼다의 경우, 미국시장에서 현금 할인을 하지 않는 것으로 유명하며, 대신 리스 대금 일부 지원으로 대응함으로써 중고차 가치를 높게 유지하면서 브랜드 이미지도 높게 유지해오고 있다.

Part 04
브랜드 전략의 실전 이슈

3부에서는 브랜드 비전을 구현하기 위해 주요 부문별로 실행에 옮겨야 할 브랜드 실행 전략, 즉 브랜드 비전을 사내에 뿌리내리기 위한 기반을 구축하는 데 필요한 내용을 살펴 보았다. 하지만 기업에서 실제로 브랜드 파워를 향상시키기 위해서는 경영 차원의 의사 결정이 필요한 여러 가지 전략적 이슈들이 제기된다. 다른 업종의 브랜드와 제휴를 통해 새로운 제품을 개발함으로써 제휴 브랜드의 이미지를 활용하는 공동 브랜딩 전략은 빠른 기간 안에 브랜드 파워를 강화할 수 있는 유효한 전략 중 하나이다. 국내 시장에 머물러 있는 브랜드를 해외 시장으로 확대하기 위한 브랜드 전략의 해외 전개, 기업 차원에서 시장과 고객 기반을 확충하기 위한 멀티 브랜드 운영, 별도의 독립 브랜드 또는 서브 브랜드 개발 전략 및 별도 제품 라인군 운영 전략 등도 당면한 전략 이슈로 제기될 수 있다. 마지막으로 브랜드 비전의 구현을 앞당기기 위해 브랜드 관리 지표를 선정하고 이를 실무 내용과 연계하면서 연도별로 브랜드-실무 추진 목표를 수립, 관리하는 브랜드 관리체계의 확립은 브랜드 전략의 실행 점검(see) 차원의 주요 이슈이다.

제휴를 활용한 공동 브랜딩 전략

Chapter 09

브랜드 자신만의 힘으로 브랜드 이미지를 개선하여 브랜드 비전을 구현할 수도 있지만 다른 브랜드와 제휴를 통해서 추진하면 짧은 기간에 큰 성과를 거둘 수 있다. LG전자는 프라다와 제휴를 통해 개발한 휴대폰을 활용하여 브랜드 이미지와 사업 성과 측면에서 모두 큰 성공을 거둔 바 있다. 하지만 브랜드 제휴를 성공적으로 이끌기 위해서는 고려해야 할 내용들이 적지 않다. 공동 브랜딩을 성공으로 이끌기 위해서는 분명한 제휴의 목적을 갖고서 제휴 브랜드와 다양한 아이디어의 교환을 통해 새로운 제품 카테고리를 창출하거나, 고객의 관심을 끌 수 있는 마케팅 활동을 전개해야 한다. 아울러 제휴에 따른 여러가지 리스크도 고려해야 한다.

공동 브랜딩을 통해 프리미엄 이미지 구축에 성공한 LG 휴대폰

하위 브랜드가 스스로의 노력만으로 정상급 브랜드로 도약하기는 쉽지 않다. 하지만 브랜드 비전과 유사한 이미지를 가진 다른 업종의 브랜드와의 제휴를 통한 공동 브랜딩 전략을 전개하면, 단기간에 제휴 브랜드의 이미지를 획득하면서 브랜드 이미지를 개선할 수 있다. 여기에서 공동 브랜딩은 제휴 브랜드들이 상호 협력을 통해 각자의 강점을 적용하여 새로운 제품을 개발, 런칭하는 방식으로 추진된다.

LG전자의 휴대폰 브랜드인 Cyon은 2000년대 초기만 하더라도 저품질 저가격 이미지와 낮은 시장점유율의 대명사였으나, 공동 브랜딩을 통해 브랜드 이미지 고급화 뿐만 아니라 사업 성과 개선에 성공하였다. 당시 삼성의 애니콜 등 경쟁 브랜드와 비교하여 이미지와 시장점유율 등 모든 면에서 큰 격차를 보이고 있었던 LG전자는 두 단계의 브랜드 개선 전략을 수립하였다. 첫 번째 전략은 플래그십 모델의 출시를 통해 이미지를 한 단계 끌어 올리는 것이고, 다음 단계로 해외 고급 패션 브랜드와 제휴를 통해 프리미엄 이미지를 구현하는 것이었다.

첫 단계의 전략의 골자는 Cyon 브랜드의 노출은 최소화하는 대신, 감성과 디자인 중심의 신제품 출시 및 제품 중심의 마케팅을 강화함으로써, Cyon 브랜드 이미지를 한 단계 끌어 올리는 것이었다. LG는 2005년 11월 세련된 감성미를 추구하는 블랙 톤의 초콜릿 폰을 출시하였고, 이어서 2006년 10월에는 견고하면서도 프리미엄 이미지를 풍기는 샤인 폰을 출시하였다. 이후 샤인 폰에 정상급 디자이너 이상봉씨의 한글 서체 디자인을 입힌 '샤인 디자이너스 에디션'도 출시했는데, 이는 휴대폰에 패션과 감성적 이미지를 접목시키려는 새로

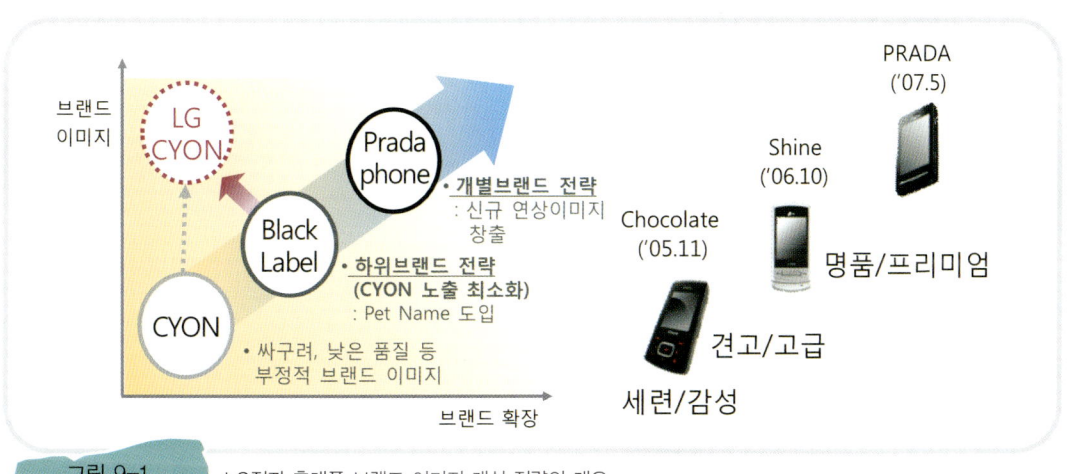

그림 9-1 LG전자 휴대폰 브랜드 이미지 개선 전략의 개요

운 시도였다. 이와 같이 디자인 경쟁력을 강화한 신상품을 연이어 성공적으로 출시한 결과, 휴대폰에 대한 소비자 인식을 통화 품질 등 기술을 중시하던 데에서 감성을 중시하는 패션 아이템으로 전환시키는 데 부분적인 성공을 거두었다. 이러한 소비자의 인식 변화는 다음 단계인 프라다폰의 큰 성공의 기반으로 활용된다.

다음 단계의 전략의 주요 내용은 공동 브랜딩을 통해 프리미엄 이미지를 구현하기 위하여 LG 프라다폰을 출시하는 것이었는데, 사업 성과 면에서도 큰 성공을 거두었다. LG 프라다폰 개발 과정에서 LG전자와 프라다는 (그림 9-2)에서 보는 바와 같이 각자의 강점 분야를 책임지면서 협력이 필요한 분야는 공동 개발을 추진하였다. 즉, LG전자는 혁신적인 최신 기술을 적용하였고, 프라다는 혁신적인 디자인을 개발하는 역할을 담당하였다. LG전자는 제품의 불량률을 최소화하고 감성 품질의 향상을 위해 수작업 위주의 생산 공정도 도입하였다. 유저 인터페이스, 음악, 패키지, 콘텐츠, 터치 기술 등과 같이 감성과 기술이 모두 관련된 부분은 양 브랜드가 공동으로 개발하였다.

마침내 2007년 5월 터치 중심의 촉각적 감성과 블랙과 화이트만을 사용한 프리미엄 디자인의 LG프라다폰 모델을 출시되었다. 상류층 고객을 목표로 국내에서는 88만원, 유럽에서는 600유로의 높은 가격을 설정하고 소량, 희소성을 강조함으로써 소비자의 입소문과 고객 커뮤니티를 창출하는 데 성공하였다. 프리미엄 이미지를 구현하기 위해 프라다 매장, 고급 피트니스센터, 뷰티샵, 클럽 등의 장소에 차별화된 전시 공간을 운영하였다. 아울러 프라다 전속 모델을 활용한 인쇄 광고, 프라다 이미지의 마이크로 사이트 운영, 구매고객 대상의 로열티 프로그램 운영, 휴대폰 파손 보험제 도입 등을 통해 세밀한

그림 9-2 LG 프라다폰 개발을 위한 프라다와의 역할 분담

부분까지 프리미엄 이미지를 구현하였다.

  LG전자는 공동 브랜딩을 통해 큰 성공을 거두었지만 명품 브랜드인 프라다와의 제휴는 (그림 9-3)에서 보는 바와 같이 상당한 준비와 노력을 통해 성사된 것이었다. 우선 제휴 브랜드 선정을 위한 준비는 2005년에 시작하였는데, LG 브랜드와 제휴 후보 브랜드의 제품 컨셉과의 적합성 여부를 제휴 추진 기준으로 삼았다. 여러 패션 브랜드들을 중심으로 제휴 가능성에 대한 검토를 거친 후, 제휴의 당위성, 제공 가능한 혜택, 그리고 제휴를 통한 두 브랜드의 기대 효과 등에 관한 논리를 개발하여 제안서를 작성, 제휴 후보 브랜드들과 접촉을 시작하였다. LG는 프라다가 추구하는 '혁신' 이미지가 LG가 추구하는 브랜드 이미지에 근접한 것으로 판단하였고, 프라다도 LG와의 제휴를 긍정적으로 검토하였다. 마침내 2005년 9월 프라다가 최종 제

후보 업체 선정 및 제안('05)	제휴 계약 ('05.9 ~ '06.3)	제품 개발/디자인 ('06.4 ~ '07.2)	런칭/마케팅 ('07.3 ~)
• LG 브랜드, 제품 컨셉과의 적합성 검토 (Brand Fit) • 패션 업체 중심 검토 *루이뷔통, 몽블랑, 아르마니, 프라다 등 • Benefit, Win-Win 가능성 등 제안서 작성 및 P/T	• 밀라노 Prada H/Q와의 사전 검토 추진 (약 6개월) • 계약 내용 확정 및 계약 체결('06. 3) - 개발 컨셉, 라이센스 비용, 투자/수익 분배 등	• 공동 제품 개발/디자인 추진 (약 1년 소요) • 역할 분담 - LG : 기술 (H/Ware) - Prada : 디자인, UI 등	• 유럽에서 先 런칭 ('07.3) → 이후 국내 출시 ('07.5) • '프라다적인 것' 강조 → 'Prada phone by LG' • 프라다 매장 전시 • PR, Comm. 등 마케팅 활동 공동 전개

그림 9-3   LG전자의 프라다 제휴 추진 프로세스

휴 브랜드로 선정되어 이듬해 3월에 제휴 계약을 체결하였는데, 주 내용은 제품 개발 컨셉, 라이선스 비용, 투자 및 수익 분배 등에 관한 것이었다.

이후 약 1년간의 제품 개발 기간을 거쳐 2007년 3월 유럽에서, 5월 국내에서 각각 LG 프라다폰을 출시하였다. 공동 브랜딩의 결과물인 LG 프라다폰을 런칭하는 과정에서도 브랜드 관리에 엄격한 프라다의 요구 사항을 대부분 수용하였다. 제품 이름도 LG를 가급적 노출시키지 않고 프라다를 전면에 내세워, 'Prada Phone by LG'로 정하였고, 홍보, 광고, 웹, 전시, 인쇄물 등 모든 고객 접점에서 프라다의 요청사항을 그대로 반영하였다. 공동 브랜딩을 통해 LG는 적지 않은 라이선스 비용을 지불하였지만, 제품의 성공을 통해 브랜드 이미지의 개선과 높은 수익을 동시에 달성하였을 뿐만 아니라 프리미엄 브랜드의 브랜드 관리 노하우도 습득하였다.

　LG 프라다폰이 크게 성공할 수 있었던 것은 휴대폰 브랜드와 고급 패션 브랜드가 제휴를 통해 새로운 시도를 한 것이 성공을 거둔 것으로 해석될 수 있다. 즉, 두 브랜드는 휴대폰에 고감도 터치 기술과 고급 디자인을 동시에 적용시켜, 기술과 감성을 결합한 새로운 제품 카테고리를 성공적으로 창출하였다. 이전의 휴대폰이 통화 품질과 기술에 의해 결정되었다면, LG프라다폰은 디자인, 감성, 기술의 결합을 통해 새로운 프리미엄 휴대폰의 트렌드를 제시한 것이다. 요약하면, 두 브랜드가 제휴 과정에서 다양한 정보와 자유로운 아이디어의 교환을 통해 새로운 카테고리의 제품을 개발할 수 있었던 것이 공동 브랜딩 성공 요인으로 볼 수 있다.

공동 브랜딩과 공동 판촉

브랜드 간 제휴 형태로서 공동 브랜딩(co-branding)과 공동 판촉(co-promotion)은 큰 차이가 있다. 전자는 이미 구축된 두 브랜드가 협력을 통해 새로운 제품을 출시하여 단일 브랜드가 창출하지 못했던 새로운 이미지를 창출하는 효과를 만들어 가는 것이다. 양 브랜드간의 적절한 역할 분담을 통해 공동으로 개발하는 제품 속에 브랜드 네임과 이미지가 구현되는 것이 특징으로, 앞서 살펴본 LG 프라다폰이 대표적인 사례이다.

한편 후자는 제휴하는 두 브랜드가 이미 개발 완료되어 시판중인 제품에 한해서 일정 기간 동안에 판촉/마케팅 프로그램을 공동으로 운영하는 형태로 나타나는, 낮은 수준의 제휴 형태이다. 이를테면 현대자동차와 삼성전자가 현대카드로 양사 제품을 구매하는 고객에게 특별 현금 할인혜택을 제공한 것이나, 르노삼성차가 차량 견적을 받은 영업지점 방문고객들에게 카페베네 커피점의 상품권을 제공한 것 등이 대표적인 사례이다. 이 사례에서 보듯이 공동 판촉은 브랜드 이미지보다는 제휴 기간 중의 판매 확대 또는 광고 비용 절감이 주된 목적이다.

 공동 브랜딩 성공의 조건

LG 프라다폰의 사례를 통해 공동 브랜딩의 성공과 관련한 시사점을 도출할 수 있다. 그것은 바로 제휴 브랜드들이 공동 드랜딩에 대하여 상호 신뢰를 기반으로 한 협력 관계를 형성하는 것이다. 제휴 브랜드들이 서로 상이한 기업 문화와 업종의 특성을 이해하고 이를 기반으로 공동의 목표를 향해 협력할 경우, 기대 이상의 성과를 향유할 수 있기 때문이다.

상호 신뢰를 기반으로 브랜드가 갖고 있는 기술, 역량 등의 강점에 대한 정보를 교류하지 않으면 폭 넓고 다양한 제휴 활동이 불가능하게 되어 브랜드 이미지의 전이가 일어나지 않고 실패로 끝나기도 한다. 특히 공동 브랜딩에 의한 마케팅 커뮤니케이션 활동은 소비자들의 관심을 많이 끌 수 있으므로 큰 효과가 기대되는 만큼, 상호 신뢰에 의해 다양한 이벤트와 이야기 거리를 만들어 가는 것이 성공의 열쇠이다.

신뢰를 기반으로 제휴 브랜드의 강점을 확인한 뒤에는 창의적인 아이디어로 새로운 제품 카테고리를 창출하는 것은 공동 브랜딩 성공의 보증 수표나 다름없다. LG 프라다폰의 경우에도 LG가 '혁신적 기술과 최상의 스타일'을 추구하는 방향성이 프라다가 추구하는 '실용적이고 혁신적인 고급스러움'과 조화를 이룰 수 있다는 것을 논리적으로 설득함으로써 상대의 신뢰를 얻기 시작하였다. 이후 프라다가 엄격한 브랜드 관리를 위해 가격, 디자인, 생산 공정, 매장에서의 전시 가이드라인, 광고 및 마케팅 활동 등에 대한 까다로운 요

구에 대해서도 많은 양보를 통해 신뢰 관계를 형성해 갔다.[31]

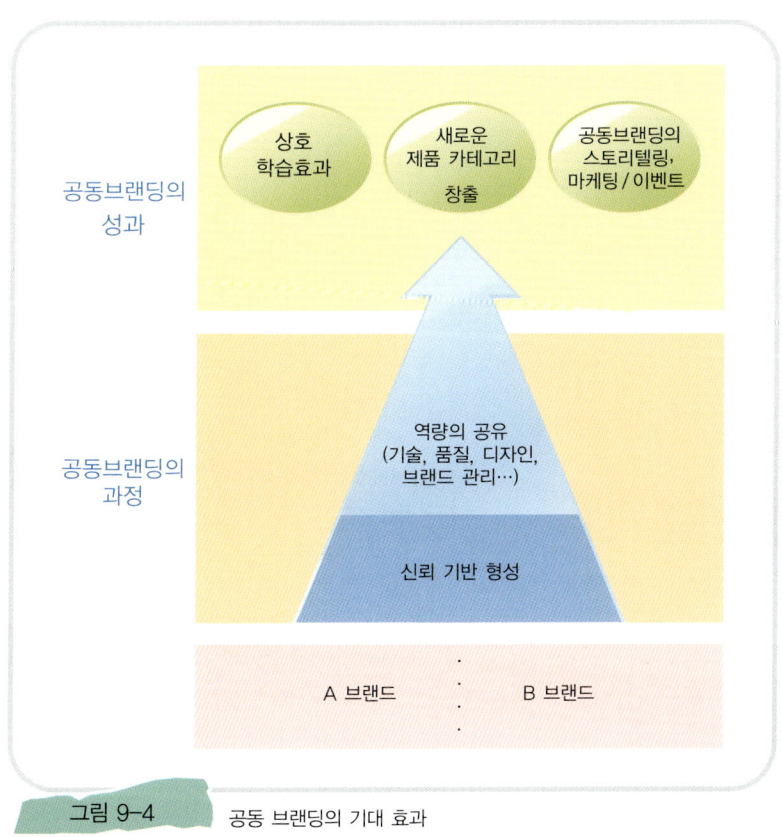

그림 9-4 공동 브랜딩의 기대 효과

---

31) 물론 이는 프라다에 비해 프리미엄 이미지가 약한 LG로서는 수용할 수밖에 없는 위치에 있었다. 프라다도 재무적으로 어려운 상황이어서 공동 브랜딩을 통해 새로운 돌파구를 마련하려는 의도가 작용했다고 볼 수 있다.

 공동 브랜딩의 유형

　LG프라다폰의 경우와 같이 공동 브랜딩이 새로운 제품 카테고리의 창출로 이어져 브랜드 이미지를 단기간에 끌어올리기가 쉬운 일은 아니다. 현실적으로 관찰되는 공동 브랜딩은 브랜드가 목표로 삼은 이미지를 달성하기 위해 제휴 브랜드의 이미지를 활용하는 유형이 대부분이다. 여기에서 브랜드가 제휴를 통해 구현하고자 하는 목적에 따라 공동 브랜딩은 3가지 유형으로 구분될 수 있다. 첫째 유형은 유사한 이미지를 갖고 있는 브랜드들이 제휴를 통해 기존 브랜드 이미지를 더욱 더 강화하는 것이다. 2002년 럭셔리 자동차 브랜드인 벤틀리는 세계 최고급 시계 브랜드인 Breitling과 공동 브랜딩을 통해 두 브랜드의 최고급 이미지를 더욱 강화하였다. 벤틀리는 '최고 성능', '최고급', '전통', '혁신' 등을 표방하고 있는데 이는 브라이틀링의 '정확', '혁신', '전통' 이미지와 잘 부합된다. 두 브랜드는 제휴를 통해 '장인정신', '성능', '첨단' 이미지를 새롭게 만들어 가는 것을 목표로 하고 있다. 두 브랜드 간의 공동 브랜딩은 벤틀리 컨티넨탈 제품의 실내 센터페시아에 브라이틀링 시계를 장착하고, 브라이틀링이 Breitling for Bently 시계를 제작해서 판매하는 방식으로 전개되고 있다.

　시트로엔과 돌체앤가버너는 '젊음', '혁신' 등의 공통적 이미지 요소를 강화하기 위한 목적으로 공동 브랜딩을 전개하였다. 2004년 시트로엔 C3 모델에 돌체앤가버너 디자인과 로고가 적용된 돌체앤가버너 C3 스페셜 에디션 모델을 개발하고 5,000대 한정판으로 판매한 바 있다. 특별 고급 가죽시트에는 돌체앤가버너 로고를 삽입하였고,

	내용
제휴 배경	• 명품의 대중화 추세에 따라 **최고급 브랜드간 Co-Branding을 통해 최고급 이미지 시너지 효과 부여** - Bentley : Performance, Prestige, Tradition, Innovation - Bretling : Precision, Innovation, Tradition → 공통 브랜드 이미지 강화 : Craftsmanship, Performance, Cutting-edge
Co-Branding	• Bentley Continental GT 센터페시아㈜ Breitling 시계 장착 • Breitling for Bentley watch 제작 판매 : 5백~1천만 원 • 최고급 브랜드간 제휴로 브랜드 이슈화 및 브랜드 이미지 강화

	내용
제휴 배경	• 패션을 중시하는 이탈리아의 지역적 특성을 고려, D&G 에디션을 통해 C3가 가진 Innovative한 이미지와 더불어 젊고 패셔너블한 이미지를 강화해 혁신적인 디자인 브랜드로 이미지 강화
Co-Branding	• D&G C3 스페셜 에디션 5,000대 한정 생산 - Wheel/Bumper 등에 D&G 크롬 도금 로고 삽입 및 D&G 로고가 삽입된 특별 고급 가죽 시트 적용, 변속기에 DG 큐빅 로고로 장식 - Sexy car를 기본 이미지로 출시, D&G C3 별도 광고 제작 및 프로모션

그림 9-5   유사한 기존 이미지 강화 목적의 공동 브랜딩

변속기에도 돌체의 큐빅 로고를 장식하는 등 혁신적인 디자인을 통해 젊은 층 고객들의 기호를 충족시켰다. 적은 판매 물량에도 불구하고 별도의 신차 광고물을 제작하였고 독특한 프로모션도 전개함으로써 공동 브랜딩을 통해 이미지 개선에 큰 노력을 기울였다.

둘째 유형은 부족한 브랜드 이미지 요소를 보완하기 위한 목적의 공동 브랜딩이다. 세계 최고의 럭셔리 자동차 브랜드인 메르세데스 벤츠는 BMW 대비 다소 열세에 있는 '고성능' 이미지를 만회하기 위해 1994년 이후 세계 최고의 레이싱 엔지니어링 그룹이며 F1 최고의 레이싱 팀을 운영하고 있는 맥라렌(McLaren)을 후원하고 있다. 2004년에는 맥라렌의 이미지를 활용하기 위해 스포츠카, SLR을 개조한 '벤츠 SLR 맥라렌'을 연간 500대씩 생산하기 시작했다. 이 모델은 최고 시속 340Km의 초고성능 스포츠카로서 초경량, 초강성의 카본 파이버 바디 및 다양한 첨단 기술을 적용하여, 벤츠 브랜드가

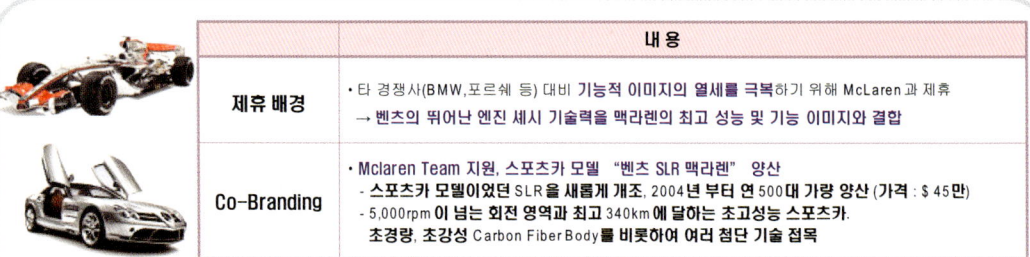

	내용
제휴 배경	• 타 경쟁사(BMW, 포르쉐 등) 대비 **기능적 이미지의 열세를 극복**하기 위해 McLaren과 제휴 → 벤츠의 뛰어난 엔진 섀시 기술력을 맥라렌의 최고 성능 및 기능 이미지와 결합
Co-Branding	• Mclaren Team 지원, 스포츠카 모델 "벤츠 SLR 맥라렌" 양산 - 스포츠카 모델이었던 SLR을 새롭게 개조, 2004년 부터 연 500대 가량 양산 (가격 : $ 45만) - 5,000rpm 이 넘는 회전 영역과 최고 340km에 달하는 초고성능 스포츠카. 초경량, 초강성 Carbon Fiber Body를 비롯하여 여러 첨단 기술 접목

	내용
제휴 배경	• 혁신적이고 스포티한 이미지 부각을 통해 닛산의 BI인 Bold & Thoughtful을 강화시키기 위해 아디다스와 Co-Branding 추진 → **혁신적이고 스포티한 브랜드 이미지 부각**
Co-Branding	• 스포티한 이미지로 개조한 NOTE (Concept Car) 출품 _ 2005 동경 모터쇼 - 기존의 소형 미니밴 NOTE 모델 개조 - 내·외장의 부품들을 기분에 따라 손쉽게 바꿔 장착할 수 있도록 구성 특히 인테리어 부분에서 독특한 개성을 표출 (지퍼 타입의 Glove Box, 가방 형태의 Console등)

그림 9-6

열세 브랜드 이미지 보완 목적의 공동 브랜딩

부족한 '고성능' 이미지를 보완하고 있다.

'대담하고 사려 깊은(bold & thoughtful)' 이미지를 추구하고 있는 닛산은 스포티한 이미지를 보완하기 위해 2005년 아디다스와 제휴하여 기존 소형 미니밴 모델인 Note를 개조한 Note 컨셉카를 동경 모터쇼에 전시하였다. 이 모델에는 지퍼 타입의 글러브 박스, 가방 형태의 콘솔 등 내외장 부품들을 고객들이 기분에 따라 바꾸어 장착할 수 있도록 하는 혁신적 디자인이 적용되었으나 시장에 출시하지는 않아서 브랜드 이미지 개선 효과는 크지 않았다.

셋째 유형은 브랜드에 새로운 에너지를 불어넣기 위한 목적의 공동 브랜딩이다. 렉서스는 출범 당시 완벽한 제품 품질 이외에 프리미엄 이미지를 구축하는 것이 당면 과제로 대두되었다. 이를 위해 렉서스는 세계 최고의 하이엔드 오디오 브랜드인 마크 레빈슨과 제휴하여 레빈슨 브랜드의 최고급 오디오를 렉서스 제품에 장착하였다. 이후 마크 레빈슨의 헤리티지 이미지를 쉽게 전달하기 위한 스토리 텔링 및 마크레빈슨렉서스 전용 웹사이트를 운영하는 등 많은 노력을 기울였다. 렉서스는 공동 브랜딩을 통해 마크 레빈슨의 프리미엄 헤리티지 이미지를 연상시키는 데 성공하였고 브랜드에 새로운 에너지를 불어넣어 렉서스 붐을 만들어 갔다.

 1990년대 중반까지 특징이 없는 브랜드였던 포드는 이미지에 활력을 불어 넣기 위해 1999년 가장 미국적이면서 많은 브랜드 지지층을 갖고 있는 할리 데이비슨과 제휴하였다. 할리데이비슨의 '개인의 자유', '애국심', '남성다움' 등의 이미지를 자사의 대량 생산 대량 판매 모델 중 하나에 구현하는 것이 제휴 주제였다. 미국 판매 1위 픽업 모델인 F 시리즈에 할리데이비슨의 이미지를 가미하기 위해 블랙

	내용
제휴 배경	• 고급 오디오 브랜드 도입을 통해 프리미엄 유저의 Buying Point 기회로 활용 • 미국에서 얻어진 프리미엄 이미지를 유럽으로 전이추진 - 유럽 시장에서 판매 부진은 프리미엄 브랜드 인식 요소중 하나인 'Heritage' 부족으로 평가
Co-Branding	• 1단계 : 마크레빈슨 오디오 적용 (프리미엄 상품 이미지 부각) • 2단계 : 마크레빈슨의 전통을 활용한 스토리텔링 제작 (마크레빈슨과 렉서스의 Heritage 조화) - 마크레빈슨-렉서스 전용 웹사이트 운영 (www.marklevinsonlexus.com)

	내용
제휴 배경	• 할리 데이비슨이 가진 핵심가치인 개인의 자유 / 애국심 / 남성다움을 F-Series에 접목시켜 강인한 이미지 형성
Co-Branding	• F-Series 픽업 트럭 모델 별도 트림 운영 • 할리 데이비슨과의 이미지 접목을 위해 내외장 일부 사양 변경 (블랙 가죽 스타일의 인테리어 및 로고 적용 등) • 가격(할리 데이비슨 F-150) : $ 3.7만 (일반 : $ 2만~3.1만)

그림 9-7   브랜드에 에너지를 불어 넣기 위한 공동 브랜딩

가죽 스타일의 인테리어와 로고를 적용한 '할리데이비슨 F-150'을 다소 높은 가격에 출시하였다.

공동 브랜딩 전략의 성공을 위한 검토 사항

공동 브랜딩 전략을 수립하기 위해서는 사전에 분명한 내부적 목표를 설정한 후에 추진해야 한다. 제휴 브랜드의 선정과 제휴 성사에 이르기까지 긴 협상 과정 속에서 제휴의 목표는 반복적으로 발생하는 의사결정의 기준으로서 역할을 하기 때문이다. 한국 기업의 경우, 브랜드 초기 출범 이후 인지도 및 이미지 구축에 주력하고, 일정 수준의 브랜드 위상을 정립한 후에, 브랜드 파워를 강화하기 위한 목적으로 공동 브랜딩을 고려하는 것이 바람직하다. 브랜드 위상이 너무 낮으면 제휴 브랜드를 찾기가 쉽지 않고 제휴에 성공하기도 어렵기 때문이다.

공동 브랜딩 전략의 첫 단계는 제휴 후보 브랜드 군의 선정이다. 브랜드 이미지 개선 목적에 맞게 제휴를 통해 도움을 받을 수 있는 업종을 선정하고 업종 내의 제휴 후보 브랜드의 현재 브랜드 이미지와 향후 추구하는 이미지 방향 등을 검토한다. 다음으로는 브랜드 비전과 유사한 이미지의 브랜드 후보군을 택하여 제휴 제안서를 작성한다. 제안서에는 제휴 브랜드간의 컨셉 유사성, 제휴의 혜택 및 상호에게 유리한 점 등 정당한 제휴 논리를 포함하는 것이 가장 중요하다.

공동 브랜딩을 위한 제휴 진행 과정에서 스스로 질문해 보고 검토

해야 할 항목을 요약하면 다음과 같다.

> 1) 제휴 파트너가 우리 브랜드의 이미지를 향상시키는데 도움이 되는가?
> 2) 우리 목표 고객들이 공동 브랜딩을 인정해 줄 것인가?
> 3) 제휴 파트너와 협력을 통해 우리가 얻을 수 있는 혜택은 무엇인가?
> 4) 예상되는 제휴 위험성은?
> 5) 투자에 대한 기대 수익은?
> 6) 제휴 기간 안에 공동 브랜딩의 목적을 달성할 수 있을까?
> 7) 계약 조건은 수락할 만한가?
> 8) 계획을 수정해야 할 필요가 있을 경우, 제휴 파트너는 유연한 자세로 협력해 줄 수 있는가? 또한 공동 개발 상품/서비스 및 우리가 맡은 역할 등도 유연하게 변경 가능한가?
> 9) 제휴 브랜드가 우리의 경쟁 브랜드와 유사한 제휴 활동을 하고 있지 않나?
> 10) 제휴 브랜드의 의사결정 장소가 필요할 때 함께 만나서 논의할 수 있을 정도로 가까운 거리에 있나?
> 11) 제휴 브랜드와 긍정적인 협력 관계를 만들어 갈 수 있는가?

여러 제휴 후보 브랜드들과의 접촉을 통해 제휴 의사가 있는 브랜드를 발견하게 되면 기본적인 제휴 의향서를 교환한 뒤 실무 협의를 시작한다. 실무 협의과정에서는 공동 브랜딩의 결과물인 상품이나 서비스를 선정하는 것이 우선되어야 한다. 특히 상품 선정시 현재 제휴 브랜드 고객층과의 유사성과 새로운 목표 고객의 유인 가능성, 상품이 추구하는 이미지와 특징이 제휴 브랜드의 이미지와 조화가 되

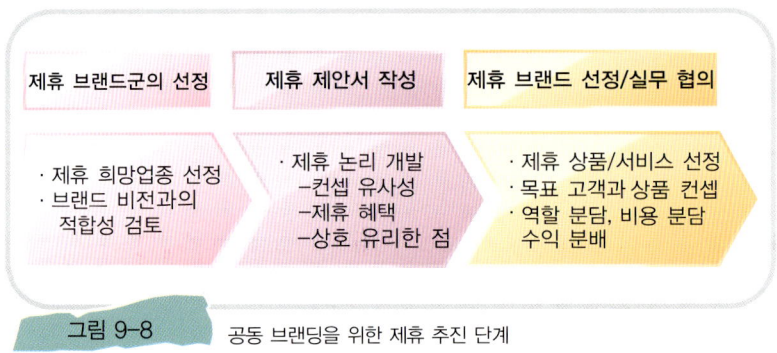

그림 9-8 공동 브랜딩을 위한 제휴 추진 단계

는지의 여부를 충분히 검토하여야 한다. 아울러 공동 브랜딩 상품의 개발을 위한 양 브랜드의 역할 및 비용 분담, 투자 및 수익 분배 등 세부적인 조건을 정한 후 정식 제휴 계약을 하게 된다.

제휴 경험이 일천한 한국 브랜드의 경우, 기업 문화와 사업 환경과 목적이 다른 브랜드와의 제휴가 쉽지 않다. 제휴는 어느 한쪽의 일방적인 의도만으로 끌고 갈 수는 없으므로 때로는 상대의 입장을 수용하기도 하고 자사의 의도를 논리적으로 설득하는 등의 과정을 통해 상호 존중과 신뢰를 확보하도록 해야 한다. 때로는 의견이 맞지 않는 경우가 발생하더라도 인내심을 가지고 기다리면서 분명한 논리와 명분을 일관되게 견지해야 한다. 특히 고급 브랜드들은 제휴 과정에서 자사 브랜드 관리를 위해 예상치 못한 요구를 해오는 경우도 있는데, 이는 오히려 브랜드 관리의 노하우를 배우는 자세로 임하는 것이 바람직한 경우도 있다. 또한 글로벌 브랜드로의 도약을 위해서는 다른 문화에 대한 이해를 높이는 기회로 삼는 자세도 필요하다. 제휴 실무 추진과정에서 상대 브랜드의 브랜드 관리 노하우를 습득하고, 이후 다양한 브랜드와 다양한 분야에서 제휴를 확대해가기 위한 경험을 습득할 수 있다는 긍정적 효과도 염두에 두어야 할 것이다.

　브랜드 제휴 추진시 고려해야 할 리스크도 있다. 공동 브랜딩이 큰 성공을 거두지 못하는 원인이 제휴 브랜드 간의 신뢰 부족으로 창의적인 공동 브랜딩 상품의 개발이나 제휴 스토리를 활용한 적극적인 마케팅 활동이 미흡한 데 있다는 것을 인식해야 한다. 또한 제휴 이후 상대 브랜드의 몰락 등의 이유로 브랜드 이미지가 훼손되는 최악의 상황도 사전에 고려해야 한다. 특히 공동 브랜딩의 적용 대상인 제품의 이미지와 제휴 브랜드의 이미지가 배치될 가능성을 최대한 배제하도록 한다. 아울러 공동 브랜딩 이후 일정 기간 동안에는 가급적 다른 경쟁 브랜드와의 제휴를 하지 않을 것을 약정해야 한다.

브랜드 전략의 해외 전개

Chapter 10

많은 기업들이 이미 해외 시장에 진출해 있거나 가까운 시일 안에 해외 진출을 계획하고 있다. 기업의 해외 진출에 따라 해외 시장에서 브랜드 전략의 전개 방식에 대한 과제가 대두된다. 해외 시장 진출의 성공을 위해서는 일반적으로 '현지화'가 가장 중요한 요인으로 꼽히는데, 브랜드 전략 역시 현지화된 전략이 필요하다. 해외시장에서의 브랜드 포지셔닝은 글로벌 브랜드 비전을 정한 후, 현지 여건을 고려하여 부분 수정하는 유형과 본국의 브랜드 비전을 그대로 해외 시장에 적용하는 유형으로 구분된다.

 ## 도요타의 유럽 브랜드 전략[35] 사례

도요타는 1960년대부터 유럽 수출을 시작하였고 1980년대에는 현지 생산 공장과 디자인 및 R&D 센터를 설립하였지만 1990년대 중반까지도 사업 성과가 좋지 않아 큰 폭의 적자를 기록하였다. 도요타는 그 원인이 취약한 브랜드 파워 및 과도한 판매 인센티브 의존 등에서 비롯된다고 판단하고 유럽 시장을 위한 현지화된 브랜드 전략을 수립하였다. 이 시기에 브랜드 현지화의 필요가 높아진 이유는 엔화 강세로 인해 R&D 기능의 현지화, 현지 생산 비중의 확대 및 현지화된 상품의 개발 등도 함께 추진할 계획이었기 때문이다.

당시 도요타가 파악한 브랜드 이미지 개선을 방해하는 요인으로

---

35) 이하에서 설명하는 도요타의 브랜드 현지화 전략은 4장의 상품의 전략적 포지션 최적화 사례와 함께 추진된 것이다.

1) 통합 브랜드 전략의 부재로 인해 부적절한 커뮤니케이션 메시지의 전달과 소비자 로열티 창출 미흡, 2) 예산 부족에 따른 낮은 광고 노출빈도 및 광고 임팩트 희석, 3) 광고, 홍보, 마케팅 등 커뮤니케이션 활동에 있어서 일관성 부족 등이 거론되었다. 이러한 현상은 대부분의 의사 결정을 일본 본사에서 주도하고 있어 유럽 현지 시장에 적합한 전략을 전개하기 어려운 데 주원인이 있었다. 물론 딜러 역량이 전반적으로 취약했던 점과 유럽 시장 공략을 위해 필요한 '글로벌 기업', '현지 생산 기업', '친환경 기업' 등의 브랜드 이미지가 제대로 형성되지 못하고, '판매 기업' 이미지만 크게 부각된 점도 부정적 요인으로 지적되었다.

　1997년 도요타는 1) 넘버원 아시아 브랜드, 2) 르노, 푸조, 오펠 등 2군 유럽 브랜드 수준의 브랜드 파워 확보, 3) 시장 점유율 5% 달성 (80만대 판매)과 흑자 전환을 달성하는 것을 목표로 브랜드 현지화 전략을 전개하였다. 브랜드 전략의 기본 방향으로 1) '하나의 브랜

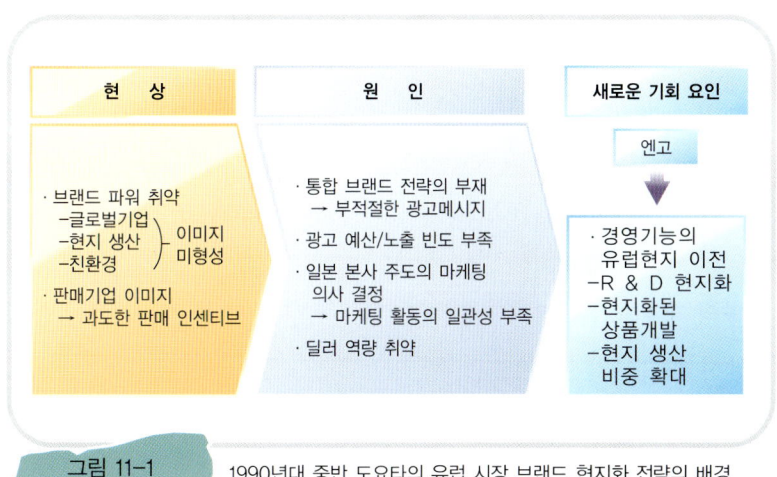

그림 11-1　1990년대 중반 도요타의 유럽 시장 브랜드 현지화 전략의 배경

드, 하나의 기준을 모든 업무 영역에 적용'을 골자로 하는 실행 기준의 확립, 2) 도요타 유럽본부와 국가 판매 법인 및 대리점, 전유럽 도요타 딜러들이 '함께 승리하자(together to win)'는 실행 철학과, 3) '인센티브를 브랜드 가치로 전환'으로 정하였다. 이와 함께 브랜드 현지화 전략의 성공적 실행을 위해 1) 도요타 본사로부터 도요타 유럽본부로의 책임과 권한 이양[36], 2) 판매 인센티브와 물류 비용의 삭감을 통해 확보된 재원을 브랜드 구축에 활용, 3) 통합적인 브랜드 비전 프로그램의 전개, 4) 대리점과 딜러 등 유통망의 강화 등을 도요타 본사에 강력히 요구하였고, 대부분 그대로 수용되었다.

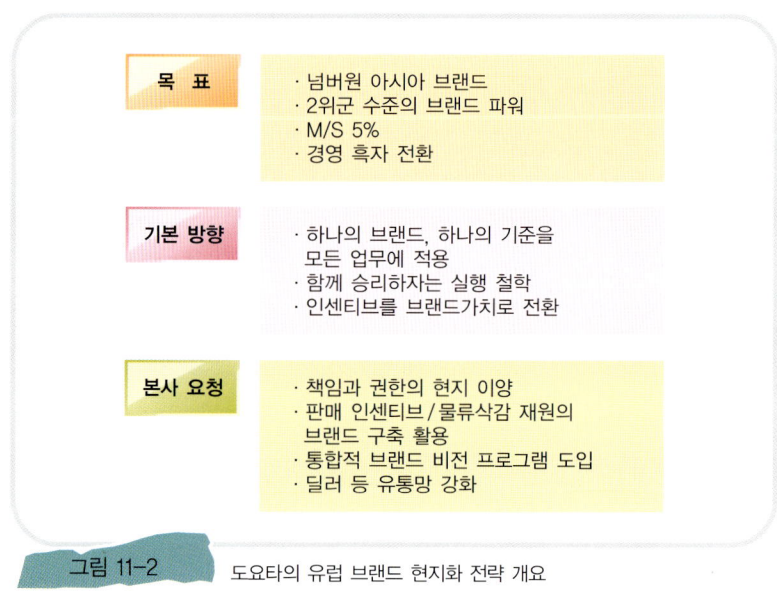

그림 11-2 도요타의 유럽 브랜드 현지화 전략 개요

---

36) 유럽 현지로의 권한과 책임의 이양과 함께 브랜드 전략의 실행에 필요한 현지 인력의 충원을 위해 많은 현지 인력을 영입하였다.

브랜드 실행 전략의 구체적인 내용을 정리해 보면 다음과 같다. 첫째, 브랜드 이미지의 일관성을 확보하기 위한 노력을 적극적으로 전개하였다. 일관된 이미지를 구현하기 위해 고객 접점에 적용할 비주얼 가이드라인을 개발하여 광고, 모터쇼, 딜러의 외관과 내부 인테리어 등 모든 고객접점에 적용하였다. 둘째, 브랜드 전략의 실행을 강화하기 위한 조직과 회의체를 정비하였다. 브랜드 운영위원회의 출범, 유럽 지역내 광고 에이전시의 일원화, 범 유럽 딜러 대회를 활용한 범유럽 차원의 브랜드 구축 공감대 강화 등은 브랜드 전략의 실행력을 강화하기 위한 조치였다. 브랜드 실행 계획은 도요타 유럽본부 산하 모든 부서가 수립한 기본 안을 브랜드 운영위원회가 승인하는 절차를 거쳐 확정되도록 하였다.

셋째, 국가별 대리점과 협의를 강화하고 딜러 대상의 교육 훈련을 시행하여 말단 조직까지 브랜드 전략을 실행에 옮길 수 있도록 하였다. 도요타 유럽본부의 각 부서에서 수립한 실행 전략은 국가별 대리점과의 공동 워크숍을 통해 실행 계획을 일부 수정하기도 했다. 브랜드 전략의 실행을 위한 교육 훈련도 강력히 추진했는데, 대리점 직원들이 먼저 교육을 수료한 후 모든 딜러들에게 전파 교육하는 방식으로 진행되었다. 넷째, 브랜드 전략을 장기간에 걸쳐 지속적으로 전개하기 위해 사후 점검과 성과 공유 체제를 구축하였다. 브랜드 전략 실행 점검은 국가 법인과 국별 대리점 수준까지 매우 구체적으로 이루어졌고, 그 결과에 따라 브랜드 전략 최우수 실행 법인/대리점에 대해서는 포상도 하였다. 좋은 아이디어와 마케팅 프로그램을 공유하여 유럽시장 전체의 브랜드 실행력을 더욱 강화하였다. 그 결과, 브랜드 전략의 실행 7년 후 브랜드 친숙도와 구매 고려도가 3배까지 높아졌고, 소비자

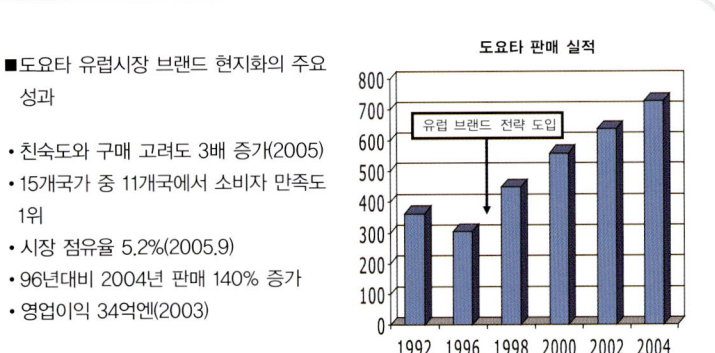

그림 11-3 도요타 유럽 브랜드 전략의 성과

만족도 1위, 5% 시장점유율 달성, 140%의 기록적인 판매 증가율, 흑자 전환 등의 큰 성과를 거두었다.

도요타 유럽 본부의 사례로 본 해외 시장 브랜드 전략의 성공에 대한 시사점을 정리해 보면 다음과 같다. 첫째, 브랜드 실행 전략의 책임과 권한을 현지에 이양하여 현지 조직이 주도하는 브랜드 전략을 추진해야 한다. 둘째, 모든 고객 접점에서 일관된 브랜드 이미지를 구현하는 것은 기본이다. 셋째, 브랜드 이미지에 부정적 영향을 미치는 인센티브를 줄이고 이를 브랜드 투자로 전환함으로써 인센티브와 브랜드 투자간의 적절한 비율을 유지하도록 한다. 넷째, 현지 지역본부에서부터 딜러 등 일선 현장 조직까지 모든 임직원들이 브랜드 비전을 함께 이해함으로써 실행력을 강화한다. 다섯째, 실행 후 철저한 점검 및 포상제도, 베스트 프랙티스 공유 등을 통해 실행 역량을 유지, 강화한다.

이상을 요약하면, 브랜드 비전을 해외 현지 시장 여건을 반영하여 예산과 제도 면에서 실행력을 갖추어 추진해가되, 모든 조직과 구성원들이 브랜드 비전에 대한 이해를 기반으로 고객 접점에서 일관된 이미지를 구현하는 것이다. 그러면 현지에서 이해되고 구현해야 할 브랜드 비전 체계는 어떻게 결정해야 할까?

해외 시장 브랜드 포지셔닝의 유형

해외 시장에서 구현할 브랜드 비전을 정하는 방식은 크게 두 가지로 구분된다. 첫째는 장기적인 관점에서 전 세계 시장의 개척을 염두에 두고 글로벌 브랜드 비전을 수립하는 유형이다. 이 방식은 브랜드 비전 개발을 위해 국내외 주요 시장의 조사와 현지와의 협의 등으로 많은 시간이 소요되지만 글로벌 시장에서 일관된 브랜드 비전을 구현해 갈 수 있는 이점이 있다.

글로벌 브랜드 비전의 개발은 다음 순서를 통해 수립된다. 첫째 단계에서는 현재 진출해 있거나 가까운 미래에 진출할 계획이 있는 주요 국가들을 대상으로 시장 조사를 통해 고객을 세분화한 후, 목표 고객층을 선정한다. 둘째 단계에서는 유사한 특성을 가진 고객층들을 선정하여 현지와의 협의와 조정을 통해 글로벌 통합 목표 고객층을 선정한다. 그리고 이들 고객의 가치관, 취향, 니즈 등을 반영한 글로벌 브랜드 비전 체계를 수립한다. 셋째 단계에서는 글로벌 목표 고객과 글로벌 브랜드 비전을 지역별 시장 여건에 적합하게 수정하여 주요 시장별 브랜드 비전을 개발한다. 이 경우 글로벌 '핵심 비전'은 그대로 유지한 채 실행을 돕기 위해 선정하는 '주요 비전' 또는 '실행 비전' 중 일부를 수정하는 방법으로 현지의 특성을 반영하는 것이 좋다.

이 모든 단계를 수립하는 과정에서 본사의 브랜드 전략 전담 조직은 주요 지역의 의견뿐만 아니라 본사의 상품 마케팅, 제품개발, 커뮤니케이션, 영업 등 고객 접점과 관련 있는 모든 부문들과 긴밀히 협의해야 한다. 이는 글로벌 브랜드 비전이 글로벌 상품 마케팅과 제품 개발 부문을 통해 상품으로 구현되고, 이는 다시 마케팅과 판매 부문을 통해 글로벌 시장에서 커뮤니케이션 활동과 딜러의 판매원들에 의해 일관된 메시지로 연결되어야 하기 때문이다.

둘째는 매우 현실적인 유형으로 본국에서 수립된 브랜드 비전을

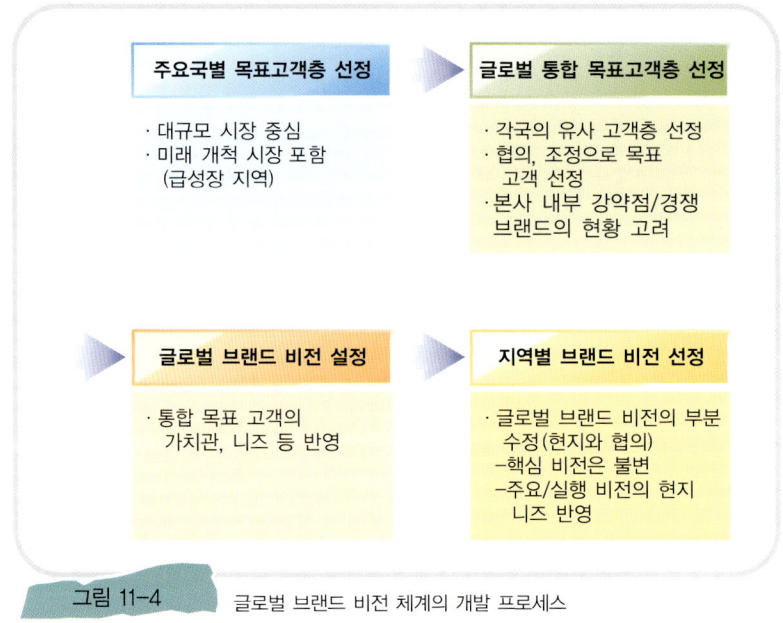

그림 11-4 글로벌 브랜드 비전 체계의 개발 프로세스

기초로 하여 진출 시장의 여건을 고려하여 일부 수정하는 유형이다. 이는 주로 자국 시장의 소비 패턴과 유사한 시장을 하나씩 점진적으로 개척해 나갈 때 유용한 전략으로, 해외 현지의 브랜드 비전이 본사의 것과 동일한 것으로 가정하고 현지화 전략을 수립하게 된다. 해외 시장의 여건을 고려하여 고객 세분화 도표에 본국의 브랜드 비전을 포지셔닝하는 정도의 수준으로 정하기도 한다. BMW가 대표적 사례인데 BMW 브랜드 비전의 유럽시장내 포지셔닝은 (그림 11-5)에 나타나있다. 즉, 유럽시장의 세문 고객층 중에서 'Social Climber' 층을 일차 목표 고객으로 정하고 1차 목표 고객층 주위의 주요 비전에 해당되는 'Dynamic', 'Challenging', 'Cultured'를 'Upper Conservative', 'Upper Liberals', 'Modern Mainstream' 등 2

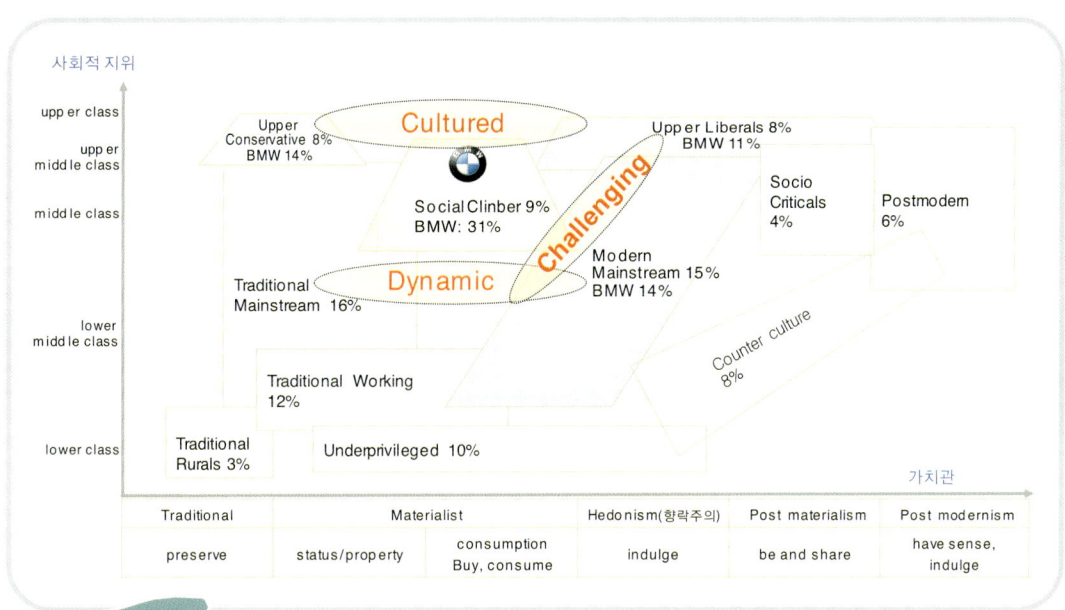

그림 11-5   BMW의 유럽시장내 브랜드 포지셔닝

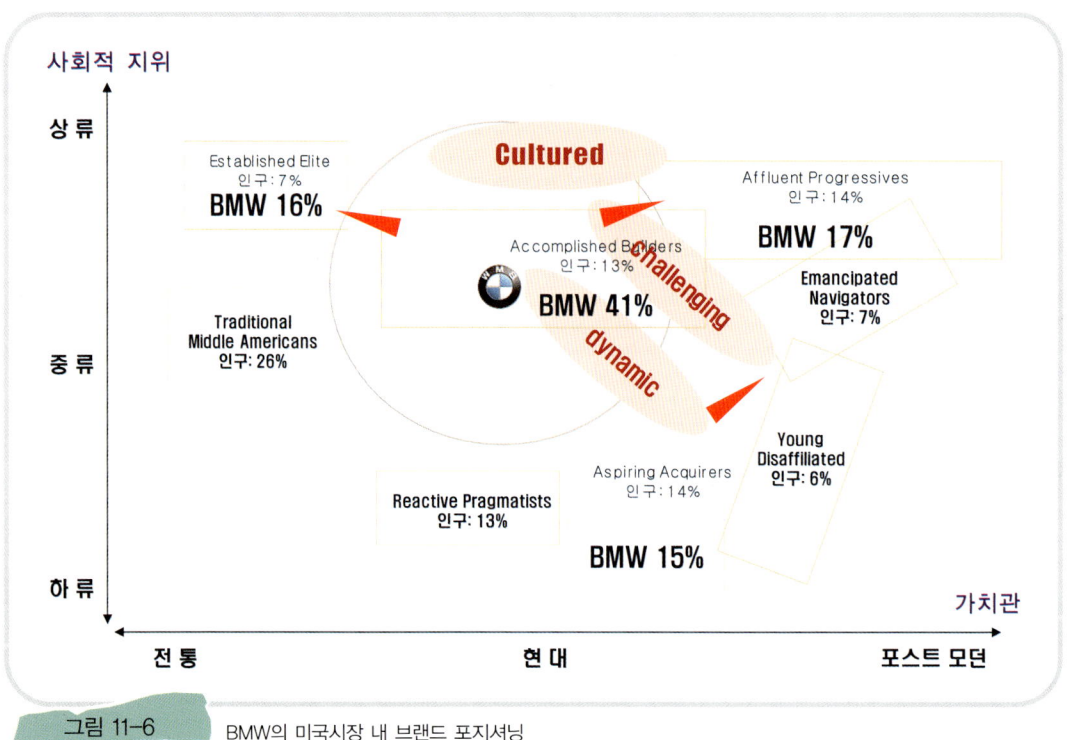

그림 11-6 BMW의 미국시장 내 브랜드 포지셔닝

차 목표 고객에 포지셔닝하였다.

한편 미국시장에서 BMW는 유럽시장의 브랜드 비전을 동일하게 유지한채, 미국시장의 세분고객층의 특성을 고려하여 포지셔닝 전략을 수립하였다. (그림 11-6)에서 보는 바와 같이, 'Accomplished Builders'를 1차 목표 고객으로 하면서 그 주위에 3개의 주요 비전 요소들을 그대로 포지셔닝하면서 'Established Elite', 'Affluent Progressives', 'Aspiring Acquirers' 등을 2차 목표 고객으로 선정, 공략하였다.

 ## 해외 시장 브랜드 전략과 본사의 역할

 이상과 같이 브랜드 전략을 해외 전개와 관련하여 해외 현지의 전략과 업무를 중심으로 설명하였지만 본사도 현지 조직 못지 않게 중요한 역할을 담당해야 한다. 본사의 역할 중 가장 중요한 것은 글로벌 브랜드 비전과 국가별 브랜드 비전을 함께 관리하는 것이다. 즉, 글로벌 시장의 전체 의견과 본사의 상품 마케팅과 제품개발 부문과의 의견 조율을 통해 브랜드 기본 방향성인 브랜드 비전을 관리하는 것이야말로 본사의 핵심 기능이다. 물론 현지 특화 상품 개발을 위해 디자인과 R&D 기능을 해외 현지에 두는 경우도 있으나, 이 경우에도 지역 간 브랜드 비전의 큰 틀이 유지되도록 관리하는 책임은 본사에 있다.

 해외 현지의 문화적 특성이나 소비자 취향 등을 반영하면 브랜드 비전 체계를 부분적으로 바꾸어 유연하게 운영할 수는 있으나 핵심적인 브랜드 비전은 장기적으로 유지해야 한다. 이 틀을 유지하기 위한 방안으로 글로벌 전체 지역을 대상으로 반드시 지켜야 할 기본적인 브랜드 가이드라인을 개발, 적용할 수 있도록 업무 절차와 의사결정 프로세스를 구축해야 한다.

 가이드라인의 준수 여부를 효과적으로 관리하기 위한 방안은 글로벌 브랜드 회의체를 정기적으로 개최하는 것이다. 이 회의에서는 각국의 마케팅 담당자들이 일정 기간 동안의 모든 광고, 마케팅 활동 자료를 발표하도록 한다. 그리고 발표 자료에 대하여 브랜드 비전의 준수 여부를 함께 토론하도록 하면서 자연스럽게 브랜드 비전의 준

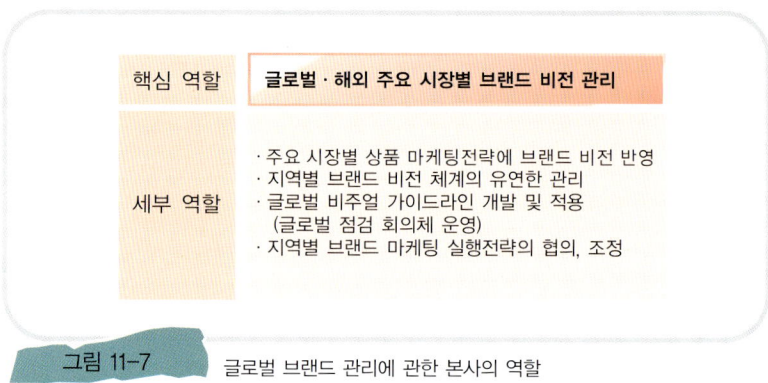

그림 11-7　글로벌 브랜드 관리에 관한 본사의 역할

　수를 유도하도록 하는 것이 좋다. 닛산의 경우, 분기별로 이러한 회의체를 통해 지역별 마케팅 활동, 특히 광고 결과물의 브랜드 비전 준수 여부를 논의하도록 함으로써 글로벌 시장에서 일관된 이미지를 만들어 가는 데 큰 효과를 거두고 있다.

　이와 함께 본사는 해외 현지 조직이 브랜드 실행 전략을 수립하는 단계에서부터 깊숙이 개입하는 방법으로 브랜드 비전의 적용을 관리하는 것이 중요하다. 실행 전략 기획 단계에서부터 본사가 개입하지 못하고 현지에서 브랜드 비전과 상이한 광고안이나 마케팅 프로그램이 확정된 후에 개입하게 되면, 본사-해외현지 조직 간의 갈등을 피하기 어렵게 된다. 이는 장기적으로 글로벌 브랜드 전략을 전개하는데 큰 장애요인으로 작용한다. 또한 해외 브랜드 전략 실행에 대해 본사가 리더십을 발휘하기 위해서는 일정 부분 본사의 예산 확보 및 현지 지원이 전제되어야 한다.

멀티 브랜드 운영과 독립/서브 브랜드의 개발

Chapter 11

브랜드가 성장하여 주 목표 고객층뿐만 아니라 주변의 고객층까지 확보하게 되면 새로운 고객층을 대상으로 새로운 브랜드의 개발을 고려하게 된다. 이 경우 대안으로 고려할 수 있는 것은 경쟁 브랜드 인수에 의한 멀티 브랜드 운영, 별도의 독립 브랜드 개발, 투자 부담을 줄이기 위한 서브 브랜드 또는 별도의 제품 라인 개발 등이 있다.

브랜드 인수와 멀티 브랜드 운영

브랜드가 성장하여 다른 브랜드를 인수할 여력이 생기면 경쟁 브랜드의 인수 합병을 통해 시장 기반을 확대하는 전략을 추진하게 된다. 이 경우 기존 브랜드와 인수 브랜드의 명확한 브랜드 차별화를 통한 멀티 브랜드 운영이 인수 이후의 중요한 전략 과제로 부상하게 된다. 자동차 업계에서 인수합병 이후 멀티 브랜드 전략의 성공 사례로 폴크스바겐그룹을 들 수 있다.

1937년 히틀러의 명령에 의해 국민차 개발을 위해 설립된 폴크스바겐은 1967년 아우디의 전신인 아우토 우니온을 인수하였고, 1986년 스페인의 세아트, 1990년 체코의 스코다, 1998년 벤틀리, 람보르기니, 부가티 등 고급 브랜드를, 최근에는 포르쉐까지 차례로 인수하였다. 1990년대 폴크스바겐은 폴크스바겐, 세아트, 스코다 등 3개의 대중 브랜드와 아우디 등 4개의 고급 브랜드를 운영하는 데 큰 혼란을 경험하고 브랜드 차별화를 위한 대안을 모색하였다.

1999년 폴크스바겐그룹의 피호 회장은 (그림 11-1)에서 보는 바와 같이 우선 고객층을 크게 고성능을 추구하는 스포티한 성향의 고객층과 품질과 신뢰를 추구하는 전통적인 고객층으로 구분하였다. 전자를 대상으로 한 엔트리 브랜드로 세아트, 고급 브랜드로 아우디, 최고급 브랜드로 벤틀리와 람보르기니를 선정하였고, 후자를 대상으로 한 엔트리 브랜드로 스코다, 고급 브랜드로 폴크스바겐, 최고급 브랜드로 부가티를 선정하였다. 이후 브랜드별 목표 고객과 브랜드 비전을 정하고 이를 기반으로 브랜드간 제품 차별화에 기초한 브랜드 차별화 전략을 전개하였다. 이를 위해 (그림 2-7)와 같이 그룹 차

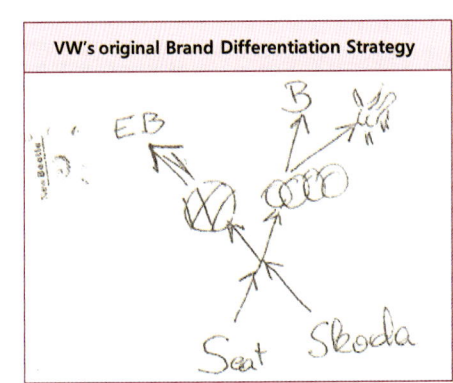
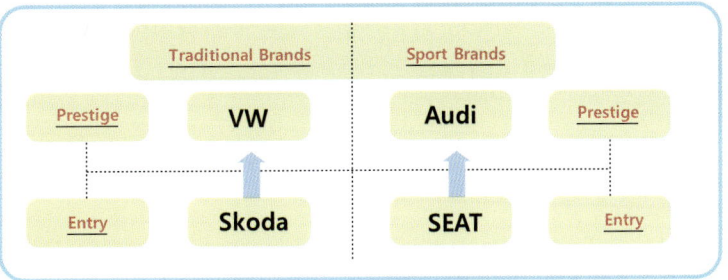

그림 11-1 피흐 회장의 폴크스바겐 멀티 브랜드 운영 구상

원의 상품전략위원회를 신설하여, 각 브랜드들이 개발하는 신상품의 디자인, 성능, 설계, 사양 및 목표 고객 등이 브랜드 비전과 부합하는지의 여부를 면밀히 심사하고 있다. 그룹 전체로는 자동차 플랫폼이나 신기술 등 많은 부분을 공유하고 있지만, 브랜드와 제품의 차별화를 성공적으로 전개하면서 브랜드 간 경쟁과 수요 간섭이 최소화되었고, 그룹 전체가 높은 사업 성과를 보여주고 있다.[32]

폴크스바겐의 성공적인 멀티 브랜드 운영사례는 몇 가지 시사점을 제공하고 있다. 첫째, 추가로 브랜드를 개발하거나 다른 브랜드를 인수할 경우 브랜드 간 차별화의 새로운 과제가 나타나게 되는데, 이를 구체적으로 검토하고 결정하기 위해서는 최고경영층 또는 기업 전체 차원의 의사결정이 필요하다. 브랜드 내부에서 자율적으로 브랜드 차별화를 추진하기 어렵기 때문이다. 둘째, 브랜드 간 차별화는 브랜드 비전에 기초한 제품의 차별화에서 비롯되어야 한다. 물론 브랜드 비전에 기초하여 커뮤니케이션, 영업 등 다른 부문도 차별화된 이미지를 구현해야 하지만 제품 차별화가 선행되어야 커뮤니케이션, 영업 등 다른 부문에서도 자연스럽게 브랜드 차별화를 실행에 옮길 수 있다. 셋째, 기업 전체의 관점에서 보면, 연구개발 부문은 여러 브랜드가 공유하더라도 브랜드 차별화에 큰 영향을 미치지 않을 수 있다. 물론 이는 브랜드 간의 목표 고객과 브랜드 비전의 차별화, 그리고 이를 기초로 전개되는 제품의 차별화를 전제로 하고 있다.

---

[32] 세아트는 목표 고객층의 시장 규모가 작아서 판매가 신장되지 못하고 어려움을 겪고 있기는 하다. 하지만 폴크스바겐 그룹 전체로는 성장을 계속하고 있어 2018년 1,000만대 판매, 세계 1위 메이커를 목표로 하고 있다.

 ## 독립 브랜드 개발

　인수 합병을 통해 멀티 브랜드 전략을 전개하는 것이 어려울 경우, 고려할 수 있는 대안은 별도의 투자를 통해 독립 브랜드를 개발하는 전략이다. 독립 브랜드 개발에는 적지 않은 비용과 인력의 투자가 요구된다. 폴크스바겐 그룹이 다른 브랜드를 인수했을 때, 브랜드 인지도, 충성 고객층 등 시장에서의 브랜드 자산뿐만 아니라 CI, 브랜드 운영 조직과 딜러 네트워크 등 브랜드 내부 자산도 함께 인수하였다. 하지만 브랜드를 새로 개발하면, 이러한 모든 것들을 처음부터 새롭게 시작해야 하므로 적지 않은 투자가 필요하다. 이를테면 브랜드 인지도를 확보하기 위한 마케팅 비용에서부터 별도의 상품 개발, 유통망 개척 등에까지 추가적인 인력과 재원의 투입이 요구된다. 특히 기존 브랜드를 인수할 경우, 이미 확보된 인지도와 신뢰도, 전통성, 이미지 등을 활용하지 못하는 상황에서 새로운 목표 고객층을 발굴하여 시장 진입자의 도전적 자세로 임하지 않을 경우 성공할 가능성이 낮아진다. 기업 내부적으로도 기존 브랜드에서 근무하고 있는 인력의 일부를 새로 출범한 독립 브랜드 조직으로 전출시키거나 외부에서 인력을 모집할 수 밖에 없을 것이다. 하지만 새로운 브랜드 비전에 입각하여 독창적인 상품, 마케팅, 유통망 전략을 전개해 가기는 쉽지 않을 것이다. 한편 도요타의 고급 브랜드인 렉서스도 출범 초기의 성공에도 불구하고 흑자를 기록하기 시작한 것은 거의 10년 뒤 RX시리즈를 출시한 이후인 것으로 알려진 것처럼, 독립 브랜드의 개발에는 적지 않은 재무상의 리스크도 감수해야 하는 경우도 있다.

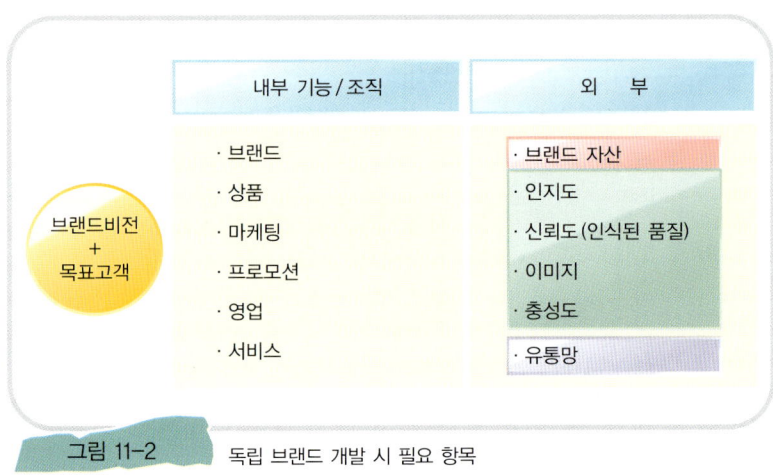

그림 11-2　독립 브랜드 개발 시 필요 항목

　독립 브랜드의 개발과 관련하여 폴크스바겐의 사례가 간접적으로 시사하는 바도 있다. 바로 여러 개의 독립 브랜드 개발에 대한 장기적인 플랜의 필요성이다. 전체 소비자 시장을 염두에 두고 세분화된 모든 고객층을 대상으로 각 고객층마다 별도의 독립 브랜드 개발을 위한 밑그림을 그린 후, 우선 순위에 따라 독립 브랜드를 하나씩 개발하는 것이 이상적이다. 장기적인 멀티 브랜드 비전 없이 그때그때 독립 브랜드를 하나씩 개발해 갈 경우, 기업 내부 조직은 적지 않은 혼란과 재원의 낭비를 초래할 수 있기 때문이다. 사실 폴크스바겐 그룹도 세아트와 스코다의 인수를 완료한 1990년 시점에서 브랜드 차별화를 수립하는 것이 이상적이었지만, 그 시기가 1999년까지 미루어 지면서 큰 혼란을 경험하였고 그 기간 동안 사업 성과도 좋지 않게 되었다.

　장기적 관점에서 브랜드와 제품 비전을 그린다면 (그림 10-3)의 브랜드 제품 매트릭스를 고려해 볼 수 있을 것이다. 세로축의 멀티 브

그림 11-3　브랜드-제품 매트릭스(케빈 켈러, 브랜드 매니지먼트, p.526에서 재인용)

랜드는 세분화된 모든 고객층을 대상으로 한 브랜드 비전을 그려보고, 가로축에는 각 브랜드의 브랜드 비전을 반영한 상품라인업을 가격대별로 배열해 본다. 이 전략의 장점은 독립 브랜드들이 다른 목표 고객을 지향하므로 브랜드 간 수요가 서로 간섭하지 않게 되어 수요 기반을 확대해 가는 것이 용이하다는 점이다. 특히 기존 브랜드를 그대로 유지하면서 서브 브랜드 등의 방법으로 고객 기반을 확충해 가는 경우보다 경쟁 브랜드나 경쟁 상품과의 경쟁에 효과적이므로 강력한 고객 기반을 확보할 수 있다.

서브 브랜드 전략

다음 대안으로 생각해 볼 수 있는 전략은 기존의 브랜드 자산의 일부분을 활용하여 서브 브랜드를 개발하는 것이다. 브랜드가 인지도와 신뢰성, 선호도, 충성 고객층 등의 관점에서 강력한 파워를 갖고 있지만, 현재의 이미지, 상품 구성, 유통망 등으로는 빠르게 부상하고 있는 새로운 고객층에게 대응하기 어려울 경우 짧은 기간 내에 대응할 수 있는 방안이 서브 브랜드 전략이다. 즉, 브랜드의 높은 인지도와 신뢰도 등 강점을 활용하면서 급부상하고 있는 신규 고객층을 선정하고, 이들이 선호하는 이미지 목표를 정하여 차별화된 상품이나 서비스를 개발하는 것이다. 독립 브랜드 전략과 비교하여 마케팅 투자나 유통망 개척 등에 많은 비용을 투입하지 않아도 되며, 추가

	독립브랜드 전략	서브브랜드 전략
목표고객 브랜드비전 (CI)	별도 별도	(공동 이용)
기존브랜드와 관계	독립	기존 브랜드의 신뢰 이미지 활용
상품 마케팅 유통망	별도 별도 별도	별도 추가(+α) 별도 혹은 공동 이용

그림 11-4 독립 브랜드와 서브 브랜드 전략의 차이점

소요 인력도 많이 필요하지 않은 매우 현실적인 대안이다.

    자동차 업계의 서브 브랜드 전략 사례 중 대표적인 것이 도요타의 일본시장 서브 브랜드 네츠(Netz)와 미국 시장 서브 브랜드 사이언이다. 도요타는 일본 국내 시장 1위를 오랫동안 유지해 왔지만 신뢰도는 높아도 개성이 부족한 브랜드 이미지 때문에 젊은 층 고객 비중이 계속 낮아졌다. 이에 1990년대 말 도요타는 젊은 층 고객을 대상으로 하는 VVC(virtual venture company)[33], Will[34] 브랜드 도입 등 다양한 대안을 모색했으나 기대했던 성과를 거두지 못하게 되자, 네츠(Netz) 브랜드를 출범시켰다.

    도요타, 도요페트, 카로라, 비스타 등 기존 판매 채널은 도요타 브랜드의 슬로건과 로고, 차량 엠블렘을 그대로 사용하는데 반해, 네츠는 (그림 10-5)와 같이 별도의 슬로건(Make the Style)과 로고를 사용하였다. 1st, bB, Vitz 등 젊은 층이 선호하는 상품 네이밍을 개발하였으며, 차량의 전면에는 네츠 전용 엠블렘을, 후면부에는 도요타 엠블렘을 각각 부착함으로써 도요타의 이미지를 기반으로 젊은 층 고객에 침투하였다. 아울러 이들을 겨냥한 별도의 시승 프로그램과 무료 튜닝 등의 서비스를 전개하여 젊은 이미지를 확보하는 데 성공하였고, 판매물량도 기대 이상으로 확보하는 등 좋은 성과를 거두었다. 네츠는 도요타의 높은 신뢰 이미지를 활용하면서도 대중적인 이미지의 한계로 인해 극복하기 어려웠던 젊은 고객층을 대상으로 한 서브 브랜드 개발의 성공 사례이다.

---

[33] 1997년 30대 이하의 청년층을 겨냥하여 신상품, 신 서비스를 기획하고 사업으로 전개할 목적으로 별도의 사내 조직을 운영하였으나 결국 실패로 끝났다.
[34] 1999년 일본내 20~30대 젊은 층 대상으로 자동차, 맥주, 여행, 가정용품, 가전제품 등 5개 업종 기업이 함께 협력하여 Will이라는 하나의 브랜드 네임으로 출범한 바 있다.

그림 10-5   네츠 브랜드의 차량 전면부에는 네츠 로고를, 후면부에는 도요타 로고를 부착하였다.

도요타는 미국 시장에서도 품질에 대한 높은 신뢰와 무난한 디자인으로 강력한 이미지를 구축하는 데 성공했지만 젊은 층 고객들의 관심을 끌만한 이미지가 부족하였다. 이에 도요타는 1980~1990년대 초반에 출생한 Y세대를 목표 고객으로 2003년 6월 사이언(Scion) 브랜드를 출범시켰다. 사이언(Scion)의 의미는 '명문가의 후계자'라는 의미로, 신세대를 겨냥하되 실용적 이미지가 아닌 독특함(distinctive)과 혁신(innovation)의 이미지를 구축하는 것을 목표로 삼았다. '당신을 움직이는 것'(What moves you)이라는 브랜드 슬로건 하에 xA, xB, tC 등 3가지 모델을 출시하였고 판매망은 기존 도요타 딜러 내 별도 전시장(Shop in shop) 형태로 운영하였다. 인터넷을 통한 내외장 인테리어 주문 공급, 파티 행사, 의류 브랜드와의 제휴 등 목표 고객에 적합한 마케팅 기법을 통해 도요타 고객의 평균 연령대를 크게 낮추고 미래 고객층을 확보하는 데 기여하고 있다. 사이언 브랜드 역시 기존 도요타 브랜드의 강점을 활용하여 Y 세대를 대상으로 한 서브 브랜드를 성공적으로 개발한 사례로 해석된다. 두 브랜드는

그림 10-6 사이언 브랜드는 도요타 딜러내 별도 전시장(shop in shop)형태의 유통망을 구축하였다.

모두 브랜드 목표 이미지, 상품 라인, 브랜드 슬로건 및 마케팅 활농 등이 도요타 브랜드와 차별화된 브랜드로 출범하였지만, 네츠가 완전 독립된 유통망을 개발한 반면, 사이언은 부분적인 독립 유통망을 갖춘 것이 차이점이라 할 수 있다.

 ## 별도 제품라인군 개발 전략

서브 브랜드 개발보다 훨씬 적은 투자로 새로운 목표 고객층을 개척하는 방법으로 기존 제품군의 기능과 디자인을 변경하여 새로운 제품라인을 개발하는 '별도 제품라인군 개발 전략' 이 있다. 이 전략의 개요는 기존 상품의 디자인과 사양을 새로운 목표 고객층에 맞게 다시 개발하고 이 상품군에 대하여 새로운 네임을 부여하는 것이다. 물론 유통망은 기존의 것을 그대로 활용한다. 시트로엔의 DS라인이 그 대표적인 사례인데, 1955~1975년 동안 유선형의 미래지향적 디자

인과 혁신적인 기술로 유명했던 DS 모델의 이름을 현재 상품 라인업에 적용한 것이다. DS라인은 개성과 스피드, 디자인을 선호하는 청년 고객층을 목표로 '그 무엇도 대체할 수 없는(irreplaceable)' 및 '복제할 수 없는(impossible to copy)'을 DS제품라인군의 기본 컨셉으로 정하였다. C3, C4, C5 등 기존 시판 중인 상품의 기본 차체는 그대로 활용하였다. 외부 및 인테리어 디자인은 과거 DS 모델의 아름다운 선을 살려 고급화하면서, 실내공간도 확대한 DS3, DS4, DS5 등의 DS라인을 출시했거나 출시 예정이다. 또한 '혁신'과 '기술' 이미지를 창출하기 위해 월드랠리챔피언십(WRC)에 출전할 고성능 파생

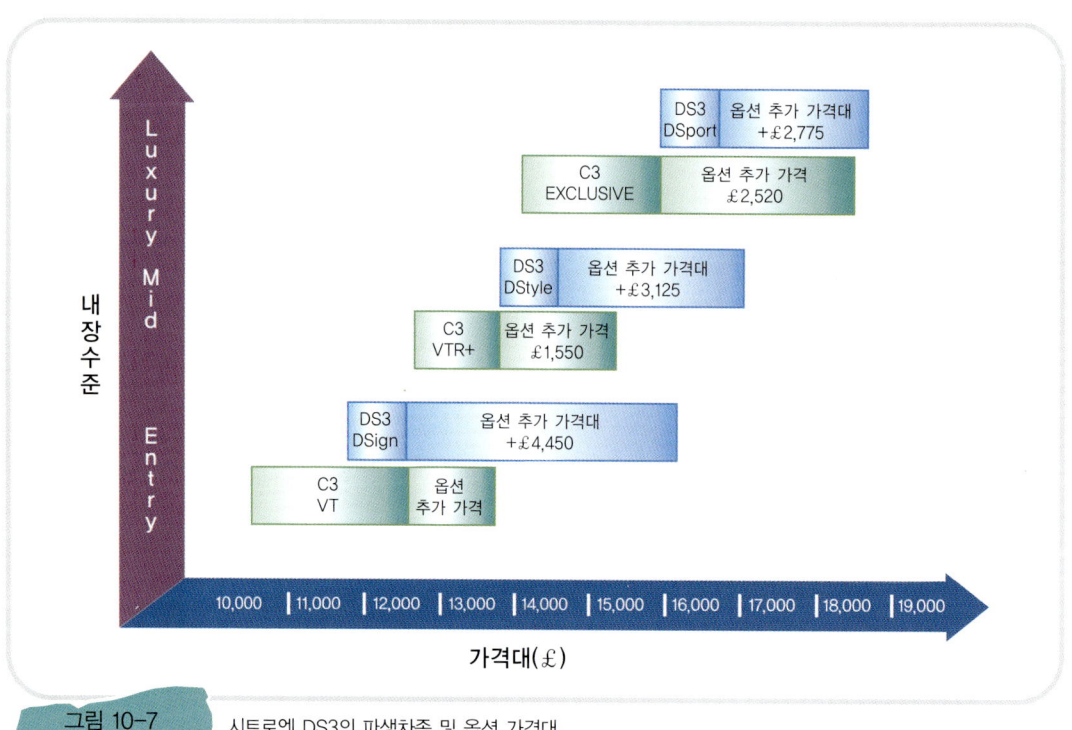

그림 10-7 시트로엔 DS3의 파생차종 및 옵션 가격대

차종인 DS3 R도 출시했으며, DS4와 DS5에는 최초로 디젤 하이브리드 엔진을 장착할 예정이다. 특히 젊은 층 고객들이 자신들만의 개성을 표현하는 것을 돕기 위해 차량 내외부에서 수백 가지 옵션을 선택할 수 있도록 하였다. 이러한 전략의 배경은 과거 시트로엔 디자인의 DNA를 형성하는 데 큰 역할을 했으며, 드골 대통령을 저격 위기에서 구했던 일화를 갖고 있는 DS 모델의 화려한 명성과 스토리를 활용하는데 있다.

현대자동차도 최근 신개념 자동차 벨로스터를 국내에 출시하면서 젊은 고객층을 대상으로 프리미엄한 가치를 추구하는 커뮤니케이션 브랜드인 PYL(Premium Youth Lab.)도 함께 출범시켰다. PYL은 기존 유통망은 그대로 이용하지만 현재 시판 중인 상품과 완전히 다른 상품군으로 구성할 계획이고 별도의 브랜드 홍보관도 설치할 것으로 알려져 있다. 시트로엔의 DS 라인과는 달리 기존 제품의 변경이 아닌 별도 제품군을 활용할 계획이다.

이상에서 설명한 서브 브랜드 전략과 별도 제품라인군 개발 전략은 모두 현재 브랜드의 강력한 이미지를 기반으로 활용하면서 다른 목표 고객을 대상으로 별도의 서브 브랜드나 제품라인군을 출범시켰다는 것이 공통점이다. 하지만 상품, 디자인, 유통망 등의 관점에서 기존 브랜드와의 차별화 정도가 다르게 나타난다. 기존 브랜드와 차별화하는 요소가 많을수록 목표 고객을 대상으로 차별화된 이미지를 강력하게 심을 수 있으며, 적은 차별화는 기대 효과가 낮을 수밖에 없을 것이다. 결국 기업은 투입할 수 있는 인력과 재원, 경쟁 정도나 새로운 목표 고객층의 규모 등에 근거한 투자 대비 기대 효과를 종합적으로 고려해 최선의 선택을 모색해야 한다.

브랜드 목표관리 체제의 확립

Chapter 12

브랜드 전략의 실행은 사내 여러 부문이 협력해서 중장기적으로 브랜드 비전을 구현해 가는 과정으로 이루어진다. 따라서 일정 기간의 활동에 대한 시장 성과, 즉 브랜드 비전의 달성 정도와 브랜드 파워의 개선 정도를 정기적으로 측정하여 대응방안을 수립하기 위한 브랜드 목표관리 체제를 확립하는 것이 필요하다. 여기에서 측정의 기준이 되는 브랜드 목표 지표를 선정하는 것은 브랜드 전략의 실행을 효과적으로 이끌어 가기 위한 중요 과제이다. 이와 함께 브랜드 목표 지표를 기업 내부의 부문별 실무 관리 지표와 연계하는 것이 필요하다. 또한 소비자 인식 변화의 장애 요인을 관찰하여 우선적으로 개선해야 할 항목 위주로 브랜드 향상 전략을 추진하면 실행 효과를 제고할 수 있다.

 ## 목표와 실행 과제를 연계한 닛산의 브랜드 목표관리 체제 사례

닛산은 브랜드 전략을 본격적으로 전개하기 시작했던 2002년에 9개의 브랜드 관리 항목을 선정하였다. 이 항목은 (그림 12-1)과 같이 브랜드 가치, 영업 이익, 시장 점유율, 중고차 잔존 가치, 신차 실제 거래 가격, 재구매율(충성도), 브랜드 이미지, 구매의향, 브랜드 약속 등으로 구성되어 있었다. 이 9가지 항목 중에서 브랜드 가치[37], 영업 이익, 시장 점유율은 기업 경영 성과를 나타내는 브랜드 개선의

---

37) 브랜드 가치는 영업 이익 중에서 무형자산, 그 중에서 브랜드가 기여하는 부분을 계산한 결과이므로 재무 성과가 브랜드 가치의 증감에 큰 영향을 미친다.

Chapter 12 브랜드 목표관리 체제의 확립 **249**

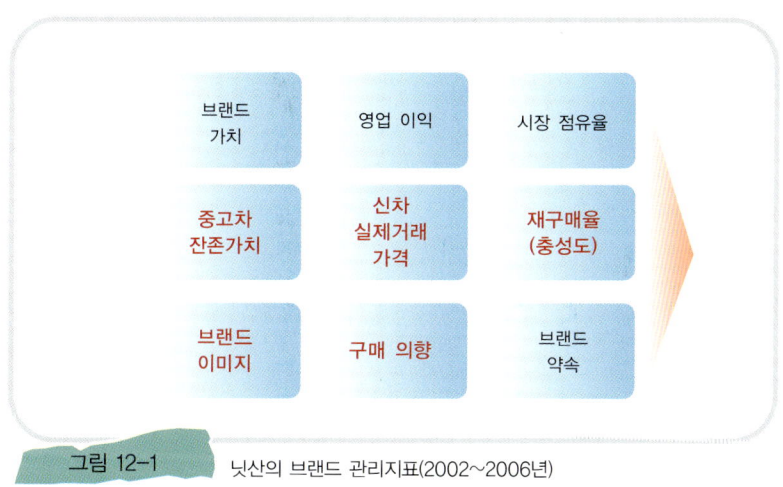

그림 12-1 닛산의 브랜드 관리지표(2002~2006년)

결과치이며, 브랜드 개선에 사전적으로 영향을 주는 요인으로 보기는 어렵다. 브랜드 약속은 다소 추상적인 지표이므로 관리 항목으로서 적합도가 낮은 것으로 판단된다. 이런 문제점 때문에 닛산 내부에서조차 브랜드 관리 항목에 대한 의견이 일치되지 못하고 상징적으로 브랜드 건강도를 가늠해 보는 정보 공유 역할로 만족하였다. 그리고 항목별로 관리를 책임지는 조직을 선정할 수 없어서 내부조직 간 다소간의 갈등을 피하기 어려웠다.

2006년 4월부터 닛산은 실무 부문과 연계를 목적으로 한 새로운 브랜드 목표관리 체제를 도입하였다. 그 변화는 첫째, (그림 12-2)에서 표시한 바와 같이 기존의 9개 브랜드 관리 항목을 5개의 핵심 항목으로 줄인 데 있다. 여기에서 삭제된 항목들은 브랜드 가치, 영업 이익, 시장 점유율, 브랜드 약속 등과 같이 브랜드와 직접 관련이 없거나 다소 추상적인 항목들이다. 따라서 핵심 관리 항목은 중고차 잔존가치, 신차 실제 거래 가격, 재구매율, 브랜드 이미지, 구매 의향

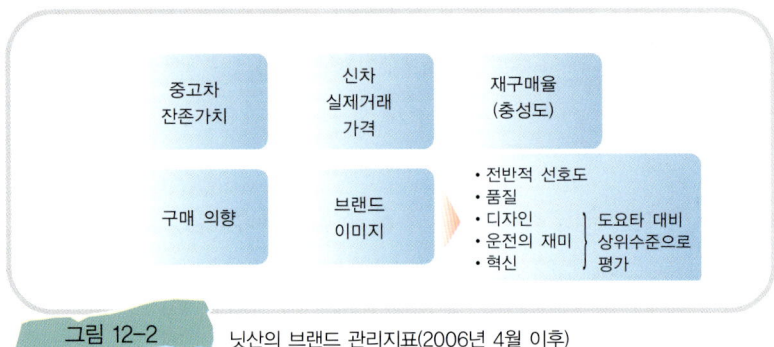

그림 12-2   닛산의 브랜드 관리지표(2006년 4월 이후)

등으로 선정하였다. 이 중 '브랜드 이미지' 항목은 구체적으로 '전반적인 선호', '디자인', '혁신', '품질', '운전의 재미' 등 5가지 세부 항목으로 구성하였다.

둘째, 항목별로 수치적인 목표를 정하지 않고, 도요타를 경쟁 대상으로 정하여 어느 시점까지 경쟁 브랜드 수준 이상을 달성하는 것을 목표를 설정하였다. 그 결과 사내 전 조직이 경쟁 대상 브랜드와의 세부 지표상의 격차를 수시로 비교하도록 함으로써 전사적으로 브랜드 전략의 실행 의지를 강화하였다. 브랜드 이미지를 구성하는 5가지 항목 중에서 '디자인', '혁신', '운전의 재미' 등 3가지는 이미 도요타 수준을 능가하고 있는 것으로 판단하여 관리 지표에서 제외시켰다.

셋째, 브랜드 관리 항목별 지표는 앨리슨 피셔, POLK, NCBS[주] 등 외부 조사기관에서 발표하는 자료를 사용하고 필요한 경우에만 내

주) 앨리슨 피셔와 POLK는 미국의 조사기관으로 각각 브랜드 관련지표와 중고차 및 신차 가격을 조사, 발표하고 있다. NCBS(New Car Buyer's Study)는 유럽시장에서 자동차 관련 조사를 시행하고 있다.

부 조사 결과를 반영하였다. 객관적으로 평가되는 수치를 위주로 활용함으로써 기업 내부 조사 자료를 기준으로 평가할 경우에 우려되는 조사 결과 및 목표 관리의 공정성에 대한 논란이 일어날 가능성을 최소화하였다.

넷째, 브랜드 관리 항목을 관련 부문의 실무 지표와 연계하였다. 큰 틀에서 중고차 잔존가치와 신차 실제 거래 가격은 마케팅·판매 부문 이외에 제품 개발 부문과 상품 마케팅 부문도 공동 책임을 갖도록 하였고, 나머지는 대부분 마케팅·판매 부문이 전담하는 것으로 결정하였다. 이와 함께 각 관리 항목을 관련 부문의 실무 부서의 업무와 연계하여 실무 관리지표도 선정하였다. (그림 12-3)은 미국 시장에서 '구매 의향도'를 관리하기 위한 실무지표를 선정하는 과정을 부분적으로 보여준다. 우선 미국 판매법인의 CEO가 법인 산하 임직원들이 개인별 업무 내역을 나열하도록 지시하였다. 다음 단계로 나열된 주요 업무 항목들 중에서 '구매 의향도'에 큰 영향을 미치는 1차 지표로 '고객의 딜러 방문비율'을 선정하여 이를 1차 실무 관리지표로 정하였다. 다시 세부 업무 항목들 중에서 '고객의 딜러 방문비율'을 높이기 위한 2차 지표로 딜러의 '고객 초청 이벤트 회수'를 발굴하여 이를 2차 실무 관리지표로 각각 정하는 등의 방식으로 매우 구체적인 브랜드 실무 관리지표를 개발하였다.

다섯째, 부문별 브랜드에 대한 공헌도를 평가하여 핵심성과지표(KPI; Key Performance Index)에 반영하고 성과에 대한 보상제도를 도입하였다. 닛산의 보상체계는 고정급과 변동급으로 구성되는데, 브랜드 관리 지표의 목표달성률에 따라 변동급 형태의 추가 상여금을 지급하였다.

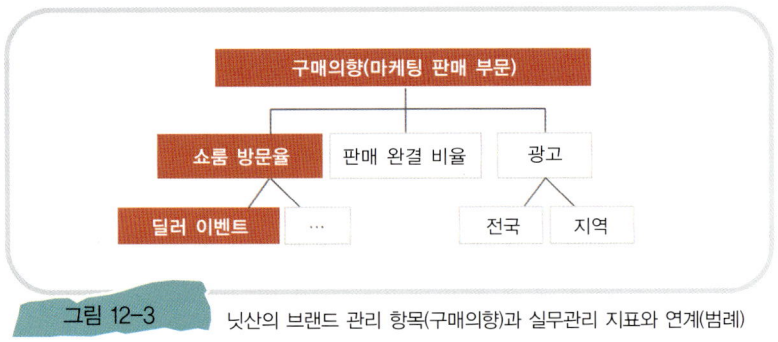

그림 12-3 닛산의 브랜드 관리 항목(구매의향)과 실무관리 지표와 연계(범례)

닛산 브랜드 목표관리 체제의 평가와 시사점

닛산의 새로운 브랜드 관리 체제를 관찰해 보면 선정된 브랜드 관리 항목들이 충분한 이론적 배경을 갖고 있을 뿐만 아니라, 이를 실무지표와 연계시켜 브랜드 전략의 현장 실행력을 강화하려는 의도를 엿볼 수 있다. 첫째, 5대 브랜드 관리지표는 David Aaker가 주장하는 브랜드 자산의 4가지 주요 요소인 '브랜드 인지도, 브랜드 연상 이미지, 인식된 품질, 브랜드 충성도' 등을 충분히 고려하고 있다. 브랜드 인지도만 빠진 것은 닛산이 이미 주요 시장에서 상당한 수준의 인지도를 확보한 데 따른 것으로 풀이된다. 이외의 요소인 브랜드 연상 이미지, 소비자들이 인식하는 품질 수준, 브랜드 충성도 등은 모두 관리 항목에 포함되어 있다. 브랜드 인지도 단계부터 낮은 브랜드는 당연히 인지도를 관리 항목에 추가로 포함시켜야 한다.

둘째, 브랜드 비전(목표 이미지) 항목과 구매 단계상에서 장애가

되는 항목들, 즉 구매 의향 및 충성도를 관리 대상에 균형 있게 포함시켰다. 닛산은 이미 브랜드 인지도와 친밀도는 상당한 수준에 도달했으므로 경쟁 브랜드인 도요타와 격차가 큰 브랜드 구매 의향 및 충성도를 관리 항목으로 삼았다. 이는 브랜드 개선의 성과를 사업 성과와 직접적으로 연계하기 위한 목적으로 풀이된다. 만약 사업 성과를 개선하기 위해 장애가 되는 항목이 구매 의향이나 충성도가 아닌 다른 항목이라면, 이를테면 인지도나 친밀도하면, 당연히 그 항목을 포함시켜야 할 것이다.

셋째, 브랜드 관리 지표를 실무 지표와 연계함으로써 각 조직별로 브랜드 개선의 책임 소재를 명확히 하였다. 닛산은 브랜드 관리 지표를 구체적인 실무 레벨까지 체계적으로 연계하였는데, 이를 통해 각 부문의 현장 담당자들은 자신의 업무가 브랜드 개선에 기여하는 정도를 가늠할 수 있게 되었다. 만약 브랜드 인지도 단계부터 산업 평균 이하인 브랜드의 경우, 브랜드 인지도를 개선하기 위한 실무 지표를 개발하여 관리하는 것이 필요하다.

넷째, 중고차 잔존 가치나 신차 실제 거래 가격은 종합적인 브랜드 평가를 위해 선정된 지표들이다. 사실 이들 항목은 브랜드 이미지나 구매 의향, 충성도 등이 높아진 이후에 또는 동시에 함께 높아지는 것으로 양자 간의 인과 관계가 분명하지 않다. 하지만 이 지표를 포함한 것은 브랜드 이미지 개선의 실행 관점에서 상품 마케팅과 제품 개발 부문에 상당한 책임이 있음을 나타내고 있다.

다섯째, 브랜드 관리 지표를 외부의 객관적인 데이터를 이용한 것, 경쟁 브랜드를 명확히 정의한 것, 그리고 지표 평가 결과를 보상과 연계한 것 등은 브랜드 관리 지표 및 평가에 대한 기업 내부의 논란을 줄이면서 브랜드 전략의 실행력을 강화하기 위한 조치이다.

한편 닛산은 브랜드 관리 체제의 적용 대상 지역을 미국, 일본, 유럽 지역으로 한정하였다. 개발도상국 시장을 브랜드 관리 대상에서 제외한 것은 객관적 데이터를 확보하고, 브랜드 전략을 현지 조직의 업무와 연계하는 것이 용이하지 않았기 때문이다.

 브랜드 목표관리 체제의 확립

닛산의 사례를 참조하면, 이상적인 브랜드 관리체제는 다음의 순서를 통해 구축할 수 있다. 우선 첫 단계에서는 기업의 현재 상황에 적합한 브랜드 관리 항목을 구성하는 것이다. 평가 항목의 수는 가급적 최소화하되, 브랜드 이미지 관련 지표과 구매 단계 평가 지표 항목을 균형적으로 반영하며, 브랜드 위상을 종합적으로 평가할 수 있는 항목 한두개를 추가하도록 한다. 첫째, 브랜드 이미지 관련 항목은 이미 수립된 브랜드 비전의 이미지 요소 및 소비자들이 구매할 때 중요하게 생각하는 이미지 속성들 중에서 경쟁 브랜드와 비교하여 특별히 강화하고자 하는 요소를 중심으로 선정한다. 둘째, 구매단계 평가 지표인 인지도-친숙도-선호도-구매고려도 중에서는 현재 가장 취약한 단계를 관리 항목으로 선정하는 것이 좋다. 셋째, 닛산의 사례에서 본 바와 같이 중고차 잔존가치나 신차 실제 거래 가격 같은 브랜드 위상을 종합적으로 평가하는 지표를 한두 개쯤 추가하는 것도 고려하는 것이 좋다.

다음 단계는 브랜드 관리 항목에 대해 구체적인 지표를 선정하고 이를 관련 부문과 협의한 후 최고경영층의 재가를 득하는 과정이다. 닛산의 사례에서 보듯이 외부 기관의 객관적 데이터를 지표로 활용하면 사내 관련 부문을 설득하기 쉽지만 필요로 하는 지표가 존재하지 않거나 지역별로 외부 조사 기관이 다른 경우도 있다. 따라서 사내 관련 부문에 대한 설득을 전제로 브랜드 전담 조직에서 외부 조사 대행사를 통해 직접 조사하는 것도 고려할 수 있다. 이 경우의 장점은 평가 대상 지역 전체를 동일한 설문 기준으로 측정 가능하다는데 있다. 각 지표에 대한 연도별 목표를 관련 부문과의 협의를 거쳐 정한 후, 최고경영층의 결재를 득하여 최종 결정한다.

마지막 단계는 브랜드 관리 지표와 관련 부문의 실무 관리 지표를 연계하는 과정이다. 닛산의 사례에서 보듯이 관련 부문의 최고 책임자가 주도하여 실무 담당 조직 및 개개인의 업무 세부 내용을 열거하고 브랜드 관리 지표의 개선을 지원할 수 있는 1차, 2차 실무 관리 지표를 선정한다. 다음으로 연도별 브랜드 목표치를 정하고 이를 달성

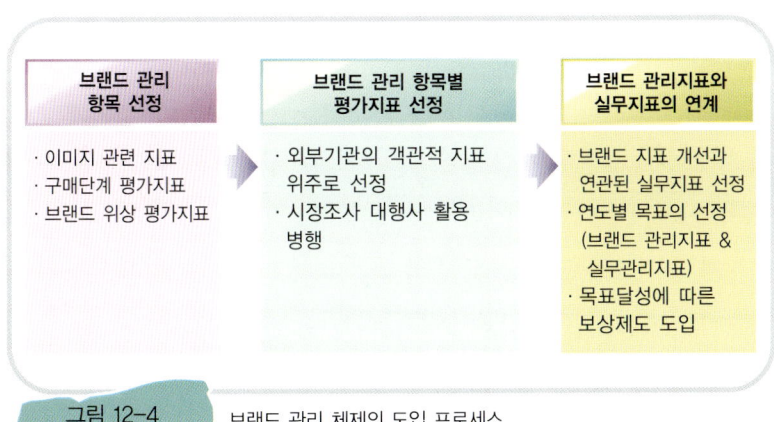

그림 12-4   브랜드 관리 체제의 도입 프로세스

하기 위해 요구되는 수준의 실무 관리 목표를 연도별로 정한다. 이와 함께 목표 달성 정도에 따른 포상 또는 보상 제도를 정한다.

조사 예산의 여력이 있는 경우에는, 상품, 마케팅, 영업 및 애프터 서비스 등 주요 브랜드 접점에 대한 소비자 평가를 정기적으로 측정하는 것이 좋다. 브랜드 접점의 세부 항목별 소비자 평가 측정치를 주기적으로 측정하면 활용할 수 있는 용도가 많다. 특히 (그림 12-5)에서 보는 바와 같이 고객 접점별로 고객들이 중요시하는 정도도 함께 조사하여 중요도가 높으면서 소비자 평가가 낮은 접점에 대해 우선적으로 개선 방안을 수립, 추진하도록 한다. 이때 유의해야 할 사항은 브랜드 위상이 낮은 단계에 머물러 있을 경우, 모든 접점에서 낮은 평가 결과가 나오는 것이 당연하다는 것이다. 위상이 낮은 브랜드의 경우, 그 브랜드 또는 상품을 경험해 보지 못한 소비자들 대부분이며, 따라서 일반 소비자층들이 잘 모르는 브랜드에 대해 좋은 평가를 해주기는 어렵기 때문이다. 이 경우에는 (그림 12-6)과 같이 각 평가 항목별로 자사의 브랜드를 경험한 고객의 평가와 비 경험 고객의 평가를 비교하여 대응방안을 수립하는 것이 합리적이다.

이를테면, 브랜드 경험고객과 일반 소비자 간의 제품 품질에 대한 평가 격차가 크게 나타난다고 하자. 이는, 즉 브랜드 제품을 구매해서 사용해본 고객에 비해 일반 소비자들의 인식이 미치지 못하고 있는 것을 의미하므로 품질 인식을 개선하는 방안을 수립하는 것이 필요하다. 반대로 품질에 대한 평가 격차가 작으면 실제 품질이 낮다는 것을 의미하므로 내부담당조직에서 품질 개선 방안을 수립하는 방식으로 대응해야 한다.

그림 12-5　브랜드 개선 대책의 수립 방법

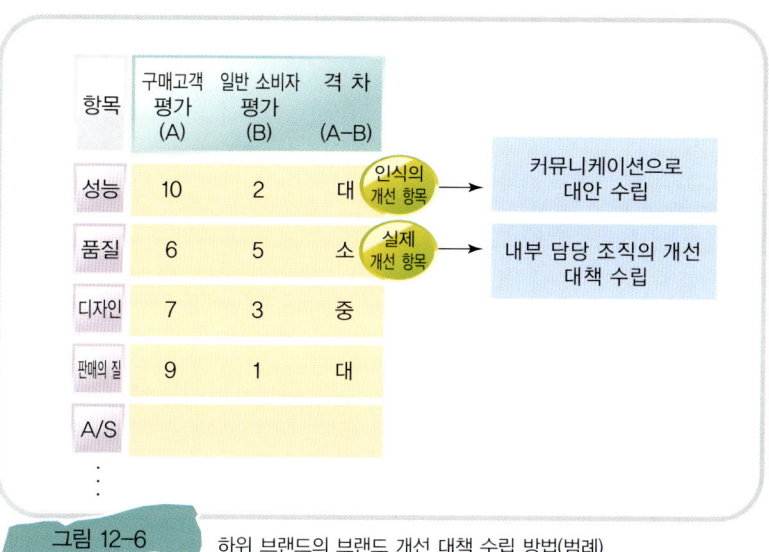

그림 12-6　하위 브랜드의 브랜드 개선 대책 수립 방법(범례)

글로벌 100대 브랜드 현황 (인터브랜드, 2010년)

2010년 순위	전 년도 순위	Brand	Country of Origin	Sector	Brand Value ($m)	Change in Brand Value
1	1	Coca-Cola	United States	Beverages	70,452	2%
2	2	IBM	United States	Business Services	64,727	7%
3	3	Microsoft	United States	Computer Software	60,895	7%
4	7	Google	United States	Internet Services	43,557	36%
5	4	GE	United States	Diversified	42,808	-10%
6	6	McDonald's	United States	Restaurants	33,578	4%
7	9	intel	United States	Electronics	32,015	4%
8	5	NOKIA	Finland	Electronics	29,495	-15%
9	10	Disney	United States	Media	28,731	1%
10	11	hp	United States	Electronics	26,867	12%
11	8	TOYOTA	Japan	Automotive	26,192	-16%
12	12	Mercedes-Benz	Germany	Automotive	25,179	6%
13	13	Gillette	United States	FMCG	23,298	2%
14	14	CISCO	United States	Business Services	23,219	5%
15	15	BMW	Germany	Automotive	22,322	3%
16	16	LV	France	Luxury	21,860	4%

2010년 순위	전 년도 순위	Brand	Country of Origin	Sector	Brand Value ($m)	Change in Brand Value
17	20		United States	Electronics	21,143	37%
18	17	Marlboro	United States	Tobacco	19,961	5%
19	19	SAMSUNG	South Korea	Electronics	19,491	11%
20	18	HONDA	Japan	Automotive	18,506	4%
21	21	H&M	Sweden	Apparel	16,136	5%
22	24	ORACLE	United States	Business Services	14,881	9%
23	23		United States	Beverages	14,061	3%
24	22		United States	Financial Services	13,944	−7%
25	26		United States	Sporting Goods	13,706	4%
26	27	SAP	Germany	Business Services	12,756	5%
27	25	NESCAFÉ	Switzerland	Beverages	12,753	−4%
28	28	IKEA	Sweden	Home Furnishings	12,487	4%
29	37	J.P.Morgan	United States	Financial Services	12,314	29%
30	30	Budweiser	United States	Alcohol	12,252	4%
31	31	ups	United States	Transportation	11,826	2%
32	32	HSBC	United Kingdom	Financial Services	11,561	10%
33	33	Canon	Japan	Electronics	11,485	10%
34	29	SONY	Japan	Electronics	11,356	−5%

2010년 순위	전 년도 순위	Brand	Country of Origin	Sector	Brand Value ($m)	Change in Brand Value
35	34	Kellogg's	United States	FMCG	11,041	6%
36	43	amazon.com	United States	Internet Services	9,665	23%
37	38	Goldman Sachs	United States	Financial Services	9,372	1%
38	39	Nintendo	Japan	Electronics	8,990	−2%
39	40	Thomson Reuters	Canada	Media	8,976	6%
40	36	citi	United States	Financial Services	8,887	−13%
41	35	Dell	United States	Electronics	8,880	−14%
42	42	PHILIPS	Netherlands	Electronics	8,696	7%
43	46	ebay	United States	Internet Services	8,453	15%
44	41	GUCCI	Italy	Luxury	8,346	2%
45	44	L'ORÉAL	France	FMCG	7,981	3%
46	48	Heinz	United States	FMCG	7,534	4%
47	45	accenture	United States	Business Services	7,481	−3%
48	50	ZARA	Spain	Apparel	7,468	10%
49	47	SIEMENS	Germany	Diversified	7,315	0%
50	49	Ford	United States	Automotive	7,195	3%
51	52	Colgate	United States	FMCG	6,919	6%
52	57	Morgan Stanley	United States	Financial Services	6,911	8%

2010년 순위	전 년도 순위	Brand	Country of Origin	Sector	Brand Value ($m)	Change in Brand Value
53	55	Volkswagen	Germany	Automotive	6,892	6%
54	63	BlackBerry	Canada	Electronics	6,762	32%
55	54	MTV	United States	Media	6,719	3%
56	53	AXA	France	Financial Services	6,694	3%
57	58	Nestlé	Switzerland	FMCG	6,548	4%
58	60	Danone	France	FMCG	6,363	7%
59	56	xerox	United States	Electronics	6,109	−5%
60	61	KFC	United States	Restaurants	5,844	2%
61	NEW	Sprite	United States	Beverages	5,777	N/A
62	62	adidas	Germany	Sporting Goods	5,495	2%
63	65	Audi	Germany	Automotive	5,461	9%
64	67	AVON	United States	FMCG	5,072	3%
65	69	HYUNDAI	South Korea	Automotive	5,033	9%
66	64	YAHOO!	United States	Internet Services	4,958	−3%
67	81	Allianz	Germany	Financial Services	4,904	28%
68	NEW	Santander	Spain	Financial Services	4,846	N/A
69	70	HERMES PARIS	France	Luxury	4,782	4%
70	66	CATERPILLAR	United States	Diversified	4,704	−6%
71	71	Kleenex	United States	FMCG	4,536	3%

2010년 순위	전 년도 순위	Brand	Country of Origin	Sector	Brand Value ($m)	Change in Brand Value
72	74	Porsche	Germany	Automotive	4,404	4%
73	75	Panasonic	Japan	Electronics	4,351	3%
74	NEW	Barclays	United Kingdom	Financial Services	4,218	N/A
75	80	Johnson & Johnson	United States	FMCG	4,155	8%
76	76	Tiffany & Co.	United States	Luxury	4,127	3%
77	77	Cartier	France	Luxury	4,052	2%
78	NEW	Jack Daniel's	United States	Alcohol	4,036	N/A
79	82	Moët & Chandon	France	Alcohol	4,021	7%
80	NEW	Credit Suisse	Switzerland	Financial Services	4,010	N/A
81	92	Shell	Netherlands	Energy	4,003	24%
82	94	VISA	United States	Financial Services	3,998	26%
83	79	Pizza Hut	United States	Restaurants	3,973	2%
84	78	GAP	United States	Apparel	3,961	1%
85	NEW	Corona Extra	Mexico	Alcohol	3,847	N/A
86	72	UBS	Switzerland	Financial Services	3,812	-13%
87	86	NIVEA	Germany	FMCG	3,734	5%
88	95	Adobe	United States	Computer Software	3,626	15%
89	84	Smirnoff	United Kingdom	Alcohol	3,624	-2%
90	NEW	3M	United States	Diversified	3,586	N/A

2010년 순위	전 년도 순위	Brand	Country of Origin	Sector	Brand Value ($m)	Change in Brand Value
91	88	Ferrari	Italy	Automotive	3,562	1%
92	NEW	Johnnie Walker	United Kingdom	Alcohol	3,557	N/A
93	NEW	Heineken	Netherlands	Alcohol	3,516	N/A
94	NEW	Zurich	Switzerland	Financial Services	3,496	N/A
95	89	Armani	Italy	Luxury	3,443	4%
96	91	Lancôme	France	FMCG	3,403	5%
97	90	Starbucks	United States	Restaurants	3,339	2%
98	73	Harley-Davidson	United States	Automotive	3,281	-24%
99	100	Campbell's	United States	FMCG	3,241	5%
100	98	Burberry	United Kingdom	Luxury	3,110	0%

자료: 인터브랜드